XUESHU LUNWEN XIEZUO
学术论文写作

主　编：刘桂华
副主编：卢红芳　贾迪扉
　　　　李慧敏　李晓筝

经济管理出版社
ECONOMY & MANAGEMENT PUBLISHING HOUSE

图书在版编目（CIP）数据

学术论文写作/刘桂华主编. —北京：经济管理出版社，2015.12
（2020.7重印）
ISBN 978-7-5096-4098-2

Ⅰ. ①学… Ⅱ. ①刘… Ⅲ. ①论文—写作 Ⅳ. ①H152.3

中国版本图书馆 CIP 数据核字（2015）第 298587 号

组稿编辑：申桂萍
责任编辑：刘　宏
责任印制：黄章平
责任校对：车立佳

出版发行：经济管理出版社
　　　　　（北京市海淀区北蜂窝 8 号中雅大厦 A 座 11 层　100038）
网　　址：www. E-mp. com. cn
电　　话：(010) 51915602
印　　刷：玉田县昊达印刷有限公司
经　　销：新华书店
开　　本：720mm×1000mm/16
印　　张：15.5
字　　数：304 千字
版　　次：2015 年 12 月第 1 版　2020 年 7 月第 5 次印刷
书　　号：ISBN 978-7-5096-4098-2
定　　价：39.00 元

前　言

　　本书的宗旨是揭示学术论文写作的一般规律、要求和各学科学术论文的写作方法，为青年学者以及学生的科学研究和学术论文的写作提供方法论指导，青年学者、学生通过对本书的学习既可以掌握理论文章写作的一般常识和规则，又可以了解学术论文写作的一些特殊要求和规定，从而为提高专业素质和能力奠定一个良好的基础。此外，部分章节后面还附有阅读例文，这些阅读例文多选自高校教师近几年来公开发表的论文，也有少量的学生论文，知识与论文两部分互相配合、相互补充。本书有三个突出的特点：

一、内容充实全面

　　本书前五章内容涵盖从论文的含义、特点、类型等基础知识到论文的材料、论文的研究方法、论文的选题、论文的构成、论文的写作方法、论文的格式、论文的答辩、论文的评估等具体的写作思路和写作技巧。后三章及附录部分是相关专题毕业论文的写作与范例，从文史哲类论文的写作、教育类论文的写作到学士学位优秀论文范例、高等学校哲学社会科学研究学术规范，内容充实全面。

二、学术信息丰富

　　《学术论文写作》的编写内容力求使用最前沿、最有代表性的材料，所选用的示例范文也力求选用最近几年内所涌现出来的优秀作品中特别富有代表性的论文，尽量为读者提供最新的、最前沿的学术动态信息，力图不落窠臼，令人耳目一新，让读者爱看、爱读、爱学。同时，由于本教材涉猎范围比较广泛，关注于学科的综合交叉发展，对于学生综合素质的培养和提高也具有重要意义。

三、实践性强

　　本书在讲解理论知识的同时，结合文史哲、经济管理、教育学等多门学科中的大量实例来详细讲解如何选题，如何选用研究方法，如何安排和写作论文的引言、正文、结尾，如何修改论文，如何写作开题报告，如何写作文献综述，如何进行毕业论文答辩和评估。而附录部分所选取的论文范例对学生也非常具有指导意义。因此，本书具有特别强的可操作性。

　　全书共分八章，由华北水利水电大学的五位教师参与编写，全书由刘桂华老师统稿。

　　本书的编写吸收了不少同行教师的建议和不少教师的优秀教改成果，在此表示诚恳的谢意。由于编者水平有限，书中的缺点和错误在所难免，敬请各位专家、读者批评雅正。

刘桂华

2015 年 9 月 30 日

目 录

第一章　什么是学术论文

第一节　学术论文与毕业论文

一、什么是学术论文

根据国家标准局 1987 年《科学技术报告、学位论文和学术论文的编写格式》的规定："学术论文是某一学术课题在实验性理论或观测性上具有新的研究成果或创新见解和知识的科学记录；或是某种已知原理运用于实际取得新进展的科学总结，用以提供学术会议上宣读、交流或讨论；或在学术刊物上发表；或作其他用途的书面文件。"同时，根据此标准，学术论文包括专业人员及其他人员撰写的学术论文或期刊论文，大学生的毕业论文，硕士和博士的学位论文等。因此，学术论文既是对某一学术课题进行实验、理论探索或价值预测得出新的科学研究成果或创新见解和知识的科学记录，也可以是将某种理论应用于实际从而取得新进展的科学总结。作为书面文件，它可以用于学术交流，如在学术会议上宣读、交流、讨论，或者在学术刊物上发表，也可以用作考察学位授予资格是否达标的手段。

学术论文按学科可划分为社会科学学术论文和自然科学学术论文；按学科性质可划分为基础学科学术论文和技术应用学科学术论文；按写作内容可划分为专题性论文和综合性论文；按研究范围可划分为宏观学术论文和微观学术论文等。

学术论文的应用范围很广，无论是自然科学，还是社会科学，它都是研究者们进行科学研究的手段和工具。它通过文字表述和图像照片，总结科研情况，发表研究成果，进行学术交流，并使其产生一定的社会效益和经济效益。

二、什么是毕业论文

作为学术论文的一种，毕业论文是高等院校毕业生在教师的指导下，综合运用所学专业的基础理论、基本知识和基本技能，针对某一现象或问题进行独立分析和研究后形成的具有一定学术价值的文章。它可以用来发表学术见解、表述科学研究成果和进行学术交流。

本科毕业论文在内容和形式上都体现了学术论文的特征。从内容上看，本科毕业论文需要注重对客观事物和问题的理性分析，通过分析阐明问题的本质，从而提出个人的学术见解和解决该问题的方法和建议。它或者是解决学科范围内的某一问题，用自己的研究成果予以回答；或者是针对学科中某一问题进行梳理，综合别人的研究成果，指明进一步研究的方向；或者提出学科中存在的某一个问题，进行分析和论证，得出自己的研究成果。

从形式上看，毕业论文也是由论点、论据、论证三大议论文要素构成，它主要以逻辑思维的方式作为展开的依据，强调在事实的基础上，展示严谨的推理过程，得出令人信服的科学结论。

毕业论文虽然属于学术论文的一个分支，但是从衡量的标准上来说，本科生毕业论文又与其他的学术论文有所不同。它毕竟只是本科毕业生从事科学研究的尝试，是进行科学研究的初步阶段，其衡量和评估标准相应有所不同。

根据《中华人民共和国学位条例》的规定："高等学校本科毕业生完成教学计划的各项要求，经审核准予毕业，其课程学习和毕业论文（毕业设计或其他毕业实践环节）成绩良好，表明已较好地掌握本门学科的基础理论、基本技能和专门知识，并且有从事科学研究工作或承担专门技术工作的初步能力的，授予学士学位。"

因此，本科毕业论文是经过一定学术研究训练后进行科学研究的尝试，要求抓住体现本学科根本性质的某一问题的某一侧面或某些有价值的知识点，提出有论点、有论据且具有一定学术性的意见，并能够基本反映学术所具有的学科基础知识和综合运用能力，对本学科有一定的独创见解，并具有一定的创新意识，批判思维能力，扎实的语言表达能力和逻辑思维能力。换句话说，就是要求学生能够在理论联系实际的原则指导下，把握与本专业密切相关的重要问题，通过精心选择的材料加以论述，明确表达自己的见解，并且在学术上具有一定的启发意义。

第二节　学术论文的特征

一、科学性

科学性主要是指论文作者需要在科学的世界观与方法论的指导下，直接运用相关的专业知识和理论科学剖析研究课题的现状、历史、因果关系等，并以具有普遍意义的科学结论或理论形态表述出来。

论文的科学性还表现在，作者不仅要运用必要的专业知识及其相应的概念、原理系统，还要有科学的思维方法和思维模式。这样才能把一些表象的、感性的体会，升华到更高的理性认识层次。初学写论文的人尤其要避免停留在对于实际经验或感性材料的罗列上。

科学性是毕业论文的灵魂。具体体现在论文的立论要客观、正确；论据要可靠、充分；论证要符合逻辑，严密、有力；表述要严谨、准确。这要求作者要以科学的研究方法，脚踏实地的工作态度去观察问题、分析问题和解决问题。要做到客观公允，不能人云亦云，更不能凭空臆造。毕业论文是否具有科学性，还取决于作者的理论基础和专业知识。写作毕业论文是在前人成就的基础上，运用前人提出的科学理论去探索新的问题。如果对毕业论文所涉及领域中的科学成果一无所知，不能准确地理解和掌握前人的理论，也就根本不可能写出有价值的论文。

二、学术性

学术性是毕业论文的基本特征，是指研究探讨的内容具有专门性和系统性。

毕业论文的学术性具体表现在：首先，选题具有很强的专业性。毕业论文是以学生所学专业的某一具体问题为研究对象的，这样学生才有可能熟练地运用所学知识和所掌握的基本技能进行写作，因此，一般不主张跨专业写作。其次，毕业论文的内容具有明显的专业性。毕业生运用他们所学的系统的专业知识去论证和解决专业性很强的学术问题，因而和一般的议论文有明显的区别。再次，表述语言必须是专业术语化。在写作过程中，为了表达的准确，经常运用专业术语和专业图表符号，这也是论文规范的标准之一。最后，写作者要具有专业化素质。对于用实验、观察或其他方式所得到的结果，要从一定的理论高度进行分析和总结，形成一定的科学见解，包括提出并解决一些有科学价值的问题；对自己提出的科学见解或问题，要用事实和理论进行严密的逻辑论证与分析说明。这就要求作者必须具有较扎实的专业基础，对论题开展过系统和专门的研究，从而能够体现出相应的学术水平。毕业论文的论点和论证不能只停留在描述事物的外部现象，还须站在一定的理论高度，在立论和论证过程中尽可能触及事物内部较深的层次，深入剖析事物内在本质，提炼出事物的特性。立论要公允，数据要准确，论证要严密，不能凭主观臆断或个人好恶随意取舍素材和妄下结论。不少学生将毕业论文写成了创作随笔，个人感想的表述过多，不具备学术论文的客观性。

三、创新性

对初学者来说，不能期望毕业论文篇篇都有创见，但是一篇好的毕业论文，不可能没有独创的见解和研究。

从根本上说，论文是表达作者在某一专业领域中的新创造和新见解。在论文中，重复已有的人所共知的结论是毫无意义的。毕业论文的创新性是作者对选定的论题有自己独特的发现或独到的见解，并将发现或见解表达出来，力求在该领域原有的基础上有所创新。

具体说来，创新性可以体现在以下六个方面：

（1）所提出的问题在本专业学科领域内有一定的理论意义或实际意义，并通过独立研究，提出了自己一定的认识和看法。

（2）虽是别人已研究过的问题，但作者采取了新的论证角度或新的实验方法，所提出的结论在一定程度上能够给人启发。

（3）能够以自己有力而周密的分析，澄清在某一问题上的混乱看法。虽然没有更新的见解，但能够为别人再研究这一问题提供一些必要的条件和方法。

（4）用较新的理论、较新的方法提出并在一定程度上解决了实际生产、生活中的问题，取得一定的效果，或为实际问题的解决提供新的思路和数据等。

（5）用相关学科的理论较好地提出并在一定程度上解决本学科中的问题。

（6）用新发现的材料（数据、事实、史实、观察所得等）来证明已证明过的观点。

四、独立性

毕业论文的写作不像平时学习期间的考试、考查那样，由学校或教师命题，学生被动地接受知识技能的测试、检验，而是要求学生发挥积极主动性去分析和解决问题。毕业论文的选题，材料的收集、整理和组织，论点的确立和论证，结构的安排以及论文的起草、修改、定稿等一系列活动基本上要求学生独立自主地发现和研究，并创造性地完成。可以说，在独立自主、创造性地完成毕业论文过程中，对每个学生的研究创新能力和智能水平都是一个培养、锻炼的过程。

五、规范性

毕业论文的目的是供审查答辩之用，所以在版式上有严格的要求，必须严格按照毕业论文的格式进行论文的写作，做到论文的整体结构严谨规范、条理清晰、自成体系、语言准确，体例格式正确，要注意实验数据的确切性，图纸、图表、参考文献的引用和书写的规范性，上交的论文必须按照规定的格式打印、装订等。

第三节　学术论文的类型

由于学术论文本身的内容和性质不同，研究领域、对象、方法、表达方式不同，分类方法也有所不同。

从研究领域和对象分，可以分为社会科学毕业论文和自然科学毕业论文。社会科学类毕业论文包含了社会意识形态的各个方面，比如哲学、社会学、经济学、政治学、法学、宗教学、历史学、教育学等。自然科学类毕业论文表达自然科学和技术科学的研究成果，习惯上也称作理工科毕业论文或科技毕业论文，比如物理学、化学、生物学、数学等学科。

按社会功用分，可以分为报告学术论文、期刊学术论文、毕业论文和学位论文。

按论文形式不同，可以分为如下四种：①调查报告：主要是通过调查研究，在掌握大量事实、数据的基础上进行分析、总结，并提出自己的观点和见解。②实验报告：主要是通过实验找出规律，提出经验、办法、建议，并得出相应的结论，或进行必要的讨论。③专论：对某个特定问题进行专门讨论。④综述：在研究大量的文献后，概括出同类课题若干文章的基本事实、基本观点和方法。

从研究内容和研究方法分类，可以分为理论型、综述型、描述型、实验型和设计型论文。理工科大学生一般选择后三种形式，文科大学生写作的主要是理论型论文和综述型论文。

一、理论型论文

理论型论文侧重于理论的探讨，通过严密的理论推导或数学运算来获得研究结果。比如对前人理论的质疑、拓展、完善，新理论的提出，新体系的构建等。理论型论文的正文没有固定格式，但论文各个部分之间应该有紧密的联系，体现一定的逻辑关系，这种逻辑关系可以是并列关系，即将研究的问题划分为若干并列的方面进行论述，也可以是逐层深入的递进关系，还可以是并列和递进相结合的关系。理论型论文具体又可以分为两种：一种是以纯粹的抽象理论为研究对象，研究方法是严密的理论推导和数学运算，有些涉及实验和观测，用以验证论点的正确性；另一种是以对客观事物和现象的调查、考察所得观测资料和已有相关文献资料数据为研究对象，研究方法是对有关资料进行分析、综合、概括、抽象，通过归纳、演绎、类比，提出某种新的理论和见解。

二、综述型论文

它的研究对象多为通过阅读、观察和调查所得到的资料和文献资料。通过归纳、演绎、类比等方法，阐明所述专题的历史背景、现状和研究方法、各家学说及其论据，争论及悬而未决的问题，综合介绍、分析、评述该学科专业领域内国内外的研究新成果、发展新趋势，达到推广最新科学成果和提出某种新理论、新见解的目的。综述型论文要注意叙述的条理性。可以按问题的发展顺序介绍，也可以按问题的现状加以介绍，总的要求是做到层次分明、合乎逻辑，使主题得到鲜明突出的体现。

三、描述型论文

这类论文的写作目的是向读者介绍新发现的具有科学价值的某一客观事物、现象或测量结果。比如，新发现的物种、某一地区的地址形态、观测到的天体或自然界的某些奇特现象等。描述型论文正文的结构形式一般来说比较固定，由描述和讨论两个部分组成。必须精确描述的地方，要求描述精确、细致，准确真实地刻画出对象的主要特征，善于抓住特征进行比较；讨论部分要简略，进行必要的理论分析，以得出有价值的结论。

四、实验型论文

实验型论文的核心是实验设计和对实验结果的分析和讨论。实验型论文一般分为"实验材料与方法、实验结果与讨论"两大部分，有时根据论文内容的具体情况，也可分为"实验材料与方法、实验结果、分析与讨论"三大部分。"实验材料与方法"部分应使读者能据此重演实验。通过对实验结果科学、严密的分析与论证，揭示现象或问题的本质及其规律，得出富有创造性的结论和见解。

五、设计型论文

这类论文的研究对象为某一工艺流程或生产设备。研究目的是通过设计，改进某一工艺流程或生产设备。在设计过程中形成最佳方案，并对这一最佳方案进行全面论述，一般还附有设计说明书和设计图。这类论文总的要求相对要"新"，数学模型的建立和参数的选择要合理，编制的程序要能正常运行，计算结果要合理、准确，设计的产品要经过试验证实。

各种类型的论文所用的主要研究方法虽然不同，但是任何一种论文都不能用一种方法。

第四节　学术论文的常见问题和解决方法

一、大学生撰写毕业论文中比较突出的问题

大学生在撰写毕业论文中比较突出的问题主要表现在以下四个方面。

第一，认识方面的问题。有很多学生不清楚毕业论文的性质和特点，不清楚撰写毕业论文的意义和作用。对毕业论文认识不足，态度马虎，应付了事。

第二，技术方面的问题。绝大多数学生没有学术论文写作的经历，没有对科学研究的感性认识，因而不知道如何具体完成一篇毕业论文。对毕业论文经验不足，论文写作时间安排不合理，缺少方法，缺乏创新。

第三，基础知识和能力的问题。写作者本身知识结构不合理，相关基础知识比较贫乏，语言运用能力和表达能力不强，写作功底薄弱。在选题上超出自己的专业领域，范围过大或过小；在论题确定上走极端，顾此失彼，妄下定论；在论证过程中，有理无据，堆砌材料，分析生硬，牵强附会，游离中心；在表达上入题缓慢，不讲逻辑，思维混乱，结构不均匀，草草结尾或者结尾冗长，语言不规范，等等。

第四，社会因素的干扰。到了本科四年级，大部分学生面临就业的问题，忙于求职，也有一部分学生忙于准备研究生的入学考试，学生用于毕业论文写作的时间和精力不能保证，因此毕业论文的质量受到相应的影响。也有极少数的学生受社会急功近利、浮躁之风的影响，将论文的写作变成复制粘贴的过程，抄袭现象时有发生。

二、如何培养学生学术道德和创新意识

本科毕业论文抄袭之风严重、胡乱拼凑、不求质量等是目前本科生毕业论文中常见的问题，路明等认为这些是 1999 年高校扩招，高等教育大众化带来的一系列问题，暴露了高等教育中的功利主义，也是当前学术风气败坏和制度不完善的反映。他们认为，改善这种状况的措施不是取消毕业论文环节，而是在加强引导、教育、监管的同时，教会学生写毕业论文。让学生掌握写作的技巧，在"写"上下功夫，并有所收获，从而使学生"爱写、能写、会写"。①

解决这些问题的具体方法如下：首先学校要制定合理的人才培养模式，优化

---

① 路明，赵华. 本科毕业论文面临的问题及解决办法 [M]. 北京：清华大学出版社，2012：15.

毕业论文指导的模式，寻找适合本校和本专业本科生的论文指导模式；其次是建立本科毕业论文质量跟踪和监控体系，包括对学生写作、教师指导和学校监管三个层次的监控，切实扭转毕业论文写作中学风不正、师德不高、学纪不严等趋向，在监督体系之外还应加强大学生的思想道德教育，杜绝论文抄袭等违反学术道德的行为；最后也是最为关键的环节是扎扎实实教会学生写毕业论文，也就要求提高教师的业务水平，增强责任意识，能够集中精力完成毕业论文的教学指导工作，真正教会学生写作一篇凝聚他们心血的毕业论文，使学生在写作毕业论文的过程中不仅在学术研究方面有了锻炼和提高，还使毕业论文充分发挥在本科教育中的作用，同时也能培养学生的诚信品质、良好品德和健康人格。①

　　总之，本科毕业论文质量低、弄虚作假、抄袭等问题，不仅暴露了高等教育中的功利主义，反映了学术风气败坏，监管制度不完善等现象，同时也反映了对学生进行基本的学术论文写作训练的必要性和迫切性。通过毕业论文写作训练，引导学生深入研究，在写作上下功夫，掌握课题的研究路径与方法，学会基本的学术论文写作要领。不仅培养和锻炼学生探索未知事物的能力，同时提高写作能力与表达水平。掌握这些论文的基本写作技能，使毕业生在以后的工作和研究中受益无穷。

① 路明，赵华.本科毕业论文面临的问题及解决办法 [M].北京：清华大学出版社，2012：12-15.

第二章 学术论文写作前的准备

学术论文是探讨学术问题、描述研究成果、传播学术信息、反映研究成果最重要的载体和最简便、最适用的工具。所以，学术论文的写作过程实际上就是科学研究的过程，对于培养和考察一个人的科研能力至关重要。而学术论文的写作与论文写作前的准备工作就像鱼和水一样关系密切。写作前的准备工作是否充分，论文材料的搜集是否完备，论文研究方法的运用是否到位对于论文的质量来说关系重大。

第一节 论文材料的准备

一、材料的含义与作用

（一）材料的含义

论文的材料是指写作论文所运用的一切资料，既可以是自己目击的或者亲身经历的实况记录，也可以是对他人文字资料的加工整理、主客观融于一体的系统论述。它既包括书信、手稿、草稿、档案、图书、期刊、科学报告、学位论文等文字性的材料，也包括照片、绘画作品、音频资料、没有文字的视频资料、绘图制表等非文字性的材料。

（二）材料的作用

论文的材料主要是用来证明论文的论点的，是论文写作的重要基石，就像盖房子所需要的种种材料，对于论文的成败非常重要，因为它既是选题与论点产生的重要来源，同时也是论文具体论证的重要依据。作为研究者，论文的材料既可以在选题确定下来之前进行搜集，以确定、完善选题；也可以在选题确定之后进行搜集，围绕选题进行，显得有目的、有方向；也可以在论文写作过程中或者论文初稿完成后继续搜集，以便丰富与充实论文的内容。

二、材料的分类

论文写作所运用的材料基本上可以分为下面三种类型。

(一) 第一手材料

这种材料是论文写作者经过亲自调查、走访、考察、实验而获得的，或者经过观察、体验、感受而获得的，来自个人亲身体会的经验性的、实验性的材料，是最宝贵的资料，也是写作者最珍贵的、最有价值的写作材料。这类材料的珍贵性，就在于它们是写作者个人劳动所获得的，是不可替代的宝贵财富，因为这类材料往往容易成就写作者论文的创新性、独创性，而这正是科研工作最重要的、最有价值的部分。

例如，一篇关于网络时代背景下探索大学生闲暇教育的文章，作者以南京信息工程大学为例，按照理、工、文专业综合考虑随机抽取院系，然后在抽中的院系中按照年级、性别随机抽取从大一到大二、大三的大学生进行问卷调查。问卷调查的内容包括大学生对闲暇教育的理解程度、学校对闲暇教育的重视程度、大学生每天的闲暇时间量、大学生在闲暇生活中从事的活动内容、最可能选择的兼职工作、闲暇时间度过的方式、闲暇学习的场所、不愿意或者偶尔参加校园社团组织的原因、影响闲暇时间利用情况的因素、闲暇活动与学习是否矛盾十个大的方面。作者将这些调查的结果以表格的形式表现出来，使得自己关于大学生闲暇教育的现状分析显得真实可信，为了培养全方面发展的优秀大学毕业生，作者在调查研究的基础上所提出的改进建议就富有针对性并且水到渠成了。显然，作者在论文中运用的表格、数字等资料是通过问卷调查得到的信息资料，就是属于第一手资料。

此外，气象学、医学、民俗学、考古学、人类学、生物学、地震学、建筑学等学科也非常重视第一手材料。例如，有一篇气象学方面的论文《SWAN 中定量降水估测和预报产品的检验与误差分析》，[①] 文章在谈到 SWAN 系统中定量降水估测 (QPE) 和定量降水预报 (QPF) 产品在河南省短时强降水过程中的误差分布的特征及其原因时，作者采用了 2010~2011 年 5~9 月河南省区域加密自动站雨量和全省 6 部新一代天气雷达资料，通过专业的统计检验评分方法，计算出精确的产品数据，然后从时间和空间的角度将 QPE 误差的空间分布特征非常详尽地表现了出来。论文写道：

QPE 定量估测降水效果在不同地理区域亦存在差异，为了更准确地把握其误差分布，更有效地使用该产品，将每个降水量级 QPE 的绝对误差 (Ea)、相对误

---

① 吕晓娜，牛淑贞等. SWAN 中定量降水估测和预报产品的检验与误差分析 [J]. 暴雨灾害，2013，32 (2)：142–150.

差（Er）绘于图 1 中，以分析其定量估测降水能力的区域差异（图中仅选取预报效果较好的 0.1~9.9mm 和达到强降水标准的 20~29.9mm 两个量级）。

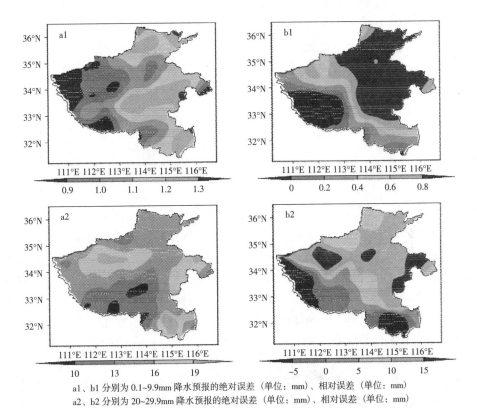

a1、b1 分别为 0.1~9.9mm 降水预报的绝对误差（单位：mm）、相对误差（单位：mm）
a2、b2 分别为 20~29.9mm 降水预报的绝对误差（单位：mm）、相对误差（单位：mm）

图 1　2010~2011 年 5~9 月短时强降水过程中 QPE 误差的空间分布

在自绘图 1（图 1：2010~2011 年 5~9 月短时强降水过程中 QPE 误差的空间分布）之后，作者继续写道：

由图 1 可见，当 $R^{1h} < 10mm$ 时，河南除西部小范围外，全省大部分地区降水估测较实况略偏大，但即使误差最大的中东部偏差仍不足 1mm。可见，QPE 对该量级的降水有较强的定量估测能力。当发生强降水（20~29.9mm·h^{-1}）时，由 Er 可知，河南除西部、南部小范围外，其他地区估测均较实况偏大，其中沿黄河地区及京广线以东尤为明显，最大偏差约达 15mm。

（二）他人的劳动成果

这类材料数量最大，也是各学科论文写作者运用最普遍、最频繁的一类材料。这类材料中，既有比较原始的材料，也有别人引用过的材料。他山之石，可以攻玉。在进行论文写作时，一定要注意选择适合自己论文的材料，尽量使所选择的材料为自己的论文锦上添花。请看论文《民族地区多元文化教师培训构想》①中的一段文字：

> "刘茜、②樊秀丽③等学者在调查中发现：民族地区的课程存在以汉文化和城市文化为主的情况，多统一使用人民教育出版社的义务教育标准课程实验教材，忽略了少数民族地区的文化特性，缺乏适应少数民族文化的课程体系，普遍渴望开发具有民族特色、民族文化的地方课程和校本课程。"

这段文字中所引用的材料就是比较原始的材料，只不过把别人的第一手资料转化成了自己的语言文字。

再看王明居先生的论文《崇高与模糊》④中的一段文字：

罗马朗吉弩斯（公元213~273年）在《论崇高》一书中，以大自然为出发点，以尼罗河、多瑙河、莱茵河、海洋、火山、日月星辰为例，论述了大自然的崇高。他认为，在整个宇宙中，凡是"使人惊心动魄的"、"肃然起敬畏之情"的"不平凡的、伟大的"、"奇特的东西"，都叫做崇高。⑤这种观点，对后代美学家的崇高论影响很大。柏克、康德的崇高论，即滥觞于此。英国美学家柏克（也译博克，1729~1797）在《关于崇高与美的观念的根源的哲学探讨》一书中，对于崇高进行了深入的探讨。他说："崇高作为崇敬的原因，总是发生在庞大而可怕的对象上。"⑥特别是，他认为崇高与美是两个不同的概念，并将崇高与美作了比较。除了强调崇高拥有巨大的体积、凹凸不平、奔放不羁、常呈直线条、坚实笨重、以痛感为基础等特征以外，还揭示了崇高的模糊性。他说："美必须不是朦胧模糊的，而伟大的东西则必须是阴暗朦胧的。"⑦所谓伟大的东西，在这里就是指崇高。柏克认为：崇高，是模糊的。柏克把模糊作为崇高的重要特征，在美学史上是个创造，并为德国古典美学家康德的模糊论提供了思想资料。但可惜的是，柏克并没有从理论上进一步阐明模糊之所以成为崇高的一个特质的原因。

上面这段文字是关于美学概念、美学理论的一段文字，属于他人的劳动成果，所引用的文字也常常为其他人所引用，可见其经典。这段文字虽然不长，却引用了三条资料。每一条都有完整的注释，显得非常规范。

---

① 杨鑫，杨晶晶.民族地区多元文化教师培训构想 [J].中国电力教育，2014（2）.

② 刘茜.贵州省苗族地区中小学民族文化课程开发的现状及对策研究 [J].贵州民族研究，2005（1）.

③ 樊秀丽.文化的中断·断裂——中国少数民族多元文化教育的现状 [J].西南民族大学学报（人文社会科学版），2010（3）.

④ 王明居.崇高与模糊 [J].文艺研究，1990（3）：45.

⑤ 北京大学哲学系美学教研室编.西方美学家论美和美感 [M].北京：商务印书馆，1981：49.

⑥ 中国社会科学院文学研究所编.古典文学理论译丛（第五辑）[M].北京：知识产权出版社，2010：56.

⑦ 中国社会科学院文学研究所编.古典文学理论译丛（第五辑）[M].北京：知识产权出版社，2010：65.

(三) 半成品的材料

这类材料是指在现成材料的基础上增添由抄录者或者阅读者 (往往是作者的知己、朋友、追随者、仰慕者、关注者、研究者等) 加上的评注、实例、批判观点或者写作的读书摘记、读书笔记等。

这类材料往往是阅读者在阅读或抄写他人作品时，自己的感悟、体会如影随形并且如鲠在喉、不吐不快，所以便以书信、札记、摘记、笔记的形式记下来或者直接批注在原著产生深刻感悟的文字旁边。读书摘记以摘录原著的主要观点和记录原著的结构框架为主，不受篇幅的限制，可以简略，可以详细，视阅读者的情况而定。读书笔记与读书摘记不同，它的重点不在于"记"而在于"评"。评论的方式有总评、分章节评和重点选评。写得好的读书笔记，往往是阅读者新思想、新观点的智慧闪光，其本身就是一种科研成果。阅读者以种种形式记录或书写下来的内容最终要么独立出版，要么和原材料一起发表，成为札记式、书信式或者点评式的论文或专著。例如，脂砚斋点评的《红楼梦》被整理出版后就被学术界称为"脂评本《红楼梦》"，既包括《红楼梦》原著内容，也包括脂砚斋点评的内容。著名诗人徐志摩因飞机失事而不幸离世后，他的妻子陆小曼把徐志摩生前写给她的书信以《爱眉小札》为名字结集出版。伟大导师马克思的亲密战友恩格斯非常佩服无产阶级伟大导师、科学共产主义的创始人马克思，他在阅读马克思的著作后写作了很多感悟式的书信、读书笔记。此外，恩格斯对自然科学也非常感兴趣，从 1873 年开始就展开了对自然辩证法的研究，写下了大量的札记和片断。其中《劳动在从猿到人转变过程中的作用》一文，科学地解决了人类起源的问题。他的这些手稿 (我们称之为半成品材料) 在恩格斯逝世后被编成《自然辩证法》一书出版。伟大导师列宁，经常阅读著名哲学家黑格尔的著作，并批判地吸收，吸取其精华，抛弃其唯心内容，他的一些读书摘要，同样可以看做是理论论述的半成品材料。

三、材料的搜集

一般来说，科学研究往往需要充分地占有资料，进行材料的搜集研究，以便掌握相关研究领域的科研动态、前沿进展，了解、熟悉前人已取得的研究成果和最新的研究现状等。这是科学、有效、少走弯路地进行任何科学工作的必经阶段。

(一) 搜集材料的原则

首先，搜集的材料内容应力求充实、丰富。要查找有关课题现有的研究成果、有关课题研究基本理论的文献资料、与课题有关的相关学科的研究成果以及研究课题所需要的原始资料。例如，写作《李白的律诗创作艺术研究》一文，就需要搜集以下资料：李白的作品 (以律诗为中心)、李白的创作道路与生平、李白的创作背景、可资对比对照的材料、李白创作对后世的影响、李白作品问世后人们对它的评价和研究、研究过程中主要涉及的理论资料等。

其次，搜集材料应该有明确的指向性。也就是说，搜集的材料应该与自己的研究目标或研究的课题内容相关。例如，在写作关于绿色建筑与人居环境的论文时，就必须搜集绿色建筑的概念、绿色建筑的发展史、传统建筑材料绿色化的途径、发展新型建筑材料等方面的相关材料。

最后，搜集材料应该全面。也就是说，研究者在面对一个课题时所搜集的材料不仅应该包括课题所涉及的各方面的资料，还应该包括由不同研究者从不同角度对问题的某一个方面或不同方面做出的记载、描述或评价的资料。不仅应该搜集相同观点的资料，还应该搜集不同观点甚至相反观点的资料。研究者在搜集材料时尤其需要注意自己的观点对搜集材料的指向所产生的不利影响，不要不自觉地忽视与自己的观点相左的材料，更不要轻易地放弃与自己的观点相左的材料。

（二）搜集材料的渠道

搜集研究材料的渠道多种多样，文献的类别不同，其所需的搜集渠道也不尽相同。搜集教育科学类材料的渠道主要有：图书馆，档案馆，博物馆，社会、科学、教育事业单位或机构，学术会议，个人交往和计算机互联网。计算机互联网搜集材料常常要借助一定的数据库，搜集材料常用的数据库主要有清华同方中国知网、万方数据、重庆维普等，论文写作者应该熟悉这几大数据库并且能够做到娴熟使用。

（三）搜集材料的方式

搜集材料的常见方式主要有两种：检索工具查找方式和参考文献查找方式。

1. 检索工具查找方式

检索工具查找方式指利用现成（或已有）的检索工具查找文献资料。现成的检索工具可以分为手工检索工具和计算机检索工具两种。手工检索工具主要有目录卡片、目录索引和文摘检索。计算机检索工具主要通过计算机互联网进行检索。

2. 参考文献查找方式

参考文献查找方式又被称为溯源式查找方式，也就是以某个研究者在他的文章或著作的结尾处所列举的参考文献的目录为依据，去认真仔细地追踪、搜索所列参考文献的一种查找方式。

（四）搜集材料的过程

搜集资料，不只是在有了具体的研究任务以后，才需要做的事情。研究者要学会平时有意识地为自己所从事的研究领域搜集材料、积累各种文献，培养学术研究的良好习惯，做一个学术研究的有心人。日常工作中可以通过做卡片、写读书摘要、读书笔记等方式，有重点地采集文献中与自己研究课题相关的部分。在具体的搜集材料的过程中，首先搜集那些新近的、容易找到的材料，然后根据研究的需要，陆续寻找那些分散在各处、不易找到的资料。搜集到一些材料后，为使搜集工作更有效，可以先把手头已经搜集到的材料作一个初步的整理，分门别类，以提高下一阶段搜集材料的指向性和效率。此外，还可以使用现代教育情报系统的检索方法，在具有相应条件的环境中，快速查找、获取所需要的文献资料。总之，搜集材料、积累材料不仅需要养成学术好习惯、有序进行，更需要持之以恒、坚持不懈。

中国现代著名作家、幽默大师林语堂非常喜欢中国古代的大文豪、豪放词派的创始人苏东坡，他为此还写了一本非常具有个人风格的著作《苏东坡传》。为了写作《苏东坡传》，林语堂下了很大功夫，搜集了大量的资料，既有苏东坡本人诗文的早期版本（这是第一手的资料），也有评论家对苏东坡的评价著作（这是第二手的资料）。翻开《苏东坡传》，[①] 我们可以看到林语堂本人所列的参考书及资料来源从 333 页一直到 338 页，总共 6 页，既有最初的刊本、清代刊本、现代刊本，还有嘉佑至元佑诸贤文集、宋人笔记、历史、地理、特种参考、真迹墨帖等，真是包罗万象、丰富扎实。有备而战方能做到百战不殆，最终拿出精品来。从以上种种材料可以看出，林语堂的《苏东坡传》之所以饱受赞誉除了作者本人扎实的文学功底之外，他对待材料的认真态度、他平日搜集的材料、积累材料的用心与努力也是功不可没的。

四、材料的选择

每一个研究课题都需要搜集、储备大量的诸如国内的、国外的、古代的、现代的文献资料以作参考。但是搜集到的材料中有一部分可能是错误的，或者是虚假的信息。所以一定要加以辨析，挑选出确实可靠的材料。挑选出来的材料也并不一定全部要运用到写作中去，因为具体的写作过程还涉及一个简约、精到的问题。即用最简洁的文字、最有层次的内容去论证文章的中心论点。所以，论文写作中对搜集的材料进行辨析之后，还要继续筛选，挑选出有用的、翔实典型的、富有新意的材料。选择的材料是否是精挑细选的材料，对于文章的成功与否影响很大。

具体而言，论文写作中材料的选择常常需要经过以下四个步骤：

第一是判断所搜集材料的价值与意义，筛选出对自己有用的材料。如论文《王国维陈寅恪国民性思想及其当代价值》，[②] 作者探讨的是两位国学大师王国维、陈寅恪对待国民性问题的认识和见解以及他们的国民性思想对当代人的启示和影响，内容非常丰富，因而需要占有的资料也必须丰富。首先，作者搜集、占有了

---

① 林语堂. 苏东坡传 [M]. 西安：陕西师范大学出版社，2008.
② 郭现军. 王国维陈寅恪国民性思想及其当代价值 [J]. 河南师范大学学报（哲学社会科学版），2013（2）.

大量的资料，并最终归纳为王国维和陈寅恪的国民性思想、王国维和陈寅恪思想的特点、王国维和陈寅恪国民性思想的当代价值三个方面。其次，作者详细地指出王国维是从中国人注重实用的价值取向、现世乐天的人生态度、经验直觉的思维方式以及重行轻知的知识论等方面探讨中国国民性，并且提出了通过美学与宗教来改造国民性的独特见解。而陈寅恪主要关注中国人注重实用的价值取向，并从学术方面、道德方面、教育方面、人际关系方面、宗教方面等层面来分析其影响，同时对中西方国民性做了简单比较。再次，作者指出王国维和陈寅恪国民性思想有着共同的特点，即二人都是从文化学视角而非社会学视角探讨国民性、二人都注重深刻把握中国人注重实用的价值取向。最后，作者指出王国维和陈寅恪国民性思想有助于增进文化自觉、促进文化创新、推动社会发展；学习和借鉴他们的国民性思想对于我国当前的文化建设和社会发展有着积极的现实意义。

第二是将所搜集的材料进行平行比较，反复审视，找出材料与材料之间的联系、差异，归纳出它们共同的属性或者不同之处，从而为自己的写作打开思路。例如，一位写作者在将《诗经·卫风》中的著名诗篇《伯兮》（"自伯之东，首如飞蓬"）和李清照的著名词作《醉花阴》（"帘卷西风，人比黄花瘦"）比较研究后发现，两首词都表现出了女性思亲怀人以至于容颜憔悴的痛苦和悲伤，呈现出销魂荡气的憔悴美；但不同的是，《伯兮》采用了内心独白的方式抒发情怀，直抒胸臆，感情真挚朴实，而《醉花阴》在《伯兮》思妇怀人的基础上又增加了士大夫文人的高雅情趣，融情入境，抒情婉曲真挚。经过分析，作者思路顿开，非常顺利地写出了一篇论文《销魂荡气的憔悴美——从〈诗经·卫风·伯兮〉到李清照〈醉花阴〉》。①

第三是将所搜集的材料进行分类。例如，论文《关于南水北调工程命名的思考与建议》②就是一篇典范之作。众所周知，南水北调工程是一项前所未有的宏大治水工程，它的通水实现了中国人民期盼已久的南水北调的愿望，并且使中国的水资源在平衡和合理利用上达到了一个新的水平。那么，如何为这一亘古未有的浩大工程取一个精炼响亮而有深邃内涵的名字便成了社会各界人士非常关心的话题。针对这一现实问题，本文作者博览群书，在占有大量资料的基础上，将水利工程的命名分为国内和国外两个大的范围来进行探讨。然后将国内水利工程的命名分为以工程所在地命名、以工程所在地理方位命名、以工程起源地和终点命名、以人名命名、以时间命名、以文化含义命名共六个类别；接着又将国外水利

---

① 陈西洁. 销魂荡气的憔悴美——从《诗经·卫风·伯兮》到李清照《醉花阴》[J]. 陕西广播电视大学学报，2006（1）.

② 朱海风. 关于南水北调工程命名的思考与建议 [J]. 华北水利水电大学学报（社会科学版），2014（1）.

工程的命名寓意分为以人名命名、以地名命名、以工程起点和终点命名、以地理方位命名、以寓意命名、以国家命名共六种情况。最后在上述分析论述的基础上提出自己独到的关于南水北调工程命名的若干思考和建议。再如论文《李白、杜甫、苏轼的人格精神论》在将搜集到的材料整理后，分为三个不同的方面，真者无畏的李白、善者无私的杜甫、智者无忧的苏轼，然后从这三个方面去详细阐释李白、杜甫、苏轼的人格精神的同与异。

第四是考虑材料的搭配问题。要讲究材料的中西结合、古今结合、内外结合，同时还要考虑详略得当的问题，既不能臃肿冗长、拖沓烦冗，也不能敷衍了事、蜻蜓点水。

对材料的选择往往体现出写作者本人的独特思想、观点，因而实际上也是写作者本人独创性的一种表现。所以，对材料进行辨析或选择十分重要。一篇优秀的论文，常常离不开多方面的材料做论据，因为翔实的材料会使得论文更具说服力，论文的观点也更容易为读者所接受。如一位硕士研究生的毕业论文《〈红楼梦〉悲剧中的喜剧性》①被评为优秀硕士论文，其成功因素之一就是材料丰富全面、翔实可靠并且详略得当、运用到位。该论文在论述《红楼梦》悲剧中的喜剧性时，将《红楼梦》中的悲剧性做了简单介绍后，随之便将笔墨的重点放在《红楼梦》喜剧性的剖析上。首先，作者通过情节的喜剧性、人物的喜剧性、语言的喜剧性三方面条分缕析地阐释《红楼梦》的喜剧性特征。其次，通过闹剧性喜剧、讽刺性喜剧、幽默性喜剧、滑稽性喜剧、荒诞性喜剧五个方面来详细探讨《红楼梦》的喜剧形态；然后通过误会、巧合、拖延、对比、倒置等技巧来详细分析《红楼梦》丰富多彩的喜剧表现手法。最后，作者通过因喜生悲、以喜写悲、悲喜交映三个方面剥茧抽丝地阐释《红楼梦》的喜剧功能。通篇文章，作者除了引用中外喜剧理论和名家学者对《红楼梦》的典型评论外，还大量引用了《红楼梦》原著的情节、对话，同时对中国的喜剧性传统做了认真的梳理，对《红楼梦》对传统喜剧的继承和超越做了认真的解读。总之，作者是古今结合，中外结合，全方位、多角度地揭示了《红楼梦》的喜剧艺术、喜剧功能以及作品流芳百世、作者喜剧性书写的原因，论文因而颇具说服力。

五、材料的运用

没有或者缺乏继承和借鉴，科学不会得到迅速的发展，这决定了人们在研究先前的历史事实时需要借助于文献的记载，在发展科学领域时需要继承文献中的优秀成果。现代科学研究不仅需要以人与人之间的协作为条件，同样需要以利用前人的研究成果为条件。进行材料的科学运用既是借鉴、吸收前人劳动成果的重

① 郭健敏.《红楼梦》悲剧中的喜剧性 [D]. 浙江师范大学，2003.

要措施和方法，同时也是促进、实现现代研究者之间的合作的条件和基础。

论文写作者运用第一手材料相对有限，大部分运用的是第二手材料，也就是他人的文字材料、劳动成果。所以，在运用这类材料时，一定要注意意思的完整，而不能断章取义或者望文生义，否则就容易贻笑大方。如有的论文作者在写文章时明明是讲炎热夏天却故作有学问地引用《诗经·七月》[①] 中的"七月流火"的句子，这种错误显然是对原著了解不深或者写作作风的粗枝大叶所造成的。写作论文，引经据典固然能够增加文章的深度和学术性特征，但必须是在了解原著的基础上进行，引用必须正确、恰当；否则，宁可不要引用。同时，在引用他人的材料时要注意文字和标点的准确，并且要尊重原作者的版权，在参考文献中要将所引用材料的文章名、作者名、杂志或著作名、出版单位或出版日期、引用页码等内容标注清楚，否则就是侵权与剽窃，违反了著作权法的规定。请看下面一段文字：

"我喜欢春天，可它过于稚嫩；我喜欢夏天，可它过于骄矜。因而我最喜欢秋天，喜欢它金黄的树叶、圆润的格调和斑斓的色彩。它带着感伤，也带着死亡的预兆。秋天的金碧辉煌所展示的不是春天的单纯，也不是夏天的伟力，而是接近高迈之年的老成和良知——明白人生有限因而知足。这种'生也有涯'的感知与精深博大的经验变幻出多种色彩的调和：绿色代表生命和力量，橘黄色代表金玉的内容，紫色代表屈从与死亡。月光铺洒其上，秋天便浮现出沉思而苍白的神情；而当夕阳用绚丽的余晖抚摸她面容的时候，她仍然能够呈现出爽悦的欢笑。初秋时分，凉风瑟瑟，摇落枝杈间片片颤动着的树叶，树叶欢快地舞动着飘向大地。你真不知道这种落叶的歌吟是欣喜的欢唱还是离别的泪歌，因为它是新秋精神的歌吟：镇定、智慧、成熟。这种歌吟用微笑面对感伤的景象，赞许那种亢奋、敏锐而冷静的神情。"

上面这段文字来自王兆胜的著作《林语堂与中国文化》，[②] 这是作者在著作的第九章内容"林语堂与明清小品"中的一段话，作者通过这一段话来告诉读者林语堂的小品散文纯洁如玉、美妙和谐，具有一种优雅之美，读之令人常有人生美好和生命飞扬的艺术感受。作者在引用这段话时，对它做了非常详细的注解，在著作中，作者通过页下注告诉读者他引用的这段文字来自林语堂的一篇文章《人生的归宿》，出自林语堂的著作《中国人》中的第 336 页，是学林出版社 2001 年出版的，郝赤东、沈益洪译的版本；由此可见作者的学术修养。

随着科学技术的迅猛发展，他人的文字性的材料，已经远远超出了纸质作品的范畴，其他的诸如美术作品、音乐作品、建筑作品、摄影作品、雕塑作品、电

---

① 司徒博文. 诗经全译 [M]. 北京：当代世界出版社，2006.
② 王兆胜. 林语堂与中国文化 [M]. 北京：社会科学文献出版社，2007.

影作品、电脑软件、网络文字等，也都属于他人的劳动成果，在引用时一定要表明出处，尊重他人的知识产权，自觉遵守学术道德规范。所以，论文写作者一定要培养自己良好的学术素养，增强自己关于著作权法的法制观念，为自己的论文写作打下坚实的后盾和基础。

第二节　学术论文研究方法的准备

一、研究方法及意义

论文的研究方法是指科研工作者在写作论文的过程中所运用的指导方法和写作方法。论文的研究方法对论文的写作具有重要的指导意义。不熟悉、不了解论文的研究方法，可能连开题报告都不会写成功。不管是本科生还是硕士生，写不好毕业论文的开题报告，就无法顺利地完成毕业论文的写作。而且，在校的大学生毕业后在工作中或多或少都会接触到各种各样的论文。实际上，在校的小论文及毕业时的大论文（毕业论文）的写作对于在校的大学生来说无疑是难得的学术训练，对于他们尽快熟悉论文的写作过程具有重大的帮助作用，所以在校的大学生除了应该学会准备论文的材料之外，还应该掌握论文研究方法的运用。著名科学家 W.I.B.贝弗里奇就非常重视对从事科学研究的工作者进行科学方法的教育，他说："给这些人（指一切从事科学研究的人）以若干科研方法的指点，较之听任他们凭借个人经验事倍功半地去摸索，应有助于他们早出成果。"所以，进行学术论文写作的学生或者从事科学研究的工作者必须尽快熟悉、掌握科学的研究方法。

二、研究方法的分类

为了叙述的方便，本书将论文的研究方法分为两大类即一般方法和具体方法。下面，本书将对这两大类研究方法一一陈述，希望对论文的写作者有所帮助。

（一）一般方法

一般方法是论文的写作者在论文的写作过程中最常使用的方法。主要有以下四种：

1. 文献研究法

文献指"已发表过的或虽未发表但已被整理、报道过的那些记录有知识的一切载体"。"一切载体"不仅包括图书、期刊、学位论文、科学报告、档案等常见的纸面印刷品，也包括有实物形态在内的各种材料。

文献研究法也常被称为文献法，是根据一定的研究目的或课题，通过搜集、鉴别、整理、研究文献，形成科学的认识，从而全面地、正确地了解掌握所要研究问题的一种方法。文献法是一种古老而又富有生命力的科学研究方法。对现状的研究，不可能全部通过观察与调查，它还需要对与现状有关的种种文献做出分析。文献研究因为不与文献中记载的人与事直接接触，因此，又被称为非接触性的研究方法。

文献研究法被广泛运用于各种学科研究中。其作用主要有：

（1）了解有关问题的历史和现状，帮助确定研究课题。

（2）能形成关于研究对象的一般印象，有助于观察和访问。

（3）能得到现实资料的比较资料。

（4）有助于了解事物的全貌。

2. 调查法

调查法是科学研究中最常用的研究方法之一，它综合运用历史法、观察法等方法以及谈话、问卷、个案研究、测验等科学方式，对研究对象的现实状况或历史状况进行有目的、有计划的材料搜集，系统的了解，然后对调查搜集到的资料进行分析、比较、综合，归纳出规律性的知识供人们参考。在现场收集数据的叫作"实地调查"。

调查法常见的调查方式有：观察、录音和录像、访谈、日志、问卷、现场记录等。由于数据的来源较多、方法各异，所获信息和启示往往多于一次单一的实验或一次测试。数据的质量取决于它的有效性、可靠性和代表性。

（1）观察。收集数据的根本方式就是"看"和"听"，所以观察就成了最为重要的方式，而且是其他调查方法的基础。观察可以分为两种：一种是研究者作为参与者去观察；另一种是研究者作为旁观者去观察。

（2）录音和录像。在观察和访谈中，除了当场做些笔记，还常常用录音机和录像机帮助记录当时的情况。录音和录像能够克服时间、空间的限制，把要研究的现象真实地、永远地记录下来。

（3）访谈。访谈可以是座谈，可以是电话交流。访谈的优点是个人特色强，不像公开场合那样正式，所以容易谈得深入，谈得随意，其灵活性和亲切感是其他手段所不及的。访谈可以分为开放式访谈和结构化访谈，当然也有半开放式和半结构化的采访，视情况而定。录音、录像和访谈，均可称为访谈式调查法。

（4）日志。日志就是把观察和访谈时听到的、看到的、感受到的详详细细地写出来：录音录像的文字材料也要归入日志之中，当天收集到的文字数据（大纲、课程表、试卷、成绩单、书信等），也都归入日志中。

（5）问卷。问卷调查法是调查法中最常用的方法。问卷是指印好的文字材料，上面印着许多关于调查项目、调查内容的问题或看法，让被调查者不具名的回答。问卷大致分成两种形式：一种是开放式的问题，即以问答题为主；另一种是结构化的问卷，以多项选择题为主。问卷完成后，调查者进行回收整理、统计，然后根据统计的结果进行研究和写作。

3. 观察法

观察法是指研究者根据一定的研究目的、研究提纲或观察表，用自己的感官和辅助工具去直接观察被研究对象，从而获得资料的一种方法。科学的观察具有目的性和计划性、系统性和可重复性。观察法在科学实验和调查研究中具有如下作用：扩大人们的感性认识、启发人们的思维、导致新的发现。如论文《SWAN中定量降水估测和预报产品的检验与误差分析》就通过对河南省 2010~2011 年 5~9 月的降雨量的观察分析得出的产品数据作为自己论文的参考资料。

4. 实验法

实验法是通过主动变革、控制研究对象来发现与确认事物间的因果联系的一种科研方法。其主要特点是：

（1）主动变革性。观察与调查都是在不干预研究对象的前提下去认识研究对象，发现其中的问题。而实验却要求主动操纵实验条件，人为地改变对象的存在方式、变化过程，使它服从于科学认识的需要。

（2）控制性。科学实验要求根据研究的需要，借助各种方法技术，减少或消除各种可能影响科学的无关因素的干扰，在简化、纯化的状态下认识研究对象。

（3）因果性。实验是发现、确认事物之间的因果联系的有效工具和必要途径。

（二）具体方法

具体方法是指论文作者在论文的写作过程中所具体使用的方法。主要有以下三种：

1. 个案研究法（Case Studymethod）

个案研究法是指对某一个体、某一团体或某一机构在较长时间里的行为特点、发展变化进行深入具体地、追踪式地调查研究的一种研究方法。这种研究方法也称为案例研究法。它包括对一个或几个个案材料进行收集、记录，并写出个案报告。

个案研究有三种基本类型：

（1）个人调查，即对组织中的某一个人进行调查研究。

（2）团体调查，即对某个组织或团体进行调查研究。

（3）问题调查，即对某个现象或问题进行调查研究。

在大多数情况下，尽管个案研究以某个或某几个个体作为研究的对象，但这并不排除将研究结果推广到一般情况，也不排除在个案之间做比较后在实际中加以应用。对个案研究结果的推广和应用属于判断范畴，而非分析范畴，个案研究的任务就是为这种判断提供经过整理的经验报告，并为判断提供依据。在这一点上，个案研究有点像历史研究，它在判断时常需描述或引证个案的情况。因此个案研究法亦称"个案历史法"。个案研究法被广泛运用于多种学科中。

在心理学研究上，个案研究是一种搜集特定个人的各种有关资料并在此基础上得出心理学结论的研究方法。心理学中许多著名的个案研究是由弗洛伊德记述的。他用临床分析法广泛地和病人交谈，收集到许多资料，从而提出关于梦、防卫机制等理论。个案研究收集资料的内容是由研究问题决定的，一般包括当事人从出生到现在的生活史、家庭关系、生活环境和人际关系的特点，根据研究的需要，也常对当事人作智力、人格等测验，或向熟悉当事人的亲人、教师作调查。

个案法在心理学研究中虽有一定的作用，但也存在着某些为实验法和相关法所没有的缺点：①个案研究通常很难完全把握个体的全部有关事实，同时收集到的资料也往往真假难分。例如，个人日记和自传往往含有夸张或贬低自己等主观成分，从第三者调查得来的资料也常有记忆误差或由好恶而导致的偏差。对这些资料，在分析时应特别小心谨慎。②个案研究中的个案，通常是由研究者根据自己的特殊兴趣主观地选择的，而不是随机选择的，常没有可供比较的个体，其研究结果无法推论到一般的人。而实验法和相关法则是试图从随机选择的样本来推论总体的。

在法律研究中，个案是包含法律行为的一项实践或一组实践，研究者从这种研究中了解有关该案的法律原理和实践。

在社会工作和社会行政中，个案是一种研究的对象，即它要求对当事人、家庭或行政情况作充分的描述，以便使影响到争端或利益问题的一切有关事项都可以被辨认出来。

在社会学中，个案研究方法是一种从整体上来处理一个课题的方法，它通过详细地调查一件实例来了解这一实例所属的整类个体的情况。这种方法受到社会统计学家的批判，因为它不能提供在方法论上合理的关于一般性质的结论。但是作为发现重要变项以及提供有用范畴（这些范畴将导致假设的形成，而这些假设又可用大量实例来验证）的一种初步方法，它又是非常有价值的。个案研究的对象通常是家庭、组织、社会群体、小社区和个人。

2. 比较方法（Comparative Analysis）

古罗马著名学者塔西陀曾说："要想认识自己，就要把自己同别人进行比较。"比较是认识事物的基础，是人类认识、区别和确定事物异同关系的最常用的思维方法。随着比较文学的兴起，比较研究法逐渐成为论文写作中常用的研究方法之一。比较研究是根据一定的标准，对两个或两个以上有联系的事物进行考察，寻找其异同，探求事物之普遍规律与特殊规律的方法。对于比较研究法，《牛津高级英汉双解辞典》解释说：比较研究法就是对物与物之间和人与人之间的相似性或相异程度的研究与判断的方法。比较研究的最初运用可追溯到古希腊亚里士多德所著的《雅典政制》，该书对 158 个城邦政制宪法进行了比较。19 世纪以后，比较研究逐渐成为教育研究中的一种重要方法。比较研究法现已被广泛运用于科学研究的各个领域。在教育科学研究中，比较研究是一种重要的研究方法。比较研究可以帮助人们更好地认识事物的本质，把握事物的普遍规律。

一般而言，比较研究法主要有下面两种形式：

（1）影响研究。影响研究是比较文学传统研究方法之一，强调的是依靠事实凭据来解决问题的影响研究，长期以来，在比较文学研究领域占统治地位。影响研究以法国学者维耶曼、梵·第根、基亚等为代表，因而被称为法国学派。影响研究侧重探讨那些被接受的"异域"文学的影响，即侧重在对域外文学的借鉴、模仿，以及素材源泉等事实联系的梳理，研究视点集中在作品上。如 20 世纪 20 年代，胡适的《终身大事》，鲁迅的《伤逝》其实都受到挪威作家易卜生的作品《玩偶之家》的影响，所以以论文《〈伤逝〉与〈玩偶之家〉接受研究》就属于影响研究。

（2）平行研究。平行研究是用逻辑推理的方式对相互间没有直接关联的两种或两种以上的民族文学的研究，强调的是超越事实联系的平等研究。与影响研究相比，平行研究的范围更广，它可以从各种角度、各个方面对不同民族的文学加以研究，同时，平行研究注重对象的文学性，注重将不同国家的作家、作品（文学的主题、题材、文体类别、人物形象、风格特点）、文学现象等进行比较，论述其异同，总结出文学发展带有规律性的东西。平行研究的提出是美国学派的贡献。美国学者约瑟夫·T.肖说："一位作家和他的艺术作品，如果显示出某种外来的效果，而这种效果又是他的本国文学传统和他本人的发展无法解释的，那么我们可以说，这位作家受到了外国作家的影响。"

平行研究的具体方法有两类：类比和对比。类比研究两部作品"在风格、结构、语气或观念上的平等类同比较"；对比则不仅寻求其共同之处，也研究其歧异之处。因此平行研究就可以对文类、主题、神话、技巧、文学史分期等进行考察。如论文题目《孤独灵魂的拷问与生存体验的求证——鲁迅与波特莱尔》、《不减唐人高处：柳永、苏轼两首〈八声甘州〉之阅读比较》都属于平行研究。

3. 心理分析法（Psychological Analysis Method）

心理分析法被有的人称为一种马克思主义史学方法。这里所说的心理分析法，不等于心理学的方法本身，诸如观察法、实验法、访谈法以及测验统计法等，而是指用心理学的原理去分析考察人物（历史人物）及其由人物演出的事件（历史事件）的方法。

众所周知，现代心理学对文学和文学批评，都有巨大影响。奥地利著名心理学家、精神分析学派的创始人弗洛伊德（1856~1939）的心理分析理论，也被称为精神分析学，通过研究诸如意愿的实现和满足、性欲和性满足、无意识行为、行为抑制等新的或有争议的领域，改变了我们人类的行为观念。通过证明语言和象征反映无意识的惧怕和欲念，弗洛伊德还扩展了我们对语言和象征如何发挥作用的认识。弗洛伊德心理分析学的核心是俄狄浦斯情结理论。他按照这一理论写作的第一部传记是弗洛伊德本人的《达·芬奇》(1910)。有关达·芬奇生平的材料传世极少，弗洛伊德主要就是从俄狄浦斯情结出发，对这些材料进行演绎、推断，目的在于解释这位伟大艺术家和科学家非凡创造力的源泉。弗洛伊德本人也承认在研究莎士比亚、歌德、司各特、陀思妥耶夫斯基等人的文学作品中，学到了许多东西。西方名著认为他的思想的形成与发展有着与他的临床研究有同等重要的地位。弗洛伊德最有影响的一些著作，像对美国小说家弗·司各特·基·菲茨杰拉德的作品《了不起的盖茨比》所做的心理分析研究，从广义上说就是文学批评。

三、研究方法的选择

实际上在具体的论文写作中，不可能将所有的研究方法一一运用，我们只需要运用其中的一种、两种或三种就可以了。那么究竟应该如何选择研究方法呢？

(一) 选择的基础

写作学术论文，选择研究方法的基础是作者必须熟悉所有的研究方法。

作为写作学术论文的作者来说，应该熟悉和掌握所有研究方法，作为文科学生知晓文科专业所常用的研究方法；作为理工科学生懂得理工科专业所常用的研究方法；除此之外还应该知道不分专业都能运用的研究方法。这样，在面对一个论文题目的时候，很容易就能想到哪些研究方法是可以用来指导自己写作的。

例如，对于所有的论文写作者来说，文献研究法几乎是必用的研究方法。因为每一个研究课题都需要汇集、积累一定的文献资料，完全可以说没有一项科学研究是不需要查阅文献的。从科学研究的全过程来看，文献法在科学研究的准备阶段和进行过程中，经常要被使用，如林语堂的《苏东坡传》就采用了文献研究法，所引用的文献资料目录仅书本中记载的就长达 6 页。名家尚且如此认真，何况我们普通人？所以，论文写作者，尤其是初学写作学术论文的大学生必须认真对待论文的资料，要运用文献研究法来指导自己，在论文写作的整个过程中都需要搜集大量的资料，即使在论文写作的后期也仍然需要通过大量文献资料来丰富和完善自己的论文。

又如，如果论文写作者知道个案研究法在文学、心理学、法学、社会学等学科都有具体的运用的话，那么也许他在自己的论文写作中对个案研究法会自觉地进行有益的尝试。事实上，个案研究法通常能够帮助论文写作者以小见大、以点带面，使论文的写作思路大开，使论文写作如虎添翼、顺利进行。如论文《河南作家群研究》，仅从题目看，显得无从下手，如果采用个案研究法，着重研究河南著名作家刘震云、周大新、阎连科、李佩甫等人的作品，通过他们的作品研究来分析研究河南作家群的共性和独特性就显得脉络清晰、水到渠成了。

比较研究的方法也是论文写作所常采用的研究方法。如论文《零余者笔下的私小说——郁达夫与日本私小说比较研究》、《从王维到苏轼：自然性情的迂回归返》、《苏轼、辛弃疾豪放词的比较研究》、《销魂荡气的憔悴美——从〈诗经·卫风·伯兮〉到李清照〈醉花阴〉》、《李白、杜甫、苏轼的人格精神论》都属于比较研究法。可以看出，熟悉比较研究法的作者，运用比较研究法之后，他们论文的主题显得更加集中、具体、鲜明、突出，他们论文的选题也显得大小适中、利于写作。所以，熟悉所有研究方法常常能帮助自己的写作更加顺利地进行。

（二）选择的原则

写作学术论文，选择研究方法的原则是论文写作所运用的研究方法必须适合自己的选题。

如果我们写作的论文是调查研究型的论文，那么我们写作的论文就应该通过调查法来指导自己的写作，譬如论文《网络背景下大学生闲暇教育研究》、《贫困地区基础教育信息化研究》、《当代大学生手机使用情况调查研究》。这几篇文章从题目看，只有通过具体的调查分析才能得出翔实的数据和可信的结论，所以运用调查法无疑是最适合自己论文的研究方法。我们可以通过座谈、录像、制作调查问卷等形式来进行调查研究。具体而言，如果我们采用的是和一些调查对象进行座谈或者是对其进行录像采访的方式，那么我们所采用的研究方法就属于实地调查法；如果面对这些论文选题，我们采用的是发放调查问卷的形式进行的调查，那么我们所采用的研究方法就属于问卷调查法。

如果我们写作的论文是实验型的论文，那么我们的论文最好采用实验法。如《幼儿园普通班与实验班动手动脑能力实验研究》的选题，很显然采用实验法是最适合该论文的研究方法。

心理分析法是最近几年比较热门的一种分析方法，如论文《〈喧哗与骚动〉与弗洛伊德的美学思想》、《从弗洛伊德精神分析角度解读〈人间天堂〉的主人公阿莫瑞》、《温柔夜色下的梦魇——试以弗洛伊德精神分析理论解读〈夜色温柔〉的主题》等均属于运用心理分析法的论文。通过心理分析法的运用，这些论文显得主题深刻、内涵丰富，颇有学术深度，但是并不是所有人都能够将心理分析法运用得得心应手、恰到好处的。因为，由于受时间和知识的限制，这种心理分析批评的方法对于普通本科生来说难度较大，因此，本科生选题的时候还是应该十分慎重。

由此可见，熟悉所有研究方法，并选择恰当的、适合自己选题的研究方法对自己的论文写作来说特别重要。

第三节　开题报告的准备

作为一名大学生，上交一份合格的毕业论文是对自己大学学习的最好总结。为了更好地完成毕业论文，在毕业论文正式写作之前，撰写开题报告非常重要。

一、为什么要写开题报告

首先，开题报告是对作者自己写作思路的梳理。写作开题报告能够帮助作者弄明白自己到底要写什么，为什么要去写这个内容以及自己准备写作的内容在国内外的研究中究竟处于一个什么样的位置，自己研究的价值究竟在哪里，从而在国内外研究的基础上，更好地开展自己的写作工作。

其次，写作开题报告有助于作者开阔视野，开拓思路。在写作开题报告时，写作者一定会查阅大量文献资料，那些不曾知道的，知道得不够详细的，记忆中模糊的、不确定的知识点，通过这种资料的查阅一定会弄个水落石出。通过对相关内容反复地搜索、比对、求证，作者的视野无疑会得到前所未有的开阔，写作的思路进而也会得到进一步的拓展。

最后，写作开题报告有助于作者明确写作进度，合理安排自己的写作时间。俗话说："凡事预则立，不预则废。"制订计划的重要性由此可见。写作开题报告其实就是对自己的写作制订一个写作的计划。因为，在写作开题报告时，作者会对自己的写作任务进行一个时间的分配，这样写作的进度就基本上固定下来了。然后根据安排好的时间，作者就可以按照计划有条不紊地进行毕业论文的写作了。

当然，作为学生的毕业论文的指导老师，也应该帮助学生做好选题工作，严格要求学生选题时必须进行开题论证，并提交开题报告。学生本人则应在大量阅读、充分理解选题内容和要求的基础上着手写作开题报告。

二、开题报告的内容

开题报告的内容是开题报告写作的重点和核心，主要包括以下几方面的内容：选题、选题的背景及意义、论文的文献综述、论文的基本结构、论文的主要研究方法和论文的写作计划。

选题，也就是论文的题目，包括中文和英文两个方面。选题是论文的文眼，一旦确定，很难再变动，所以必须慎重对待。

选题的背景及意义，主要是讲述选题的依据和意义。也就是讲明白为什么要确定这样一个论文的题目，它的优势所在或者它有什么样承上启下的作用等。

论文的文献综述，主要是讲述国内外有关本选题的研究动态，要讲述清楚国内外在本选题方面曾经做过哪些研究，还存在哪些研究空白等。

论文的基本结构，也就是论文的基本内容，这部分主要是写作论文的提纲和主要参考文献。众所周知，论文的提纲就是论文的框架，对论文的写作来说意义非凡。因为有了提纲就有了论文的思路，论文的内容基本上也就确定下来了。

论文的主要研究方法，主要是讲述本论文采用了哪些研究方法来进行写作，研究方法的种类可以参考本章研究方法准备一节内容。

论文的写作计划，即论文具体的时间安排，也就是讲清楚什么时间到什么时间完成论文的哪一部分的写作，用以明确自己的写作进度。

三、如何写作开题报告

明确了开题报告的意义和内容后，如何写作开题报告就提上日程了。其实，开题报告的写作非常容易，按照开题报告的内容按部就班一项项填写就行了。当然，为了后期论文的正式写作更加省时省力，前期的准备工作必须充分又充分。所以，开题报告的每一项内容都应该尽量做到内容充实，资料完善。

首先，论文的选题非常重要，一定要慎之又慎，不能轻易更改。众所周知，一个好的论文题目相当于论文成功了一半。所以，选题要反复推敲，尽量做到新颖别致、与众不同。因为开题报告后面的所有内容都是围绕着论文的选题来进行的，所以一旦选题确定就不太容易变化，否则一切都需要推倒，从头再来，影响写作任务的顺利完成。同时，选题的英文名称也要力求准确，所以作者如果对自己的英文不太肯定的话，最好找行家帮助自己把选题的英文翻译确定下来，力求使论文的选题做到中英文结合尽善尽美。

其次，对于国内外关于自己选题的研究现状应该搜集尽可能多的资料。对于一个选题，不同的研究者会从不同的研究视角进行关注。那么，他们都选择了哪些研究视角？他们对自己的研究视角是从哪些方面进行研究的？这些研究会给自己的写作带来什么样的启示？国外有哪些专家进行了哪些研究？国内有哪些主要的研究？或者他们的研究都进展到哪一步了？所有这些内容都是需要写作者熟悉和掌握的。

最后，论文的主要内容要尽可能安排得详细些。论文的主要内容其实就是论文的大纲，简单点说就是论文的写作思路。也许，论文的写作思路随着写作过程的深入可能会发生一些变化，但一般情况下，这个变化不会太大。所以，前期的大纲还是应该尽可能做到细化。大纲拟定得越详细，对论文写作的指导作用就越大。根据大纲来进行资料的搜集，就避免了搜集资料的盲目性，从而节省大量的时间，避免不必要的精力浪费。

为了帮助大家更好地了解开题报告的写作，下面以华北水利水电大学 2011 级外国语学院对外汉语专业本科毕业生张贺珍同学的毕业论文《真人秀节目〈超级演说家〉中导师乐嘉话语的语用学分析》为例，来看一看开题报告的写法。

华北水利水电大学本科生毕业论文开题报告

学生姓名	张贺珍	学号	201116109	专业	对外汉语
题目名称	真人秀节目《超级演说家》中导师乐嘉话语的语用学分析 A Pragmatic Analysis of Le Jia's Discourse in the Reality Show Super Speaker				
课题来源	自选 Self-selection				
主要内容	**一、选题的依据和意义** 　　2013 年是国内电视真人秀节目由低谷走向高潮的转折期，《我是歌手》、《中国好声音》(第二季)、《舞出我人生》等才艺类真人秀节目备受关注。2013 年 8 月 1 日，中国首档原创新锐语言竞技真人秀节目《超级演说家》在各类选秀节目中脱颖而出，并取得了较高的收视率，受到了社会的广泛关注。一方面使电视观众的荧屏生活更加丰富多彩，另一方面也使人们发现了该节目的研究价值。 　　随着网络的发展，人们的交际越来越多样化，QQ、微博、微信等各种社交软件盛行，从而导致了对最传统的面对面的交流方式的忽略。各式各样的表情符号，键盘敲打出来的无声文字，逐渐代替了用嘴说话。《超级演说家》这档节目凭借话语的力量掀起了一股全民"演讲热"，唤醒了人们最初的说话本能，促使当下的年轻人对语言运用的积极思考。笔者作为一个语言类专业的学生，也从中发现该档节目中导师话语的语用价值。因此，本文拟在前人研究成果的基础上，从语用学的角度对《超级演说家》中导师乐嘉的话语进行分析，总结其话语的语用特点，给那些渴望提高话语能力的人带来关于语言运用的些许启示。 　　本文选择导师乐嘉的话语作为研究对象，进行语用学分析的意义具体如下： 　　2014 年 10 月 "加强版" 限娱令发布，针对节目的结构、类型、模式及管理提出了相关要求。《超级演说家》第一季的完美收官践行了 "加强版" 限娱令的要求并得到了国家新闻出版广电总局的肯定。从这层意义上讲，《超级演说家》这档原创语言类节目，凭借导师及学员的话语魅力征服观众，打破了国内真人秀节目单纯引进国外模式这一尴尬的局面，给电视制作者带来启示，要注重节目原创和寓教于乐。 　　此外，《超级演说家》中导师和学员的话语是动态的语料，具有重要的研究价值。他们的话题与当代社会的一些热点紧密相关，折射出不同年代的人们不同的观点，有着鲜明的时代气息。这些语料对于研究当代人的话语方式、生活态度等具有重要的意义。 　　节目中导师乐嘉从一个专业的演讲培训师角度出发，采用直指人心、全情感召、理性总结、调侃戏谑、激情演绎、幽默夸张等不同的话语方式，竭尽全力让每一个学员在演讲中都能有所获益，在人生的道路上走得更长远。这些不同类型的话语风格也给那些渴望提高语用能力的人，特别是当代大学生，提供了一个学习和研究如何表达的范本。 **二、选题的特色和创新点** 　　关于真人秀节目的研究，历来是社会各界的热门话题之一。而《超级演说家》作为一档语言竞技真人秀节目，在互联网上引起了广泛热议，很多人从专业角度解读选手的演说内容。而导师乐嘉的话语技巧，鲜有评论。本文的创新点主要包括以下三个方面： 　　第一，本文的研究角度和侧重点与其他学者对该档节目的研究不同，现有的分析都是从节目的形式和创新入手，来探索该档节目所具有的传播价值和社会价值，而本论文是从语用学的角度对导师乐嘉的话语进行分析。 　　第二，虽然有学者从符号学、叙事学、传播学等角度对该档节目进行分析，但是对内容的挖掘还不够深入，还有待其他学者进一步研究。 　　第三，《超级演说家》第一季播出以后，很多人开始关注选手的演讲内容，而关于导师话语的研究成果并不多，尤其是导师乐嘉的话语研究更少。 　　鉴于以上三个方面，本文尝试从语用学的角度对《超级演说家》第一季节目中导师乐嘉的话语进行分析，希望有所突破。

主要内容	**三、文献综述和研究现状** （一）真人秀节目研究现状 　　关于"真人秀"这个概念，众说纷纭。尹鸿、冉儒学、陆虹（2006）等人称"电视真人秀作为一种电视节目，是对自愿参与者在规定情境中，为了预先给定的目的，按照特定的规则所进行的竞争行为的真实记录和艺术加工"。谢耕耘、陈红（2006）则认为，真人秀节目"指的是普通人而非扮演者，在规定情境中按照指定的游戏规则展现完整的表演过程，展示自我个性，并被记录或制作播出的节目"。本文认为，真人秀节目的含义集中在一个"真"字，节目的参与者都是以真实的身份出现的，在节目中既定规则下要真实地表现自我，以真诚博得大家的喜爱，能体现人文情怀。 　　真人秀节目起源于西方，20世纪七八十年代开始兴起，较有代表性的是1973年美国广播公司拍摄的《一个美国家庭》；到了90年代，真人秀节目开辟了新天地，如1997年瑞典Strix制作的被称为"真人秀之母"的《鲁滨逊探险》；21世纪国外真人秀节目拉开了轰轰烈烈的序幕。与此同时，国内真人秀节目在借鉴国外模式的基础上结合本国特色也蓬勃发展起来，广东电视台推出的《生存大挑战》是国内真人秀节目的第一次尝试。 　　关于真人秀节目的研究成为社会各界的热门话题之一，在所查阅的各类文章和研究课题中，专家、学者有从传播学、社会学、叙事学、心理学角度研究的，还有对比分析国内外真人秀节目的，如李苏鸣（2012）写的《中美表演选秀型电视真人秀节目的对比分析》和王靖远（2013）写的《中外电视"真人秀"节目对比分析》。研究的深入程度，具体到真人秀节目概念的界定、形态的多样化、本土化发展及未来趋势等要素，如薛静（2013）写的《"真人秀"节目的本土化文化现象研究》和李莎（2014）写的《浅议微博时代我国电视真人秀节目的新发展》。由于对真人秀节目的研究成果比较丰硕，本文研究的重点是《超级演说家》节目中导师乐嘉的话语，因此不再赘述。 （二）《超级演说家》研究现状 　　《超级演说家》是"安徽卫视联合北京能量影视传播共同推出的中国首档原创锐语言竞技真人秀节目"，第一季于2013年8月1日在安徽卫视首播，由陈鲁豫、李咏、林志颖、乐嘉担任评委。第二季于2014年4月4日开播，由陈建斌接替林志颖担任评委。它以"挑选中国最会说话的人"为宗旨，以"说得更比唱得好"为口号。 　　笔者通过查阅中国知网、万方数据库、维普网的相关文献及论文，发现《超级演说家》的研究成果大致分为三类： 　　第一类，总结《超级演说家》节目的创新之处及价值研究。如王一星（2014）总结该档节目的成功之处主要有五点：一是内容差异，原创魅力；二是形式创新，发掘潜力；三是赛制新颖，引人入胜；四是满足受众，社会需要；五是关注语言美，传播正能量。胡鑫（2014）认为，该档节目内容与形式创新，刮起了一股演讲新风，给社会带来了正能量，创造了多方共赢的社会价值。 　　第二类，结合相关理论对《超级演说家》节目进行分析。如李洪才（2014）从符号学的角度对比分析该档节目的先文本和后文本、原文本与此文本以及副文本和互动文本，探索《超级演说家》节目的创新之处。此外，李洪才（2014）还从独特的叙述视角、充满矛盾的叙事语言和富有魅力的叙事方式分析了该节目的情感体验、文本张力和社会意义。 　　第三类，以《超级演说家》为个案对论文的课题进行分析。如徐波（2014）从《超级演说家》节目的理念创新、独特定位、视觉呈现，为真人秀节目的多维度发散提供借鉴。资媛（2013）通过研究《超级演说家》的节目特点及制作模式来探讨真人秀节目中嘉宾如何进行角色定位和通过表现语言来使自己成为节目的焦点。 　　此外，关于该档节目中导师话语研究的论文并不多见，其中有一篇是郑燕芳（2014）写的《竞技类真人秀节目中导师的话语角色与方式分析——以〈超级演说家〉为例》，运用评价理论和对话理论，尝试分析《超级演说家》中四位导师各自不同的话语角色和话语方式。

续表

主要内容	

（三）话语分析研究现状

从语源学上看，"话语"这个词最初是由中世纪拉丁语"discursus"演变而来的，而"discursus"又是从 discurrere 变化而来的。动词 discurrere 在拉丁语中的意思是"东奔西跑"，这也使得"话语"具有了"不受规则约束"的含义。对话语进行研究的方法是话语分析。

在西方，很多学者认为亚里士多德的《修辞学》是话语分析的源头，而美国语言学家哈利斯（Zellig Sabbettai Harris）于 1952 年在语言（Language）杂志上发表的题为"Discourse Analysis"（话语分析）的论文，标志着"话语分析"这一术语的诞生，引起了社会各界的广泛关注。英国语言学家韩礼德（M.A.K. Halliday）于 1961 年在哈利斯理论的基础上发展了"系统功能与法"，概括了语言的三个功能，即语篇功能、概念功能、人际功能。20 世纪 60 年代末 70 年代初是话语分析的形成和发展阶段，从事话语研究的学者越来越多，研究成果大量出现。美国社会学家萨克斯（H.Sacks）、谢格洛夫（Schegloff）和杰斐逊（G. Jefferson）等人开创了会话分析（Conversational Analysis），基于话轮转换对日常生活中的谈话进行了分析。英国的辛克莱和库尔哈德（Sinclair & Coulthard）对教室里使用的话语进行了分析，构建出了话语分析的基本模式。拉波夫和法舍尔（Labov & Fanshel，1977）创建了用言语行为理论进行话语分析的理论模式和方法。

70 年代起语用学这门新兴的学科形成和发展起来，它的研究对象是发话人和受话人之间、话语和语境之间的互动关系。这一时期提出了著名的语用原则，格赖斯（H.P.Grice）的合作原则和利奇（G.N.Leech）的礼貌原则。还有布朗（Brown）和列文森（Levinson）提出了著名的面子观。之后，斯珀伯和威尔逊（Sperber & Wilson）在《关联性：交际与认知》一书中提出关联理论，认为交际就是一种明示——推理的过程。而每一个明示行为的背后存在着一种假定：该明示行为具备最佳关联性。

80 年代是话语分析的发展阶段。学界认为，1981 年万戴克（Van Dijk）主编的《语篇》和罗伊·弗里德主编（Roy Fried）的《话语过程》两份专业学术杂志的出版，标志着话语分析已成为一门独立的学科。同一时期，"话语分析"这一概念也被国内学者所关注。如王福祥（1994）《话语语言学概念》，胡壮麟（1994）《语篇的衔接与连贯》，黄国文（1988）《语篇分析概要》，刘辰诞（1999）《教学篇章语言学》以及王福祥与白春仁（1989）《话语语言学论文集》等。李悦娥、范宏雅于 2002 年共同编著出版的《话语分析》一书，从话语起源、话语定义出发，分别对外语课堂教学、日常话语结构，还有不同的话语类型（广播新闻话语、广告话语、外交话语、幽默话语）都进行了尝试分析，书中涉及一些汉语例子。此外刘虹于 2004 年写的《会话结构分析》基于大量的汉语语料从不同层面对日常会话的结构和规律进行了总结。

近年来，我国广播电视节目形态不断发展，有学者将话语分析应用到广播电视领域，对不同类型的电视节目进行了话语分析。代树兰（2007）指出电视访谈属于一种职业话语，对电视访谈中的话语结构、话语角色及话语策略进行了分析，对于研究我国的新闻类话语提供了有益的借鉴。侯雨昕（2011）从话题、话轮、主持风格、合作原则等角度，结合话语分析方法和语用学相关理论对比分析了《我们约会吧》和《非诚勿扰》这两档节目的话语，来探讨这两档节目在语言运用和语用策略方面的异同。

四、论文的基本内容

本文分五个章节对导师乐嘉的话语进行语用学分析。第一章绪论主要对本论文的选题背景、研究目的及意义、研究对象及语料说明、研究方法及理论来源做了相关说明；第二章简要介绍前人的研究成果，包括真人秀节目、《超级演说家》节目本身和话语分析的研究现状；第三章重点阐述乐嘉话语在节目中是如何体现对合作原则的违反的；第四章运用礼貌原则和面子理论来分析乐嘉话语中的一些礼貌现象问题；第五章结语，简略地概括了全文的内容及启示，并指出本论文的不足之处。

主要内容	五、论文大纲 第1章　绪论 　　1.1　选题背景 　　1.2　研究目的及意义 　　　　1.2.1　研究目的 　　　　1.2.2　研究意义 　　1.3　研究对象及创新点 　　　　1.3.1　研究对象 　　　　1.3.2　创新点 　　1.4　语料来源及标注符号 　　　　1.4.1　语料来源 　　　　1.4.2　语料标注符号说明 　　1.5　研究方法及理论来源 　　　　1.5.1　研究方法 　　　　1.5.2　理论来源 第2章　前人研究综述 　　2.1　真人秀节目研究现状 　　2.2　《超级演说家》研究现状 　　2.3　话语分析研究现状 　　2.4　创新点 第3章　乐嘉话语对合作原则的违反 　　3.1　合作原则及其违反 　　　　3.1.1　违反量准则 　　　　3.1.2　违反质准则 　　　　3.1.3　违反关系准则 　　　　3.1.4　违反方式准则 第4章　乐嘉话语中礼貌现象的分析 　　4.1　礼貌原则及其违反 　　　　4.1.1　遵循赞誉准则 　　　　4.1.2　遵循谦虚准则 　　　　4.1.3　违背赞同准则 　　　　4.1.4　违背同情准则 　　4.2　面子理论及其使用 　　　　4.2.1　倾向于贬损听话人的面子 　　　　4.2.2　倾向于贬损说话人的面子 　　　　4.2.3　倾向于通过听话人贬损第三方的面子 第5章　结语 六、参考文献
采取的主要 研究方法	为了使本论文更具有说服力，在转写大量语料的基础上，采取以下研究方法对乐嘉的话语实例进行语用学分析： 　　定性分析法：运用归纳总结与演绎推理的方法对《超级演说家》第一季节目中导师乐嘉的话语进行分类整理，结合语用学的相关理论予以解释说明，再用具体的例子进行证明。 　　文献资料法：搜集、整理关于真人秀节目、《超级演说家》节目本身和话语分析的文献资料，总结乐嘉的语言运用规律，为语用学研究提供有益的借鉴和参考。 　　比较分析法：《超级演说家》第一季通过三个阶段确定最后赢家，导师组建战队阶段，导师对抗赛阶段和组内对决赛阶段，最后是总冠军决选之夜。笔者对比分析不同阶段导师乐嘉话语的风格，为语用学研究提供一个新的视角。

续表

时间安排	1. 2014 年 12 月 31 日：提交论文题目（初审）。 2. 2015 年 1 月 22 日：确定论文题目。 3. 2015 年 2 月 26 日：确定任务书。 4. 2015 年 3 月 19 日：提交开题报告。 5. 2015 年 4 月 2 日：进入毕业论文写作时期。 6. 2015 年 4 月 30 日：提交论文初稿。 7. 2015 年 5 月 14 日：提交正式论文。 8. 2015 年 5 月 29 日：毕业论文答辩。
指导教师 意见	签名： 年　月　日
备注	

第四节　文献综述的准备

为了进一步强化学生搜集文献资料的能力，熟悉专业文献资料查找和资料积累方法，提高对文献资料的归纳、分析、综合运用能力，提高独立工作能力和科研能力，让学生练习写作文献综述非常有益。

一、文献综述是什么

文献综述是由学生通过系统地查阅与所选课题相关的国内外文献，进行搜集、整理、加工，从而撰写出综合性叙述和评价的文章。文献综述除了"综"和"述"，还要有"评"。

"综"是要求对某一时期同一课题的所有主要研究成果的综合概括。因此，要尽可能把所有重要研究成果搜集到手，并认真地加工、整理和分析，使各种流派的观点清楚明晰，更有逻辑层次，不要遗漏重要的流派和观点。

"述"就是要求对综合整理后的文献进行比较专门的、全面的、深入的、系统的评述。在对各种流派的观点作介绍时，要求对被介绍的观点作客观性的描述，要站在客观的立场上转述各派的重要观点。同时，在归纳各种观点时要抓住要点，表述时应简明扼要。

文献综述写作中的"评"，是指写作者在介绍研究成果、传递学术信息的同时，还要对各种成果进行恰当而中肯的评价，并表明作者自己的观点和主张。

文献综述重点在于"述"，要点在于"评"。由于评价的倾向性，通过文献综述，就会引导出对课题今后的发展动向或趋势的一个说明。

总之，通过文献综述对中外研究成果的比较和评价，不仅可以进一步阐明本课题选题的意义，还可以为本课题组织材料、形成观点奠定基础。所以，在文献综述中，要较全面地指出与本课题直接相关的国内外主要研究成果、最新进展、研究动态、前沿问题等，特别是近年来的最新成果和发展趋势，同时也要指出该课题需要进一步解决的问题，并进行认真分析，从而为科学研究做出自己的一份应有的贡献。

二、如何撰写文献综述

文献综述在逻辑上要合理，可以按文献与毕业论文主题的关系由远及近地进行综述，也可以按年代顺序、按不同的问题进行综述，还可以按不同的观点进行比较综述。

注意，撰写文献综述要围绕毕业论文主题对文献的各种观点作比较分析，不要教科书式地将与研究课题有关的理论和学派观点简要地汇总、陈述一遍。在评述（特别是批评前人不足时）时，要引用原作者的原文（防止对原作者论点的误解），不要贬低别人抬高自己，不能从二手材料来判定原作者的"错误"。文献综述最后要有简要总结，一方面要准确地反映主题内容，表明前人为该领域研究打下的工作基础；另一方面要说清楚前人工作的不足，衬托出做进一步研究的必要性和理论价值。如果论文采用了文献中的观点和内容务必要注明来源；模型、图表、数据必须注明出处，不要含糊不清。所有提到的参考文献都应和毕业论文研究问题直接相关。而且，文献综述所用的文献，最好是近几年发表的。

由于与一个研究问题相关的文献数目常常十分巨大，因此文献综述收集和分析文章常常要找同类研究中比较权威的、优秀的，文献综述所用的文献，应主要选自学术期刊或学术会议的文章，其次是教科书或其他书籍。至于大众传播媒介如报纸、广播、通俗杂志中的文章，一些数据、事实可以引用，但其中的观点不能作为论证问题的依据。

第三章 学术论文的写作过程

一般而言，规范的毕业论文包括以下组成部分：

（1）论文的中心标题（Title）。

（2）摘要（中英文）（Abstract）：由摘要和关键词（Key Words）组成。

（3）目录（Content）。

（4）正文（Body）。

（5）参考文献（Works Cited or Bibliography）。

（6）致谢（Acknowledgement）。

（7）附录（Appendices）：不适于放入正文但又必需的图表、调查问卷等（Figures，Tables，Questionnaires）。

本章将结合实例分析并概括撰写毕业论文时各组成部分频繁出现的问题、需要注意的事项及依据标准。

第一节 如何撰写标题

一、什么是论文的标题

标题又称题目，标题是论文内容的精练概括，是论文的广告，给读者的第一印象，其位置、字体均是论文最醒目的部分。标题展示论文的框架、视角，是论文要点的高度浓缩；醒目、恰当、独特的标题展示研究者的视角和功力，吸引读者的注意。不少学术期刊的编辑强调与众不同、概括论文内容的标题能使论文在数量繁多的稿件中脱颖而出；同样，出色的题目能给评审委员会留下深刻印象。但因为标题通常最后一刻才能敲定，对其斟酌往往比在别的部分花的时间要少，并未给其应有的重视，故标题的拟定存在着各种问题。好标题包括论文的关注点或基本观念，一看能明白论文的主题。具体而言，标题的作用表现在以下四个方面：

其一，突出体现反映论文的论题。论文论题，包括论点或观点，是通过作者文章中的论述得出来、并在标题之中就反映出来的，则可引起读者的注意，使之一目了然，也可提示读者的阅读重点。如《堵塞跑漏是钢铁企业节约能源的重要途径》、《实践是检验经济理论的唯一标准》就比较鲜明地突出了论文的论题。

其二，体现论题研究所涉及的范围。这种标题直观、醒目，读者一看标题就知道文章要论述什么。例如，《科索沃问题的历史透视》、《经济特区税收优惠的国际比较》、《合并高校整合管理的文化因素分析》。

其三，所提问题，耐人寻味。有的标题并不直接体现论文的论点或观点，只是提出问题让读者去思考；这种标题的作用更耐人寻味，好像有一种无形的东西引导读者去认真地阅读全文。例如，《中国的年薪制还差什么》。

其四，体现论文所涉及的地点、时间或人物。这类标题一般用在撰写重要的历史论文或回忆性的文章较合适，读者看到标题就会产生看下去的欲望。如《当年为什么把陈毅、瞿秋白留在江西》，就是一篇回忆历史事件的论文。这里的时间是"当年"，即指红军撤离江西准备长征的那年；这里的人物是陈毅和瞿秋白；这里的地点是江西。

在标题上的基本要求是要直接明了。从标题即可看出论文的基本论点或研究范围，不要拐弯抹角，也不适宜用比喻。标题是学术论文的总纲，是能反映学术论文最重要的特定内容的最恰当、最简明的词语的逻辑组合。

论文要通过概念、判断、推理，来证明所论述的观点是正确的、可行的，这种文章形式，虽然较之其他文章要显得严肃一些、沉闷一些，但它应该让人们愿意去读，否则就起不到论文应起的作用。那么，如何才能做到让读者愿意读呢？首先得从标题上下功夫。好的标题能传内容之神，让人见题名而知论文要表达什么内容；相反，如果标题未拟好，即使论文的内容很好，也不能引起读者对论文阅读的兴趣，甚至让人见题生厌、失去阅读兴趣。可见，拟好标题在学术论文写作中占有十分重要的地位。一个能传内容之神的标题，是对作者学术功底的揭示，也是作者智慧和心血的结晶。

二、标题的常见问题

除导师给定题目外，毕业论文的题目拟定步骤应是首先选定自己喜欢又有能力完成的选题，然后进行相关文献的搜索、阅读、摘记、分类，然后再定下大概题目；在写作过程中，对研究课题的调查了解越来越深入，伴随着阅读材料的增加，有意识地关注优秀的题目和文章，并对自己的题目进行评估，最终敲定题目。

不少学校会要求先提交论文题目再正式开始写作，因为尚未进入写作阶段，很多学生急于求成，只想着应付过去这一关，故常出现学生坐在教室搜肠刮肚、苦思冥想造题目的现象；抑或有学生上网搜题目，搜了一个，觉得还行，交给老师；被否定，颠倒了拟定题目的顺序，再搜……恰当的题目不是闭门造车就能造出来的，也不是随便拿个别人的题目套出来的，应是结合自己的兴趣、阅读、思考、参照别人的题目并根据自己的论文内容拟定的。

不能为了定题目而仓促定题目，题目和论文是不可分离的整体，是论文内容的精华；"名不正，则言不顺"，若在行文过程中发现论文题目与内容不符，自然难以写出流畅的论文。即使按照上述步骤编写题目，仍难以避免题目出现问题，下面将罗列标题撰写时的常见问题。

（一）题目所指模糊

毕业论文中最严重的问题是看了题目无法明白作者的研究对象，明确的研究范围和目的更是别提。如下是某校毕业生拟出的论文题目：

（1）浅析凯瑟琳爱情悲剧。

（2）从三部小说看美国的奴隶制度。

（3）中西神话看文化差异。

（4）解读《瑞普·凡·温克尔》的主人公及其妻形象代表。

以上所选题目例子均存在研究对象所指不明的问题，现一一分析如下。若不阅读正文，读者无法明白（1）中的"凯瑟琳"是何许人也。凯瑟琳至少是两部以上英语小说的主人公，除了海明威的《永别了，武器》，还有艾米莉·勃朗特的《呼啸山庄》，（1）因为缺乏明确的限定词，故致题目所指模糊。与（1）同，（2）的措辞"三部小说"也给人随意之感；因未列出具体指哪"三部小说"，容易让人质疑，是哪三部小说？选定这三部小说的依据是什么？（3）的"中西神话"更是模糊，且不论中国和西方神话内容的博大，仅就"西方神话"一词就容易让人疑惑，古希腊、古罗马神话是西方神话，北欧神话也是西方神话，意大利、法国的神话谱系有所不同，美国的印第安人也有自己的神话谱系，如何比较、标准是什么？"西方神话"这个词本身所指就不明确。（4）指出了研究对象为"主人公及其妻形象代表"，但这一措辞别扭，读来使人如坠云雾，主人公和其妻代表了男性和女性形象？还是代表了不同的国家形象？标题不仅无法帮助读者做出有效推测，还因措辞模糊设置了阅读障碍。

（二）题目空泛

"小题大做"是每一位论文写作老师都会给的提醒；一篇 8000 字左右的论文，题目太大、太泛，撰写者在短短一学期的时间不可能完成，而且容易给人中心不明之感。看下列题目：

（1）谈严歌苓在《陆犯焉识》中创作风格的突破。

（2）赏析杨慎《临江仙》。

（3）探析中国传统商业文化的精华与糟粕。

（4）中国古代赋税制度。

（5）中国山水画浅析。

以上所列标题乍一看，似乎指明了研究对象。（1）欲研究海外华文作家严歌苓在创作《陆犯焉识》时的独特写作风格，创作风格内容宽泛，包括作品的题材、体裁、主题、艺术手段、语言、叙事手法等，此题目显然范围太大，让人读之不得重点。严歌苓是海外华文作家，可将其置于移民文学的写作背景中，与其他同类作品相比，探讨其在这个范畴内写作在人物刻画、语言或叙事手法等具体方面取得的突破，如《严歌苓〈陆犯焉识〉中的知识分子形象》。有同类研究题目如《新移民文学的崭新突破——评华人作家严歌苓"跨越边界"的小说创作》，题目点出结论新移民文学的"突破"，并具体表述了突破的内容"跨越边界"，读者可清晰预测论文将论述严氏小说在哪些方面"跨越边界"的，论文思路清晰。（2）和（1）问题相同，赏析可从主题、韵律、形式多个角度进行，而主题和形式也包含丰富内容，此类题目除了告诉研究对象是《临江仙》外，因范围太大，反而提供信息太少，使读者不明其所以然，题目未能起到高度概括主题的作用。而（3）至（5）只是点出研究的大范围，"中国传统商业文化"、"中国古代赋税制度"和"中国山水画"，以上所有条目均包含丰富内容；"中国传统商业文化"南北不同，古今有异；而"中国古代的赋税制度"也给人宽泛之感，"古代"包括从夏至清的漫长时期，各朝各代赋税制度皆有不同，读者感觉论文要介绍各代赋税制度，论文本意是提出问题，解决问题的，重点在"论"，仅仅介绍罗列事实不算论文。从以上5个论文题目可以看出，作者并不明白"毕业论文"写作的主旨，对自己所述问题只是了解，而无个人看法。

（三）题目陈旧重复

（1）《论苔丝的悲剧》。

（2）《论盖茨比的悲剧》。

（3）《〈傲慢与偏见〉中的婚姻与爱情》。

（4）《中国的茶文化和西方咖啡文化比较》。

以上题目年年重复使用，从题目看这些论题早已有定论，即使有新发现，也会因题目措辞的陈旧重复无法吸引读者的注意力；若有新发现，应当在题目中凸显自己的理解；否则，仅就题目，读者就会判断作者对此论题只是照搬别人的观点。无论是学位论文，还是国家、省市的项目，都会要求论述研究课题的意义。陈旧重复的标题易造成拾人牙慧之感，智力上对人无启发，对于现实社会也无应用价值。结合现实生活进行的具体研究给人新鲜印象，如有同学来自贵州侗族区，其题目《旅游开发对侗族大歌传承与发展的影响》研究对象具体明确，又与自身密切相关，还涉及民族传统的传承，题目因其具体、可行和对现实的关注给读者留下了深刻印象。

（四）题目措辞模式化

（1）从普世价值角度分析 Lady Gaga 与 Michael Jackson 的相似性。

（2）从《虎妈战歌》看中美家庭教育的差异。

（3）从《绯闻女友》看美国年轻人的性价值观。

（4）从发型服饰看20世纪以来西方妇女的社会角色变化。

（5）从星巴克看美国文化在中国的扩张。

（6）通过电影《三个白痴》浅谈中美家庭教育的不同。

（7）以《三毛流浪记》和《雾都孤儿》为例分析中英教育模式差异。

（8）对比分析汉英幽默语言——以《爱情公寓》和《老友记》为例。

（9）中西面子文化差异对比分析。

（10）浅析《陆犯焉识》中的冯婉喻形象。

以上题目从研究对象、角度看皆具体可行，但仔细观察会发现句型如"从……看……差异"、"以……为例分析……"、"通过……分析……"及"……对比分析"频繁出现，题目句型、措辞模式化；即使内容有所创新，题目拟定千篇一律，也给人缺乏新意之感。同样从某一角度比较中西文化，有人拟题《当筷子遇上刀叉——从餐具看中西方文化差异》，题目是对电影《当幸福来敲门》的戏仿，利用修辞手法使题目从众多套话结构中脱颖而出，又见作者的文采。另外，像中文题目中常出现的"浅析……"、"浅议"、"浅谈"、"刍议"、"小议"、"探讨"、"……意义"、"分析"、"论……"之类措辞，英文中的"Analysis of"、"Investigation of"、"Study of"、"Research of"等用法应渐趋少用，论文本来的性质即是分析议论某个问题，这些不言即明的用词应尽量避免不用；而且题目不应太长，否则给人啰唆之感，应当惜字如金，去掉不必要的词汇。

（五）题名误用动宾结构

题目一般不使用动宾结构，而用以名词或名词性词组为中心的偏正词组。例如，"研究一种测评教学效果的新方法"，这是动宾结构（研究—新方法），可改为"一种测评教学效果的新方法"。经过这一改，题名原来的动宾结构变为偏正结构。

什么是动宾结构和偏正结构？所谓动宾结构，是指结构上有动宾关系的词组，也叫动宾词组。动宾词组在句子中可以是谓语部分，分别成为名词的谓语和宾语，也可以整体作为句子的定语、状语或补语。所谓偏正结构，是指结构上有偏正关系的词组，也叫偏正词组。偏正结构是由两个部分组成，有"前偏后正"和"前正后偏"之分。如果是前一部分对后一部分起修饰作用，表示"定语+中心语"或"状语+中心语"的关系，就属于"前修饰偏正词组"。如果是后一部分对前一部分起修饰作用，表示"中心语+补语"的关系，就属于后补式偏正词组。题名一般用后补式偏正结构。但是，如果题名是以"（试）论"、"（浅）谈"、"（试）议"等动词开头，则可以用动宾结构。

(六) 应避免定语词组类型出现歧义

例如，"研究高等教育原理的几个基本理论问题"，其定语是"研究高等教育原理（的）"，但组合结果却可能使读者理解为"研究""几个基本理论问题"。问题就出在定语用了动宾结构（研究+高等教育原理）。因此，应将动宾结构改为主谓结构（高等教育原理 + 研究）。修改后的题名为"高等教育原理研究的几个基本理论问题"。

(七) 应避免"的"的多用或漏用

语法规则要求，联合词组、偏正词组、主谓词组、动宾词组、介词词组做定语时，中心语之前需用"的"。而修辞规则要求，多项定语中的"的"字不宜多用。因此，题名中某处该不该用"的"，就要将语法规则同修辞规则综合起来考虑，最终取舍的原则是看语句是不是通顺。

三、好题目的标准

我们已经分类分析了毕业论文题目中出现的问题，什么是好的题目？好题目有什么标准？好的题目应当包括主要论题，应避免模糊，清晰准确；避免空泛，突出论题；避免老题重弹，注重新意；避免固定套话，使用修辞手法。好的题目还要避免冗长，应当简短扼要；避免描述内容，凸显思辨色彩。现将标准概括如下：

(一) 小而当，短而精

请看下列题目：

(1) A《小学生参加课外英语培训班的动机与反思》。
B《课外英语培训班研究》。
(2) A《对称谓语中性别歧视的过分解读》。
B《语言中的性别歧视》。
(3) A《中国年文化与英美圣诞文化对比》。
B《中美酒文化对比研究》。
(4) A《英语化妆品广告中的动词用法及促销效果》。
B《英语化妆品广告分析》。
(5) A《〈新布拉格街〉中"雾"的解读》。
B《〈新布拉格街〉的艺术手法分析》。
(6) A《仲夏夜之梦》戏中戏的作用。
B《论莎士比亚的悲剧》。

比较上述例子中的 A 与 B 可看出，A 部分题目均从小处入手，有明确的研究对象，且限定了研究范围，一览而能推测作者要论述的要点。再看四例：

(1) 留学生量词"个"的偏误分析。

（2）从《高唐赋》到《洛神赋》——早期赋中的人神之恋。

（3）社会心态与白蛇故事流传演变。

（4）陈端生生平对《再生缘》的影响。

以上例子皆不超过 20 字，符合毕业论文中文字数不超过 20 字的标准，且均从小处着手，题目得当，简短清晰，给人条理清晰之感。常有人说，从题目可看出新手老手，认真与否，新手往往题目冗长拖沓，不涉重点，无法给人提供更多内容方面的信息。

（二）立意新，重思辨

（1）旅游开发对侗族大歌传承与发展的影响。

（2）"亲"作称谓语的语言学分析。

（3）电视节目《爸爸去哪儿》中字幕的语言艺术研究。

（4）从台湾电视节目《SS 小燕之夜》看两岸现代汉语词汇差异。

（5）海峡两岸汉语水平考试（HSK）与华语文能力测验（TCFL）对比研究。

以上几个题目讨论的现象要么是当年引起全民关注的电视节目，要么是众人皆知、频繁使用的网络用词，或者是来自侗族地区的毕业生论文，或者是学习对外汉语专业而去台湾短期学习的同学做的调查研究；这些话题涉及热点问题，故而立意新；针对具体问题进行思考，具有话题性，有思辨色彩；另外，因为是站在作者的立场发出自己的声音，凸显了独创性。

（三）信达后，措辞雅

（1）是《董贝父子》，还是《董贝父女》？——狄更斯笔下的"进步"和"异化"。

（2）河与岸——苏童的《河岸》。

（3）《拉里的家宴》的空间叙事和叙事空间。

（4）自传不能承受之重——论《吻》的伦理危机。

（5）革命时代的爱与死——论阎连科的小说。

以上例子选自学者发表的文章题目，每一例都运用修辞手法，都有语言游戏，（1）对狄更斯作品《董贝父子》设疑，模拟写出《董贝父女》，既见文字游戏，又见作者思考；（2）对所论小说题目的拆解；（3）的词序转换；（4）、（5）分别对昆德拉《生命之中不可承受之轻》和王小波《革命时代的爱情》的戏仿；作者借文字游戏点明论题，少了些直白，多了些委婉的趣味，颇有雅致之美。并非要求每篇毕业论文皆有此功夫，但少些直白，少些套话，措辞简短、恰当、准确、明白、雅致应是撰写题目时尽量遵循的标准。

四、标题的具体写作方法

标题应体现全文的主要论题，常见的写法有：

（一）列出研究范围、对象

此类题目往往列出研究对象研究范围，如《留学生量词"个"的偏误分析》、《"亲"作称谓语的语言学分析》、《海峡两岸汉语水平考试（HSK）与华语文能力测验（TCFL）对比研究》、《〈诗经·关雎〉几个法译本之比较》、《〈新布拉格街〉中"雾"的解读》、《打击报复举报人犯罪透视》等。

（二）列出研究方法

这类题目会提供研究方法，如《跨文化视角下汉英亲属称谓语对比分析》、《从生态经济学角度分析〈瓦尔登湖〉》、《聆听"她"的声音——女性主义视域下的〈葛特露的反驳〉解析》等，多见于文学文化论文。

（三）中心论点型

这种形式的标题是文章的核心论点，因字数所限，用概括的语言给出观点。如《旅游开发对侗族大歌传承与发展的影响》、《当代大学生孝文化教育缺失原因及其对策探究》、《陈端生生平对〈再生缘〉的影响》、《当前信访举报的主要特点、成因及对策》和《论匿名举报向实名举报的转化》等。

（四）结论型

此类标题通常是论文的结论。如《社会心态与白蛇故事流传演变》、《唐传奇武侠小说对〈庄子·说剑〉武侠精神的继承与发展》、《职场礼仪对提高大学生就业竞争力的影响》、《监督"一把手"需要建立党内竞争性选举制度》、《社会主义新农村建设中预防村官腐败长效机制研究》等。

第二节　如何拟定提纲

拟定提纲是论文实际写作的开端。万事开头难，拟定提纲是论文写作全程中最艰难的一步。拟定提纲的过程，就是厘清思路、形成粗线条的论文逻辑体系、构建论文框架的过程。

一、提纲的作用

编写提纲最主要的作用有三个：首先是确定论文框架。作者通过拟定提纲把论文思路形态化、定型化，为论文写作提供参考和依据。有了一个好的提纲，就能纲举目张、提纲挈领、掌握全篇论文的基本骨架。其次是确定写作的层次和重点。有了基本框架和提纲后，可以更加深入思考具体材料的安排，通过周密地谋篇布局，使总论点和分论点有机地统一起来，也就能够按照各部分的要求安排、组织、利用资料，决定取舍，最大限度地发挥资料的作用。最后，拟定提纲的过程也是检验自己选题和思路，以及查漏补缺的过程。经过系统化的思考，提纲，可以帮助我们树立全局观念，从整体出发，检验自己论文各部分规划的逻辑是否合理，每部分所占的篇幅与其在全局中的地位和作用是否相称，各个部分之间的比例是否恰当和谐，会更清楚地认识到自己思路中存在的不足和缺陷，找到恰当的修改办法。

总之，精确合理的提纲对论文写作来说是非常重要的，如果没有引起重视，在这一环节偷懒，很有可能在论文写作中途发现问题，浪费更多的时间。

二、撰写提纲的原则

（一）必须围绕中心论点进行

学术论文必须有明确的中心论点，就是论文的主题，是学术论文的灵魂，是评价文章思想内容的主要依据，对建构学术论文结构起着引领作用。所以，提纲的撰写必须从中心论点出发，决定材料的取舍，把与主题无关或关系不大的材料毫不吝惜地舍弃，一切围绕中心论点进行，为表现主题服务，主题不突出或主题不明确是撰写提纲之大忌。

（二）要考虑各部分之间的逻辑关系

初学撰写论文的人常犯的毛病是论点和论据没有必然联系，有的只限于反复阐述论点，而缺乏切实有力的论据；有的材料一大堆，论点不明确；有的各部分之间没有形成有机的逻辑关系，这样的论文都是不合乎要求的，是没有说服力的。为了有说服力，必须有虚有实，有论点有例证，理论和实际相结合，论证过程有严密的逻辑性，拟提纲时特别要注意这一点、检查这一点。符合逻辑的论文，必然思路清晰、层次清楚、条理分明、首尾呼应，给人一种美感和享受。因此，撰写提纲只有注重逻辑，才能正确把握和反映客观事物的发展规律，写出主题突出、结构合理、思路清晰的好文章。

三、提纲的内容

主题和材料是论文的内容，结构和语言是论文的形式。为了表现主题思想、必须合理安排内容结构。提纲要根据主题需要，勾勒出文章结构，并把材料分配到文章的各个部分。提纲的拟写要项目齐全、能初步构成文章的轮廓，尽量写得详细一些。

提纲的内容包括：题目（暂拟）、论文的宗旨目的、中心论点、所隶属的各个分论点、各个分论点所隶属的小论点、各小论点所隶属的论据材料（理论材料和事实材料），每个层次采取哪种论证方法、结论和意见等。这样的提纲纲目清楚，主题明确，较全面地写出了文章的观点。在拟定提纲时，还要考虑各章节含义是否相当，互相之间是怎样联系的，各部分在文中起什么作用，该用多大篇幅、并且还要注意拟写提纲的详略。有些作者对思考比较成熟的部分在提纲中写得详细，对尚未成熟的问题则写得很简略，这样就发现了薄弱环节，进而可对提纲进行补充和修改。所以，提纲一般来说是由略到详，经过反复思考、逐步修改完成的。

四、拟定提纲的方式

编写写作提纲按作者的写作习惯和构思方式不同，一般分为以下两种方式：

（一）标题提纲

标题式提纲是高度概括的，作者围绕论文主题，对材料进行加工整理、谋篇布局，以纲、目的形式用文字记录下来，能大体反映学术论文写作思路，但只提示论文的要点，如何展开则不涉及。这种提纲虽然简单，但由于它是经过深思熟虑构成的，写作时能顺利进行。没有这种准备，边想边写很难顺利地写下去。

（二）详细提纲

详细文字写作提纲既要列出大纲（一级标题或称最大的论点），也要列出纲目（二级、三级标题或称从属论点），把论文的主要论点和展开部分较为详细地列出来，其优点在于能全面、具体地反映学术论文的层次结构。具体形式如下：

学术论文的题目：

一、一级标题或称最大的论点

（一）二级标题或称从属论点

1. 三级标题或称二级标题的从属论点

（1）四级标题或称三级标题的从属论点

（二）二级标题或称从属论点

1. 三级标题或称二级标题的从属论点

（1）四级标题或称三级标题的从属论点

学术论文要用大量的资料、较多的层次、严密的推理来展开论述，从各个方面来阐述理由、论证自己的观点。因此，构思谋篇就显得非常重要，于是必须编制写作提纲，以便有条理地安排材料、展开论证。学术论文写作提纲的构建过程，本质是对学术论文进行整体运筹和谋篇的过程。

认真拟定提纲是保证学术论文主题鲜明突出、结构层次清楚、论点论据充分和内容形式完美的前提。一篇学术论文写作思路是否清晰、篇章结构是否合理，直接关系到论文的质量和水平。因此，撰写学术论文写作提纲必须紧紧围绕论文的主题思想，在充分占有材料的基础上，从厘清写作思路入手，科学、合理、形象地构建学术论文的基本架构。

第三节 如何撰写摘要和关键词

摘要和关键词是对论文内容和重要词汇的高度浓缩，我们在网络搜索论文时，或者编辑需要在有限的时间从纷繁的稿件中选稿时，往往先看摘要和关键词获取论文的主要信息。甚至学术论文评审老师也会先通过摘要和关键词理解作者对话题的把握，若摘要部分主题模糊，逻辑不清，文笔生涩，很难说正文部分会条举目张，文采熠熠，故摘要的作用不可小觑。

一、什么是摘要

摘要，又名内容提要，顾名思义，是论文主要内容的概括。摘要的英文是"Abstract"，其词根"-stract"本义是"提取"的意思，维基百科的解释是"对论文或者就某个话题做深度分析时对要点的概括"。各种学术期刊会规定投稿时对摘要的要求，基本包括极简的背景介绍、研究对象、目标、研究方法、研究结果和结论部分。摘要的特点是短小精悍，字数少则数十字，一般在200~400字，如中文核心期刊《外国文学研究》的"投稿指南"可供参考，"指南"明确规定了摘要字数在"400字左右，主要概述论文研究的问题、运用的方法和得到的结论，不举例证、不叙述研究过程、不作自我评价"。摘要不应冗长、面面俱到，应是简短、精确概括，应能独立成篇，但不需评论和补充解释，不要材料细节。好的摘要应能全面反映论文的要点，简洁、明确，能独立成文。摘要字数不多，但作用很大，它相当于一个金字招牌，能吸引读者阅读全文的兴趣。摘要写不好，即使论文内容很好，也可能使读者放弃阅读全文的兴趣。在某种意义上讲，写好摘要具有一定的难度，需经作者对全文内容的全面把握和具有驾驭文字的深厚功底。

二、摘要常见问题分析

首先看几篇论文摘要。

例1

题目：《地方高校国防生英语学习教学策略》

摘要：新时期的国防生由于特殊的培养任务和管理方式，与地方大学生在学习动机方面等有不同的表现。大部分学生对英语学习缺乏动力，花在英语学习上的时间较少，英语交际能力较差，成绩不理想的情况。本文分析了国防生英语学习存在的问题并提出了一些帮助地方高校国防生提高英语学习的教学策略。

例 2

题目：《全球化语境下的"新青春派"移民文学
——试析郁秀长篇小说〈太阳鸟〉》

摘要：《太阳鸟》是青年女作家郁秀创作的又一长篇小说，小说主要关注新一代留学生的海外生活，通过对他们日常学习和感情生活记叙，表现了他们真实的心路历程和精神状态。作品在"全球化"语境下产生，体现了"全球化"文化意识的特点，是作者个人化体会的表达，具有真切淡然的叙事风格，代表了"新移民文学"和"新青春派"文学创作的某些特点，具有独特的风格。

例 3

题目：《试论我国隐私权保护的不足与完善》

摘要：隐私权是人格权中的一项重要权利，属于民事权利，为私权。世界各国对于隐私权利的保护、研究非常重视，许多国家把隐私权列入人民法典，直接予以保护，还有一部分国家概括保护，在出现隐私权被侵害时，根据判例和法规直接保护。我国民事法律发展缓慢，对人格权的研究更为落后。由于民事法律中没有条款保护隐私权，侵害隐私权的行为非常普遍，侵害隐私权的案件呈上升趋势，为顺应世界民事发展的趋势和我国市场经济发展的需要，近年来注重了民事法律研究，但是由于相关法律滞后，隐私权保护问题更加突出。笔者只能运用所学的一点浅薄的理论知识，结合实践经验，对我国当前隐私权保护存在的不足，以及完善法律保护制度，提出一点自己不成熟的思考。

例 4

题目：《〈可以吃的女人〉中的生态女性主义意识》

摘要：玛格丽特·阿特伍德是加拿大最著名的作家之一。作为一个有影响力的作家，她不仅深切关注着女性的命运，而且对自然界也有一颗关爱之心。所以女性与自然命运以及他们之间的关系常常成为玛格丽特作品的主题。在其第一部小说《可以吃的女人》中，玛格丽特将自然问题与女性问题结合起来：小说不但描述了女性在男权社会中的困境与迷茫，还描述了人类对自然的破坏，并倡导人们与自然和谐相处。

本论文试从生态女性主义的角度对这部作品进行阐释，揭示小说的生态女性主义意识和人类与自然的关系。生态女性主义理论的运用，有助于对作品更加深刻的理解。全文主题由三章组成。

第一章重点研究女性与自然的联系。文中指出，女性具有自然的特点，而自然也具有女性的特质。

第二章主要讨论父权社会中男性对女性与自然的压迫，揭示了男性对自然的破坏以及对动物的猎杀，同时还展示了男权社会中女性的边缘地位。此外，文章还深入到女主人公的内心世界探求其自我分裂的原因，并指出，女性和自然都处于社会的底层，变成了男性的消费品。

第三章探求了阿特伍德实现个人自身和谐以及男性与女性、人类与自然和谐关系的愿望。在小说中，玛丽安离开了彼得获得了自由并实现了自身的和谐。邓肯能够与玛丽安融洽相处并鼓励她去争取自己的独立，这说明了男性与女性之间的和谐。小说最后描写的雪地给了玛丽安追求自由的力量与勇气。这样，自然、女性、男性之间的和谐得以实现。

作为征服者，人类在征服自然的同时也给自己和自然都带来了危机。通过对小说中自然与女性的分析，本论文旨在呼吁人类思考如何平衡男性与女性、人类与自然之间的关系。

例5

题目：《简·爱与冷清秋——比较〈简·爱〉和
〈金粉世家〉中的女性书写》

摘要：《简·爱》自20世纪30年代引进我国后，一直是国内外国文学的研究热点。从20世纪五六十年代单一的社会历史批评方法到90年代以来多元化，多角度的批评理论，这部小说始终吸引着文学研究者的目光，成为各种批评理论实践的范本。但是综观这个研究，主题是单一的，研究是比较薄弱的。

《金粉世家》和《简·爱》是在不同时空并峙于不同文化中的两部文学杰作。冷清秋和简·爱是两部小说中精雕细琢、寄寓深远的两个女性形象。尽管两个文学女性带有各自鲜明独特的文化标记，但她们在特定人生阶段的人格追求中所表现的洒脱飞扬的生命感和激越向上的人性价值却有着惊人的相似。在《金粉世家》中，张恨水倾注大量心血才华，精心结撰冷清秋这样一个让无数读者为之痴迷，为之悲哀的形象，而简·爱则是夏洛蒂·勃朗特笔下最具生命活力的女性，这两个女性长期备受文学评论家的青睐，成为中外文学批评界永恒的话题。然而，对两位女性文学形象的命运结局，却历来众说纷纭。冷清秋的出走的死，有人说是一种对婚姻的逃避，也有人说是一种洒脱的独立，也有人说是历史的必然与这个必然不可能实现的时代悲剧。而对简·爱这个举目无亲、任人欺凌的无助少女，最终跻身上层社会，成为贵妇的陡然转变，有人则说是真和善的统一，也有人说是作者灰姑娘式写法的败笔。上述种种评论，虽然都表现了评论家关于文学的社会思考，但都没有从文化和人性的较深层面揭示人类，尤其是女性，简·爱与冷清秋在一定程度上反映了她们的创作者所处时代的社会现实、女性地位和女性意识。本文从作者角度，社会角度以及女性书写的策略角度，对比研究两个女主人公的异同。通过比较分析他们的不同，本文认为随着时代的发展，女性地位和女性意识都得到了不同程度的提高。

例6

题目：《贝蒂人生悲剧根源分析》

摘要：萨克雷在《名利场》中成功刻画了贝蒂这个在名利场中追逐名利的人物。她是金钱至上的社会的典型代表，人生唯一的目标是获取财富、跻身上流社会，她不考虑实现自己目标的手段和方式。作者通过她反映了社会的本质——人们普遍受拜金主义的影响，同时也无法摆脱别人通过他们的财富即社会地位来评判自己的命运。本论文分为三部分，第一部分引出本文的论点，即19世纪的社会环境造成了贝蒂的人生悲剧；第二部分列出悲剧的具体方面；第三部分总结全文的论点。

问题（一）：语言

1. 措辞含糊

例1论文主要内容为"大学国防生在培养任务、管理方式、学习动机方面和地方生的差别导致其存在着英语学习缺乏动力、所花时间较少、英语交际能力差和成绩不理想的状况。根据这一问题，提出了解决的策略"。例1题目及论文均表明文章重点是探讨解决国防生英语学习中所出现问题的"教学策略"，摘要的第3句涉及这个话题，可是对重要内容的叙述却使用了含糊的措辞"一些"，例2摘要末用的"某些"，此类概述并未提供比题目更详细、更新的信息，论文摘要对文内主要内容的叙述应当秉着"一个也不能少"的原则，让读者看完即明了论文要探讨什么。也有摘要如此措辞，"本文将从三个方面分析中国学生在英语词汇搭配方面所犯错误的原因"，而并未指出具体哪三个方面，似乎像古典小说一样吊人胃口，"欲知哪三方面如何，且看论文正文分解"。

2. 用语重复、错误

除了措辞含糊外，还有用语重复、错误等语法方面的问题，例1句2"对英语学习缺乏动力，花在英语学习上的时间较少"话语重复累赘，并且"对……情况"乃明显语法结构错误，应改为"大部分学生存在英语缺乏动力、所花时间较少、英语交际能力差、成绩不理想的状况"。此类错误若是不认真所致，属态度问题；否则是写作能力问题。

3. 言语虚、空、泛

论文摘要字数通常要求200字左右，在有限的空间内描述完整内容，语言应简洁明了，无不指涉任何意义的句子。例3末句"只能运用所学的一点浅薄的理论知识"、"提出一点自己不成熟的思考"之类谦虚之词并无实际意义。像"具有现实意义"、"理论价值"等对说明论文主要内容无关的虚泛之词也不应出现在摘要有限的空间中。

问题（二）：结构安排不当

摘要特别是本科学位论文不用分段，例4、例5单从视觉效果来看，就烦琐冗长。两例背景部分均过度详细，例 4 第一段可概括为"加拿大作家阿特伍德在《可以吃的女人》中将女性问题和自然问题结合起来探讨"，论文章节的介绍涉及文章细节，如第三章关于玛丽安和邓肯的分析部分，过多细节反而冲淡了主要观点的介绍。例 5 首段对《简·爱》以往评价的介绍也过长，<u>并且第 2 段划线部分关于论文研究人物冷清秋和简·爱的介绍在此处并无必要，</u>直接介绍两者相比的角度和结果即可。所举例部分均从论文正文部分原文摘抄，违背了摘要部分"不举例证、不叙述研究过程"的原则。另外，例 5 论文观点、内容介绍部分仅占篇幅的 1/8，而背景却占了其余的 7/8，结构安排颇不合理。

问题（三）：主题模糊，逻辑不清

例 6 题目表明要探讨《名利场》人物贝蒂的人生悲剧，但摘要部分并未明确指出其人生如何是个悲剧和导致她悲剧的原因是哪些方面；摘要只是谈到了贝蒂的金钱至上观和整个社会的拜金主义思想，并未点出这种观点如何导致了她的悲剧。读者只能自行推测，"贝蒂自己的金钱至上观和整个社会的拜金主义思想"导致了她的人生悲剧。论文主题不明，逻辑混乱。并且由贝蒂的拜金思想转至社会的拜金本质，给人突兀之感。最后的各部分介绍既未提供主要内容概括，又看不出各部分之间的逻辑关系，摘要篇幅不短，信息量低，并未起到其条举目张的作用。

另外，且不论分析是否有深度，第 2 句明显的欧化句式，"人生唯一的目标是获取财富、跻身上流社会，她不考虑实现自己目标的手段和方式"，不合中文习惯，应改为"她不顾虑实现自己目标的手段和方式，唯一的人生目标是获取财富、跻身上流社会"。句子逻辑也存在问题。

除上述问题外，论文广泛采用第一人称仍是突出问题，以"笔者"、"作者"、"文章"、"本文"、"本研究"等为主语的句子频繁出现，即使在权威的核心期刊中也屡见不鲜。如同题目中常出现的"浅析"、"探讨"之类不言自明的词汇，读者在读的即是这篇文章，这类作法无异于画蛇添足，狗尾续貂。

三、好摘要的标准

例 1

题目：《新格拉布街》中"雾"的解读

摘要：雾在小说《新格拉布街》中是一个重要的象征物，以一种骇人听闻的形式多次出现在作品中。这种效果不仅与其铺天盖地的外表形态有关，而且来自它与跌宕起伏的文人生活之间的密切关系。如果仔细分析小说中雾的变化、内涵及其对文人的影响，并以此来探求雾的本质，就会发现雾在小说中被赋予了一种特殊的象征意义。它象征着 19 世纪后期的英国文坛，即一个自治程度低的文学场，它对严肃作家构成了严重的威胁。由此，这个象征物既深化了小说的主题，也为 19 世纪艺术作品中雾的丰富内涵增添了一层新的含义。

关键词：《新格拉布街》；雾；文学场；自治程度低

例 2

题目：《读后续写题型研究》

摘要：本文报道一项开发考试新题型的研究，探讨促学优势明显的"读后续写"任务能否用于外语水平考试。调查在高中生中取样，运用 Rasch 模式等统计方法分析。结果显示：从效度方面看，读后续写分数与高考难度相当的英语阅读理解和书面表达分数显著相关，还与教师给学生英语水平的排名显著相关，说明该题型能够有效测量学生的阅读与写作水平；从信度方面看，续写题型的可靠性在很大程度上取决于评分工具的质量、评分员的培训以及评分的操作，而非题型本身。依据本次调查的评分量表打分，能够较好地将各能力段的学生区分开来。

关键词：读后续写；阅读；写作；效度；信度

摘要应对题目涉及的问题展开，但又是论文内容的收缩。对摘要进行图解：

例 1 中

研究对象：雾。

研究目的：雾的意义。

研究方法：象征+多次出现（铺天盖地形态和跌宕文人生活）。

发现：象征义。

结论：（深化主题，新含义）。

例 2 中

研究对象：读后续写题型（新题型）。

研究目的：是否可用于外语水平考试。

研究方法：（高中生取样，Rasch 模式）。

结果：与新题型相关因素。

结论：根据取样，可用于新题型。

上述两篇摘要均选自公开出版的期刊，好的摘要用语简洁、主要构成部分（研究对象、方法、结果和结论）完整，语言通顺，逻辑清晰。

摘要应具有自明性、独立性、完整性和简洁性的特点，不应出现图表、冗长的数学公式和非公知公用的符号、缩略语。撰写摘要的要求可以总结为以下四点：

（1）自明性。摘要的文字虽然较少，但包含着一次文献同等量的关键信息，要让读者在不阅读全文的情况下，就能获得论文所要表达的最关键、最基本信息。

（2）独立性。从论文正文中摘录段落或句子拼凑在一起，作为摘要的内容是撰写论文摘要之大忌，也是一些作者常犯的错误。因此，只能简单地将论文中的某一段落、某一句话或二级标题汇集在一起作为摘要的内容，必须对论文进行全面提炼归纳，使摘要脱离原文而独立成文。

（3）完整性。就是要全面准确客观地反映论文的全貌，特别是要根据摘要的写作要求，准确地选择要素。与全文相比，摘要只有字数多少的区别，但在本质上，即在反映学术论文的核心要素上没有多大的差异。

（4）简洁性。受字数的限制，摘要一定要开门见山，不要重复论文的题名，特别是不要写成各级标题的集合，不要过多地介绍前人或他人的研究成果，更不要喧宾夺主，讲一些不着边际的套话。要结构严谨，语意确切，表述简明，一般不分段落，不引用参考文献。切忌发表空洞的评语，下模棱两可的结论。国际标准和国家标准都明确要求摘要"不加解释和评论"，因此，摘要不要对论文进行自我评价。要用第二人称的写法，不必使用"本文"、"作者"等作为主语，这是国家标准 GB6447—86 对论文摘要的写作要求。但要注意简洁的"度"，有的论文摘要只有一二十个字，就很难保证摘要的完整性。

撰写论文摘要虽然有一定的难度，但要写出符合标准的摘要不是不可能。只要对前面讲的基本要求能全面理解，并按照科学的方法和思路去构思，就能写出符合标准的论文摘要。

四、如何选择关键词

关键词是为了便于作文献索引和检索而选取的能反映论文主题概念的词或词组。一般每篇文章标注 3~5 个，关键词之间用"；"分开、位于摘要的下面。通常将论文主要内容简化为关键词。可将标题和摘要中主要内容分成几个关键词，关键词排列最好呈现论文逻辑顺序，并且简化到最小单位，不要将无关和过于简单的信息带入。

关键词应尽量从《汉语主题词表》等词表中选用规范词，未被词表收录的新学科、新技术中的重要术语和地区、人物、文献、产品及重要数据名称，也可作为关键词标出。

如陆俭明发表在《语文科学》2011 年第 3 期上的论文《我关于"字本位"的基本观点》一文的关键词：

关键词： 字本位；语法单位；研究方法论。

又如以小勇和李丽合写、发表在《教育研究》2008 年第 5 期上的论文《摆脱"边缘"：寻找高等学校课程的本土文化性》一文的关键词：

关键词： 高等教育；课程体系；价值取向；本土化；全球化。

第四节 如何撰写正文

一、如何撰写绪论

论文绪论又称引言，是论文前言或论文导论，其主要功能是介绍研究的背景资料，描述选题当前的研究状况以说明选题的意义，引领读者了解自己的研究目的、方法和计划。可按以下顺序撰写引言：背景资料；研究目的、目标（aim of the research）；文献综述（literature review）；研究问题和论点陈述；理论框架（theoretical framework）；研究方法（research method）；论文结构安排。其中，研究目的和目标位置根据选题性质可灵活安排。

（一）绪论的构成要素及写法

（1）背景材料："背景材料"并非面面俱全、堆积到一起为好，应选取和自己选题相关的部分，按照合理的顺序安排。以硕士论文《引用、暗示、仿作和戏拟——对约翰·福尔斯的〈法国中尉的女人〉的互文性阅读》为例，其"绪论"部分首先介绍了 20 世纪 60 年代英美国家小说创作的整体状况、作家及批评家在传统和时代的影响下对小说创作进行的思考和实践。然后集中到作家约翰·福尔斯的作品，强调其在对小说创作中对技巧的关注。

（2）文献综述："文献综述"，相当于国家及省级项目书中要求撰写的"国内外研究现状"部分。将前人研究按国内、国外分类，作者可以以时间为经、主题为纬、突出重要的研究发现；切忌只述不评，要夹叙夹议，忌不加筛选地列出所有评论作品。撰写"文献综述"是为自己的选题铺垫，将自己的研究置于相关研究中，选别人未做或未深入的部分。然后简要描述研究的目的、意义、所用方法。

（3）研究问题：针对论点提出问题，是对论点的深入阐述，彼此之间构成逻辑关系，而非随意罗列。仍以上文涉及论文为例，因为研究小说与其他文本的"互文关系"，故研究问题为：与其他文本存在着什么样的互文关系？与哪些传统具体文本存在着互文关系？与这些互文本的互文关系分析体现了作者对传统和创新的什么态度？这些问题层层深入，对这些问题或假设的回答即构成论文的主要观点，故这部分还包括了论文观点和选题的意义陈述。另外，研究问题以 3~5 个为宜，太多未必给人细致、思考问题有深度之感，反而容易让人觉得烦琐、困惑和厌烦。

（4）理论框架：理论框架部分体现论文作者研究的理论基础。用不同的理论研究同一现象可将论者研究置于大的研究背景中。如有人用"互文理论"研究南非作家库切的《福》，探讨其与笛福小说的互文关系，有人从"女性主义"或"后殖民主义"探讨同部小说的某个主题，不同的理论框架，为研究同一部作品提供了丰富的可能性，开阔了研究视角。

（5）研究方法：分析不少论文，特别是本科生论文，发现对此部分的认识存在误解。不少学生在介绍研究方法时列举的是"举例法、对比法、文献分析法"之类，明显对"研究方法"和"论文写作方法"的观念区分不清。如果研究方法均是"举例法"之类，那么学位论文写作和新闻写作还有何区别？与普通作文写作有何区别？研究方法通常为定量或定性法。语言学、社会学、法律等研究涉及数据的收集，通常会使用定量法；但文学研究除非是用语言学方法或文学文体学来研究文本，则通常属于定性研究。

（6）论文结构安排：各章节观点扼要陈述。若本科生学位论文，此处可按逻辑顺序介绍主要观点，注意不要陈述过多例证、细节，尽量避免章节介绍分段。以例子来说明：

论文共分五章。第一章是绪论，包括对20世纪60年代作家创作背景、作家介绍、作品评论。艾略特曾讲过"稚嫩的诗人依样画葫芦，伟大的诗人偷梁换柱"，与作家探讨小说创作的可能性相配合，20世纪60年代在法国兴起的互文理论质疑了作者的独创性，视文本为先前文本的集合体。第二章将对相关互文理论进行简要介绍。第三、第四章根据理论进行文本细读。第三章利用表示共存关系的互文手法——引用和暗示来分析《法国中尉的女人》和19世纪的历史文本、《圣经》经典及古希腊神话故事的互文关系。第四章则利用表示派生关系的互文手法——仿作和戏拟展示《法国中尉的女人》与19世纪经典小说文本、常用文体和叙述手法的互文关系。第五章为结论，对整篇论文总结，重述论点，并指出作者创作及后现代小说中常常体现的对小说传统既欲"借用"又欲"抛弃"的矛盾态度。

（二）绪论部分常出现的问题

（1）无小标题，从头一口气写到尾，给人凌乱不知所云之感。小标题本来就是引导、提示、总结性的关键词，帮助读者定位、了解作者观点。

（2）观点陈述不清，或无实际内容，如"第二章介绍论文所用理论、研究方法……第四章分析小说中使用的叙述技巧"。论文用何理论？具体哪些叙述技巧？用词过于宽泛、无实际意义，无具体所指，并不能让读者明白各章节的主要观点。

（3）观点陈述用例证，篇幅过长，不够精简。如第三章介绍利用表示共存关系的互文手法——引用和暗示来分析《法国中尉的女人》和19世纪的历史文本、《圣经》经典及古希腊神话故事的互文关系。萨拉和查尔斯的故事让人想到《圣经》中亚当和夏娃的故事。萨拉说："……"该例中甚至引用故事人物语言，明显是论文正文内容的摘抄，不具备概括作用。

（三）绪论写作的具体要求

由于绪论要回答的问题比较多，受篇幅限制，只能采取简述的方式。具体要求如下：

（1）开门见山，不绕圈子。这点非常重要，很多人写文章喜欢兜圈子，提笔就引经据典，用了很长的篇幅，绕了很大的圈子才勉强进入主题。这样的开头，犹如把人引入深山，云里雾里，转来转去，不识庐山真面目，让人摸不着头脑。这样的开头，即使正文写得再好，也大打折扣。因此，开头切莫铺垫太远，一定要开宗明义，直接立论，或者单刀直入，直接反驳。

（2）言简意赅，突出重点，先声夺人，引人入胜。开头要讲的内容很多，而文章对篇幅的要求非常有限，怎样用最少的篇幅表达比较丰富的内容本身就是一门学问。没有高度的概括能力和语言组织能力，没有对论文研究内容和主题思想的正确把握，是很难写好开头的。因此，一定要用最精练的语言，重点表明学术论文研究的理由、使用的方法与预期结果。开头一定要有利于下文的展开，同时能对读者产生阅读兴趣的效果。

（3）要掌握分寸，不落俗套。这里有两个方面要引起注意：一是切忌抬高自己、贬低别人。对论文研究新意的评述或对别人观点的记述，要实事求是，不说过头话。二是不必要的客套话或所谓的谦虚一类的话最好不写，写了只能增加累赘。

二、如何撰写本论

本论是学位论文的核心成分，是详细说明理论基础、研究过程、方法及进行材料分析的部分，写作时应注意各部分逻辑关系。

（一）本论构成的要素

同一个选题甚至同一个论点的论文、不同作者有不同的表达方式，因而对本论的内容不可能作统一的规定。但是，与它们总的写作思路和论文结构安排应当符合"提出论点，通过论据（事实、数据）来对论点加以论证"这一共同的要求。因此，撰写本论的方法与要求不可能按照每种类型的学术论文单独论述，只能写它们的共性。

从内容上分，本论是由论点、论据、论证三个基本要素构成的。

1. 论点

论点是作者对论题所持的观点、看法和主张。论点是论文的灵魂和统帅，一篇学术论文的价值高低主要由论点来决定。如果一篇学术论文的论点正确并且是前沿、热点或难点问题，加之论据充分、论证方法得当和文理通顺，一般是一篇质量较高的论文。相反，如果论点本身站不住脚或者与国家的主流意识相违背，即使这篇论文"写作水平"再高，也毫无价值，不可能发表。

在论点、论据、论证三要素中，论点是首要的。论点对论据和论证起限定和制约作用，学术论文的论点一经确定，就基本规定了写作思路，论据的选择、论证方法的运用甚至次结构的安排都要根据论点的需要来决定。论据是根据论点选择的，论证是围绕论点展开的。

论点又分为中心论点和分论点。中心论点也叫基本论点或总论点，是作者对所论述问题的最主要、最基本的看法和主张，在论文中就是文章的主题，它统率全篇。一篇文章的中心地点，不能中途变换，必须贯穿全文始终。

中心论点在文章中的出现，形式多种多样，有的先提出中心论点，有的在结尾时再提出，有的在论证过程中提出。无论以什么形式提出，中心论点必须正确鲜明。中心论点确定以后，为了从几个方面有逻辑地加以论证，需要每一个方面再各自确立一个观点，而且也需要加以论证，这些观点叫作分论点。分论点从属于中心论点，并为中心论点服务。经过论证并确认为正确的分论点，对于中心论点来说，又可看作是有力的论据。各分论点之间要有内在的逻辑性，排列次序要严谨合理、明确自然。论文写作要处理好中心论点与分论点的关系，做到主从得当、纲举目张、条理清楚、说理透彻。无论是中心论点，还是分论点在表述上都要求严密、凝练和简明。

写好论点必须注意以下事项：

（1）必须简明，放在最突出的位置。有的作者不大注意这个问题，把本应简单的问题复杂化，让人不知所云或要通过归纳后才能明白论点是什么。因此，论点一定要用最简单的语言来表达。

（2）必须符合思维逻辑。分论点是为总论点服务的，因此分论点不仅在内容上是论证总论点的需要，而且在先后顺序上也存在一定的逻辑关系。与总论点无关的分论点不仅不会给论文增添论证的力度，而且还会降低论文的质量和水平。同样，分论点的先后顺序如果排列不当，应当放在前面的却放到后面去了，而放在后面的却放到前面去了，就会造成思维混乱，犯层次不清的错误。

（3）切忌偷梁换柱。论点必须贯穿始终，否则就是"定题"。有的作者写论文，从论点和证据上粗看似乎没问题，但在细读时就会发现，其论证并不是围绕论点（总论点与分论点）展开，写了一大通与论点毫无关系的话。这是作者对论点理解不深或把握不准的表现。

（4）论点必须清楚、确切，不能含糊其辞、产生歧义。

2. 论据

论据是用来证明论点的理由和根据。论据是为论点服务的，没有论据或论据不充分，论点的正确性就确立不起来。一篇学术论文的价值就在于它能说明一个道理或证明一个问题，如果论据不充分或本身就是错误的，还有什么价值可言？

因此，只有论据充分而且正确，才具有说服力，才能让读者相信论点是正确的。所以，论据和论点必须有内在的一致性，这就是人们常说的也是经常强调的"观点和材料统一"。如果把"论点"比作是学术论文的"灵魂"，那么"论据"就是学术论文的血肉。可见，二者是必不可分的，它们共同构成学术论文的核心要素。论据分为事实论据和理论论据两大类。

事实论据包括典型事例、历史材料、统计数字、人物事件等。运用事实论据必须注意所引事例的真实性，必须是客观存在的实际事物，不允许进行移花接木、张冠李戴的变形处理。用事实论据证明论点，易于为人们所理解和接受。论文中使用的事实论据应注意叙述简练，角度恰当、用意明确。

理论论据是指人们在实践中抽象概括出来的，反映事物的发展规律，并被实践所检验的真理性观点和论述。马列主义、毛泽东思想、党的方针、路线、政策等，是基本的理论论据。可用作理论论据的还有其他科学原理、定义、法则、经典论述、人类的共同经验，以及不证自明的常识、谚语格言等。理论论据是人们对已有事实的科学归纳和总结，是人们普遍承认的真理，用以证明论点，具有较强的说服力。

运用理论论据有两种方式：直接引证和间接引证。直接引证即直接引用经典著作、法规文件、名人言论等理论的原文或原话。其要求是：引用要忠于原文原著要准确无误，并注明出处。间接引证即根据论点的意图，陈述原著作的大意，不引原文，不用引号，但论据要准确，不曲解引用理论论据。无论是直接引证还是间接引证，都应注意三点：一是不可断章取义；二是不可生搬硬套，不可教条主义地使用；三是引用不可过滥，不可代替自己的观点，取代自己的见解。

3. 论证

论证是用论据来证明论点的逻辑推理过程。一篇论文尽管其论点是正确的，论据也是可靠的，但是如果在论证的过程中不严密，那么由此得出的结论也没有说服力。论证的意义和作用在于揭示论点和论据之间的必然联系，名言、数据、文献等，必须出处明确、引用完整、避免产生歧义。论证可分为直接论证和间接论证。

直接论证主要从正面进行论述。如果用演绎法，可从一般往特殊进行推导，由公认的原理为依据，推出它与论点的内在联系，从普遍性上证明论点的成立。如果用归纳法，可从特殊往一般进行推导，由具体的事实为依据，归纳出它们论点的共同点，从而证明一般性的结论成立。

间接论证主要从论点的反面或侧面入手，运用反证法、类比法。反证法是通过证明相反的论点不能成立，从而证明了自己的观点成立。类比法是从侧面论述，通过相同或相类似事物某些属性比较后得出结论。其形式有：一是通过同类事物来比较，由已知的相同属性推导出另一属性相同；二是通过设喻来类比，以喻体来形象地证明本体即自己的观点正确。

值得一提的是，论证的过程中要根据具体的论点、论据，灵活地使用论证方法，进行综合分析，才能深层次地达到观点材料的高度统一。

论证的过程实质是一个辩证的逻辑思维过程，只有遵守基本规则，论证才能具有逻辑性，否则就会犯逻辑错误。论证遵守以下基本规则：

（1）论证必须始终坚持以"论点"为中心，这是写好学术论文的前提。论证的目的就是要通过一定的论证方式，运用充分的事实材料来证明论点的正确与否，由此决定了论证只能紧紧地围绕"论点"来进行。无论是上位论点还是下位论点，都必须坚持这个原则，否则，就会主题不清、中心不突出或偏离论文主题。

（2）必须精心选择"论据"，这是写好学术论文的基础。有了好的主题，必须有充分的论据作支撑，否则，论点就会失去存在的依据。论述一个论点的论据可以有很多，但其中能起决定性作用的论据是有限的，作者要善于从中挑选出最有代表性、最有说服力的事实材料作为论据，这样才能收到事半功倍的理想效果。

（3）谋篇布局一定要科学合理。一篇学术论文的中心论点虽然只有一个，但围绕中心论点还可以分出许多的下位论点，而且下位论点还可以进一步细分；支撑论点的材料有许多，但这些材料只能与相应的论点发生关系，而且有主有次、有先有后。谋篇布局就是要紧紧围绕中心论点来组织材料，构建科学合理的正文架构，使论文结构合理、论证有力、思路清楚、逻辑性强。

（4）文字必须符合语言规范要求。撰写学术论文必须具备一定的文字功底，这是撰写学术论文的基本要求。如果作者没有一定的文字组织与语言表达能力，再好的论点、再充分的材料，也写不出好文章。文字功底深厚的人写出来的文章，带给读者的是一种精神享受，文字功底较差的人写出来的文章，杂乱无章，让人读而生畏，自然也就难以发表。

（二）本论写作常出现的问题

1. 各级标题不合标准

论文章节及章节内各级小标题是对论文中心论点的深入阐述，是论文论点的体现。应和论文标题呼应，能体现论文正文的逻辑及思路。如论文《重读〈欲望号街车〉中白兰奇的疯狂》一文，题目暗示论文将研究白兰奇的疯狂，论文从文化背景、医学诊断和个人经验三个方面解读正文各章节的标题分别是"白兰奇没有疯"、"白兰奇必须得疯"、"白兰奇选择疯狂"三个部分。可以看出章节标题和论文题目的照应、深化了论文的层次。

和论文标题一样，各级小标题应简练、清晰。在一篇名为《〈接骨师之女〉中的创伤叙事》论文中，作者一个小节的标题是"三位女性的创伤经历和创伤的原因"，标题太长且包含两个层次，建议其改为"女性创伤体验"和"创伤何来"两个部分，既避免题目太长，又能凸显分析层次。

有些小标题用词重复、单调，且用无意义词汇。如有人分析《〈金色笔记〉的后现代特点》，其中一章介绍后现代写作技巧，小标题如下："不确定性的分析"、"碎片化的分析"、"戏仿的分析"；如果是解释，就每个小节的标题带着"阐释"二字。语言重复、无变化，且累赘，无"分析"、"阐释"字样也是分析和阐释，不言自明的问题，不如去掉这些词汇。有论文干脆以"分析和阐释"为标题开始一章，章内有小节的标题为"摘要"，不能给人任何具体信息，小标题应是章节观点的总结，起到"画龙点睛"的作用。

2. 各章节无主题句、无过渡句

论文正文各章应独立成文，开头有明确的论点，中间有支撑的论据和最后结论；各节、各章之间应用明确的过渡句进行衔接。各论点、小标题具有并列、因果、层层深入等逻辑关系。每章、每节要以总结性、提示性的语言开始，或者概述要说的主要内容，或者点明与前段论文的关系。

主题句和过渡句写作是否得当和论文结构是否清晰有关。可凭此衡量论文层次是否合理、严谨，条理思路是否连贯、流畅。

3. 材料：文本分析太少

有论文作者将正文分为两部分，理论和材料分析各占一部分；更有甚者，正文有三部分，材料分析只有一部分，且在页数上不足正文全部内容的 1/3，给人主次不分之感。本科论文、大部分硕士论文主要是理论应用，偏重的应是材料或文本分析，分析部分太少给人空泛、无作者自己观点之感；与之相反，具体的文本分析给读者清晰、有说服力的印象。

立论时要考虑到文章论点的阐述，要有三个以上的层次，各层次也要有观点、标题、论证过程和结论。材料安排设计论文布局，过少的材料显然布局不够合理。

4. 罗列材料、逻辑不清

论文写作是展示提出问题、解决问题的过程。不少论文通篇都是自己感想，语言过于直白感性，凭空判断，缺乏论据；或者论文是各种资料的杂陈、拼贴，不能看出作者的观点、立场。本科学位论文最重要的并非创新，而是培养发现问题、解决问题的能力，以及清晰描述自己的观点、证明自己观点的能力。写作过程远比结果（创新）要重要得多。

5. 其他

论文正文写作还涉及语言是否准确、标点符号的使用是否规范、引用材料是否准确、符合标准，关于参考文献的引用，下章将有详细叙述。

(三) 撰写本论应注意的事项

（1）要选择和保持写作的最佳状态。尽量在大脑清醒和精力充沛时动笔，把注意力集中到所写的论题上，排除分心打断写作的障碍，坚持不懈地按计划写下去。在写不出来时不要硬写，要冷静分析并找出问题的症结所在，对症下药，再作充分准备。

（2）适时调整提纲。在一般情况下，对写作提纲不要轻易改变，但进入写作过程时，原有的思考往往会进一步细化和深化，可能会发现提纲中有某些不足和不妥之处，甚至会产生新的认识，这就要对提纲作适时、适当的调整和修改。

（3）把想到的尽量写进去。初稿篇幅应长于定稿，它所包含的内容要尽量充分、丰富。写作者可以把想到的尽量写进去，即使有某些重复也不要紧。如果初稿写得单薄，修改就难以下手。但也应防止一味地堆砌材料。

（4）要使文稿基本成型。要宏观考虑各部分的分量，注意纲目分明、逻辑清楚、长短适宜、轻重得当、通体均衡。写出来的初稿如果能成为一个较完整的逻辑构成，文稿开始也就有一个好的基础。

（5）尽量避免某些差错。初稿在文字上虽不强调修饰，但也应尽可能避免出现观点、语法、文字上的差错。

三、如何撰写结论

（一）结论的主要内容

结论也可以称为结束语，它是学术论文正文的最后部分。它往往是对本论的重点进行强调或提示，可以对全文分论点进行扼要的综述，有的还可以对论点、论据及论证方法作些补充说明。体现论文分量的文字往往体现在结论部分，它反映了作者经过概念、判断、推理所要表述的观点，这是课题完成的答案。它对全文起了概括、总结、强调和提高的重要作用。但在实际写作实践中，很多作者对"结尾"不太重视，有的甚至干脆不写，造成文章结构不完整。产生这种现象的原因固然与作者对文章结构规范要求不了解有关，但更直接的还是与作者的写作能力有关。俗话说："头难起，尾难结。"结尾是对前文的必然归纳，如江流入海，顺势而成，如花孕果熟，色味天然。因此，写好结论是学术论文写作的基本功，必须高度重视。结论不是对研究结果的简单重复，而是在对学术论文整个内容把握的基础上，经过系统归纳和严密推理而得出的新认识。主要包括以下内容：

（1）对自己的学术观点进行总结归纳。即对学术论文的基本结论进行高度概括，总结归纳出学术论文的研究结果说明了什么问题，得出了什么结论，解决了什么理论和实际问题，有无尚待进一步深入研究的地方。

（2）说明对别人在这个问题上的观点有无新见解。即简要归纳出作者对别人在这个问题上的相同观点或不同观点的看法，赞成什么，反对什么，作者作了哪些补充和修正。

（二）结论的写作要求

（1）准确地概括全文，简明地点明题旨。结尾是对学术论文全文基本观点的总结归纳，因此必须准确、完整、简明地把作者的基本结论和创新点（或闪光点）展现出来。某种意义上讲，它是对全文基本理论和基本观点的高度浓缩，绝不能脱离全文凭空杜撰。措辞务必严谨，绝不能模棱两可、含糊其辞。

（2）首尾必须呼应。结尾虽然独立成段，但它是对前文的总结和归纳，与学术论文的开头具有必然的逻辑联系。看了开头就知道作者要研究什么问题，看了结尾就知道作者对研究的问题得出了什么结论。正因为如此，我们可以通过看一篇论文的摘要、开头和结尾，就能大体了解这篇论文的梗概。

（3）最好不用客套话，也不宜对自己的观点或结论作出评价。

下面结论选自马敬驰本科学位论文《〈青年艺术家肖像〉中的"成长叙事"分析》。

结　论

综上所述，论文探讨了哪些因素使《青年艺术家肖像》可以归类为"成长小说"。我们发现小说叙述了主要人物从婴儿期经过少年到青年的不同人生阶段，并且，小说不仅描述了人物身体的成熟，更重要的是，小说展示了人物在情感、宗教、艺术等方面的成长。为了更好地表现主题，现代主义小说家乔伊斯利用内心独白和松散的叙事等现代派小说的技巧，叙述中心在人物的内心成长、自我意识，而非外在活动。（论文内容总结）乔伊斯关注人物的内心成长，大量使用意识流，为"成长小说"的创作开辟新径，丰富了"成长小说"的写作技巧。在他之后，"成长小说"的创作无法忽视人物的内心刻画。（意义）

该论文试图解决以下几个问题：什么是"成长小说"？小说中的哪些因素使《青年艺术家肖像》可归类为"成长小说"？乔伊斯运用了哪些独特技巧再现成长这个主题？并使其小说与其他成长小说不同？围绕上述问题，论文第一部分介绍了"成长小说"的概念、特点，并梳理了自18世纪小说兴起至19世纪小说繁荣成长小说这一类型具有的成长因子及发展过程，第二部分分析了《青年艺术家肖像》归类为成长小说的原因，第三部分分析了乔伊斯利用现代主义创作技巧如内心独白和松散的结构为成长叙事增添的新因素。

可以看出结论部分回答了研究问题，介绍了主要内容，重申了论点部分，并进一步点出研究的意义。

英文部分节选李慧敏硕士学位论文，《引用、暗示、仿作和戏拟——对约翰·福尔斯的〈法国中尉的女人〉的互文性阅读》（*Quotation，Allusion，Pastiche and Parody——An Intertextual Reading of John Fowles's The French Lieutenant's Woman*）的结论一章。

Chapter V. Conclusion

What this thesis intends to do is some examination of the intertextual relations between FLW and the literary past in the light of theory of intertextuality. Intertextuality implicates that any text is inevitably permeated with elements of other texts. The writing activity, in turn, becomes that of rereading and rewriting of those already existing texts. （简要概括论文内容）

Indeed, no text is an island. Harold Bloom describes that later poets always find that important events are already named and important words are already expressed; therefore later texts have to employ the tradition by means of transforming, displacing and reconstructing prior texts (qtd, in Chen 76). He coins the phrase "he anxiety of influence" to address the awkwardness that later poets have felt in their attempt to surpass their predecessors; he suggests that texts are not writing but rewriting (ibid.). John Fowles must be well aware of the awkward condition he is born into, writing in a literary world after the presence of great realist writers such as Thackeray, Dickens, Eliot and Dickens and in a literary world with such theoretical tendency. So he consciously situates his text in the interweaving relationship with the previous texts and conventions to ensure that every text he writes is a rereading and rewriting of the literary past. （意义）

Speaking of his indebtedness to the Victorian writers, Fowles says, "I hanker after a more Victorian attitude". By "Victorian attitude", he means that the novel should present an interesting story and is concerned with the "content" as those Victorian novelists once practiced rather than the pure formal play of those experimentalists. In FLW, Fowles expresses his worship for those Victorian writers by quoting various aspects of writing materials of that period and alluding to the biblical and mythological images that Victorian novels are abundant with. He does not merely build up the relation with the Victorian novels by directly borrowing elements from them in the form of quotation and allusion. He also and transforms them by means of pastiche and parody. He makes FLW a pastiche of three representative novels including Tess, Yanity Fair and Jane Eyre. The pastiche of those Victorian works reveals Fowles's respect for the Victorian tradition and classifies his text as a realist one for his emphasis on the construction of the plot or content. However, his parodic treatment of the omniscient narrator, questions the simplified labeling of FLW as a realist one. The coexistence of an omniscient narrator and a self-degrading and self-doubting one problematizes the labeling either as a realist or an experimental one. The pastiche and parody of the classic works and tradition, the simultaneous affirmation and departure from the past confirm the close tie with the admired literary tradition of the Victorian age and also his paradoxical attitude towards it. （意义）

In terms of art, Fowles carries on with his experiment, though he has said more than once such things as "I don't really have obsession with forms, the look of the thing". The fact is that "looks" have never escaped his attention since he believes that "All writers are rather like prostitutes: They know they have to sell by physical appearance, though underneath they may have more serious intensions and meanings". Fowles is prepared to sell his novel with content as well as complex techniques. He constructs his novel as those Victorians did and at the same time he plays down the form as those experimentalists are good at. With The French Lieutenant's Woman, Fowles has braced a new road for the novel that seems to have come to the end. In this typical postmodern text there is a vitality and creativity that is deeply rooted in the past and at the same time full of new potentials and tensions which are the very characteristics of the present modern world. Within its pluralistic, comprehensive and encompassing narration, the great heritage of English literature is carried on and a new epoch is ushered in. （意义）

It is worth noting that Fowles is a writer who trusts the reader's interpretation of his texts. In The French Lieutenant's Woman, when three endings are presented together and when the narrator enters the same ontological world and becomes a human construct, each reader is free to make his/her own reading of the book. Henry James once states that "the house of fiction has in short not one window, a million number of possible windows not to he reckoned" (Blackmur 46). writer of this thesis looks into Fowles's fictional house from merely one window. Naturally, readers who view from other windows would catch different sights. （未来研究可能性）

仔细阅读，可以看出上述结论部分包括了重述论文研究发现、意义及未来研究的可能性。

第四章　学术论文的规范格式

第一节　规范论文格式的意义和作用

学术论文写作非"无本之木"、"无源之水"，完成一份合格的论文无捷径可寻，需要从以往的研究入手，收集、整理近期与研究主题相关的主要文献，然后从中探讨哪些问题已然探讨清楚，哪些问题尚待解决，哪些还从未研究过，从而为自己的研究定位。自以为找到了一个可行、新颖的研究课题而沾沾自喜、不去搜集、阅读以往与研究主题相关的作法不啻于坐井观天；外面的世界有多大，需要跳出井去才能了解。

学术论文和散文、杂文、报纸文章、普通作文的显著区别在于，学术论文创作的目的在于创新，要求引用他人观点并将之标明；正文内必须有研究综述，用来介绍课题的来龙去脉，还需有引文以支撑或驳斥他人观点来证明自己的观点；引用内容当页下方有脚注或论文篇末加上尾注以对文内不合适阐发解释的部分进行释义性说明；文末的参考文献清单也是必不可少的。

学术论文的本质是"站在巨人的肩膀上"做研究，是在前人研究成果的基础上作业，是继承性和创新性的结合；学术论文的形式要求，即格式规范也体现了这种原则，论文正文部分拟定题目、撰写摘要、引言、结论等需遵循的标准，针对论文引文、注释及参考文献，国内外更是有明确的标准。国外常见的有英国标准、美国标准，有美国现代语言协会（MLA）提供的参考文献标准，也有美国心理学协会（APA）提供的参考文献标准等。根据国际标准，国内制定并实施了《文后参考著录规则》、《中国高等学校社会科学学报编排规范》等；规范的参考文献的价值越来越得到学界的重视。

规范的论文格式透露作者查找及自处理信息的能力，有助于了解课题在相关研究中的定位，与先前研究的对话体现作者的思辨能力，还体现了作者严谨审慎的科学研究态度。不光如此，有论者指出，"'引文必注'是技术问题也是道德问题"。①规范的论文格式不仅体现了著者的学术素养，学术创作的继承性和课题的创新性，也涉及著者的个人学术道德问题。引用别人成果不注明或不规范注明有抄袭之嫌，学术论文写作不同于小说或散文创作，可天马行空、跟着想象走，是戴着脚镣的舞蹈。本章将重点列举、分析论文写作中文献引用、参考文献、注释时常出现的问题及正确格式。

期刊论文、毕业论文均属学术论文范畴，格式是否规范均是折射、评定论文质量的一个重要标准。不同期刊、学校论文指导书格式标准虽有区别，但遵循的原则、出现的问题本质上却是相同的。

正文部分的规范格式涉及拟定标题、撰写摘要、引言、正文、结论等。因第三章已做过详细分析，列出规范标准，本部分不再赘述。

第二节　厘清三个概念：引文、参考文献、注释

首先要厘清三个概念：引文、参考文献和注释。学界关于这几个概念的认知仍存在争议。如有学者认为，"引文一是指引用资料，即在一个著作中引用其他作品的片段内容或他人所发明的定义定理；二是指参考文献，是指为撰写或编辑论著而引用或参考的有关文献资料，通常附在论文、图书每章、节之后，有时也以注释（附注或脚注形式出现在正文中）"。②这么说来，引文包括文内引用文献部分，也包括文后提供出版社、作者、书名等信息的参考文献部分，还包括做解释说明的尾注和附注。引文涵盖内容太广，带来许多不便。为方便使用，在本书中，引文是指为撰写或编辑论著而引用或参考的有关文献资料中的部分内容，常以直接引语、有时亦以间接引语的形式出现。举例如下，学者高奋 2011 年 9 月发表在《浙江大学学报》的题为《新中国六十年伍尔芙小说研究之考察与分析》的文章内说到叶公超评论伍尔芙："伍尔芙绝对没有训世或批评人生的目的。独此一端就已经违背了传统的观点。她所注意的不是感情的争斗，也不是社会人生的问题……所以伍尔芙的技术是绝对有价值的 [7][128]。"③此处为引文部分，直接引用原文文献。右上标注的 [7][128] 是引文在文内遵照期刊引用规范对出现的引文按所有引文出现顺序进行的编号及页码标注，[7] 为第 7 条引文，[128] 为引文来源的页码。在文后"参考文献"部分，有如下信息列出：

---

① 周勤如. 引文注释和参考文献目录应该进一步规范化 [J]. 武汉音乐学院学报，2000（2）：32.
② 叶继元. 引文的本质及其学术评价功能辨析 [J]. 中国图书馆学报，2010（36）：36.
③ 高奋. 新中国六十年伍尔芙小说研究之考察与分析 [J]. 浙江大学学报，2011（5）：84, 91.

[7] 叶公超：《〈墙上的一点痕迹〉译者识》，见陈子善编：《叶公超文集》，珠海：珠海出版社，1998年，第127-129页。

参考文献部分列出详细的出版信息，有利于读者对感兴趣的部分进行深度扩展阅读，也有助于读者了解作者的创作思路。

引文数量未必和参考文献数量一致。作者有可能从同一篇文章摘取若干观点，而在文中标识时采用第一次出现的顺序编码。引文强调的是观点、文献，参考文献关注的是文献来源、作者及出版信息等。

注释包括脚注和尾注。脚注在引文当页下，尾注在篇末和参考文献之间。首先举一脚注例子。殷企平在论著《推敲"进步"话语——新型小说在19世纪的英国》第233页写道：《我们如今的生活方式》也是在"成功"语境下展开的。小说中的线索①是工业巨头麦尔莫特从"成功"到失败的故事。②

右上角所标符号为脚注顺序号，可只在当前页按顺序排列。本页正文底部为脚注所在位置及内容。脚注通常对相关作者、书名、出版社及出版年等信息进一步说明，或者就文中不便展开的观点进行详尽解释，或者如本书引用格式体例，将相关出版信息置于脚注中。

尾注在篇末，如上文脚注示例在文末有尾注标出作者书名及出版信息，排列顺序和参考文献顺序有所区别。试看一例：

朱虹：《英国小说的黄金时代》，中国社会科学出版社1997年版，第240页。

再举一例说明尾注注什么。高奋在一篇关于介绍中国近20年伍尔芙研究述评的文章里介绍了不同时期作者关注的主题，限于篇幅，引文只列出了相关文献，文献来源在尾注中表明。文内引文为：

2003年，盛宁引用了伍尔芙的一句名言"1910年12月，或在此前后，人性发生了改变"做了历史的、社会的、文本的等多层面的考察。篇末注释信息为：

②盛宁："关于伍尔芙的'1910年12月'"，《外国文学评论》2（2203）：25-33。

文内无法提供这些信息，会拆解主要论点，且为节省篇幅记，放在尾注。但有读者想去追踪信息，了解原观点，可参考尾注部分。

注释和参考文献的标引形式多样，通常注释用圆括号，而参考文献用方括号（参考上面示例）。参考文献的格式根据不同标准由更为详细的规定。

---

① 如朱虹女士所说，小说主要有四条线索，分别牵涉到落魄贵族卡波利母子、乡绅朗斯塔夫一家、青年保罗蒙太古与老式地主罗杰，但是"这四条线索都与麦尔莫特有关"。

② 殷企平. 推敲"进步"话语——新型小说在19世纪的英国 [M].北京：商务印书馆，2009：233.

第三节　引文的规范格式

引文，或者文献引用，在本书指文内具体引用的文本部分。鉴于学术论文写作之时，前人研究不可忽略，必须在"知彼知己"的情况下进行，文献引用的重要性不容小觑。文献引用除了向先前研究者致敬外，还可提供背景或延伸阅读材料，不仅暗示自己研究的可行性，还可避免抄袭之嫌；且给人论文资料充足、有据可考的印象。

文献引用格式众多，不同国家、期刊、大学论文写作均有不同要求，但大体来讲，差别不大。本书参考了国际惯例、我国制定的文献引用标准和权威期刊。英文毕业论文文献引用可参考的格式主要有 MLA 格式（Modern Language Association，美国现代语言协会）、APA 格式（American Psychological Association，美国心理学协会）和芝加哥格式（The Chicago Manual of Style）。我们将以 MLA 格式为例介绍英文论文写作过程中文献引用的格式及毕业论文写作引用时出现的问题。其他格式问题同，严格遵照规范操作即可。

一、文献引用时引用什么

常识、明白的事实无须注明。"条条大路通罗马"这句俗语，因无法追寻其来源且谚语由来已久，不必注明。如果说"地球是圆的"为常识，但若陈述"托马斯·弗里德曼（Thomas Friedman）在他的书中将地球描述为方的"则需注明来源。众所周知的事实如"万里长城在中国"不用注明引用，但若是关于万里长城能否抵御外来侵略的观点则需注明出处。

（一）直接引用原文重要内容，引出观点、做出总结或解释

例如，有论者指出多数学者根据英国作家阿诺德《多佛海滩》中有关海潮的描写推测出阿诺德的"绝望论"，引文如下：

信仰之海
也曾有过满潮，像一根灿烂的腰带
把全球的海岸围绕。
但如今我只听得
它那忧伤的退潮的咆哮久久不息，

它退向夜风的呼吸，

……①

引用小说、诗歌文本或进行解释，或提出观点是最常见的引文类型。但请记住，引用文本不可随意选择，要和主题相关，不能为了引用而引用，为了凑足参考文献数而引用。

高奋在 2004 年第 5 期的《外国文学研究》中发表一文《近 20 年国内弗吉尼亚·伍尔芙研究述评》，点明我国学者进行文学研究应具有本土化意识，以知名学者瞿世镜为例，说明瞿世镜选择研究伍尔芙是因为"伍尔芙是小说家又是意识流小说理论的阐述者，同时她的小说中没有色情、暴力等消极因素，因此对于我国的作家来说，她的技巧比较容易借鉴，对于读者来说，她的作品比较容易理解"。② 高奋此处引用名家观点作为论据来支撑自己的论点——我国学者文学的本土化问题。

（二）反驳他人观点，立论

引文可以支撑作者的观点，也可以解释自己的观点，当然也可以引述他人，进行批驳，提出自己的观点。还借上文关于多佛海滩的海潮诗来说明。作者指出"安德森就曾经根据诗中'潮水起伏的意象'强调'这首诗引起悲观主义而独步一时'，而对其'悲观主义则未作深入的分析，'海潮意象'的其他含义更没有顾及"。作者首先借引文指出他人观点，再层层递进，指出局限，然后提出自己的观点，"'海潮'意象不光哀叹'信仰之海'的退潮，更重要的是意味着维多利亚思想史上的一次范式转换"。③

琢磨作者如何层层罗列他人观点，批驳他人观点然后再立论的过程有助于培养思辨能力，提高学术素养。也是逐渐得到学术论文写作精髓的磨炼过程。

二、文内引用遵循的规则

英文引文不超过三行（包括三行）或中文引文少于或恰好 40 字，在正文中直接用双引号"……"引出，不必另外列行。例如：

王小波曾在其杂文《小说的艺术》中写道，"写小说需要深得虚构之美，也需要无中生有的才能；我更希望把这两件事做好"。④

文内引用有时直接引用原话，有时间接引用，有时对原文意思解释或概述，凡非自己观点，均需注明。

再看英文例子：

---

①③ 殷企平. 夜尽了，昼将至：《多佛海滩》的文化命题 [J]. 外国文学评论，2010（4）：81.

② 高奋. 近 20 年国内弗吉尼亚·伍尔芙研究述评 [J]. 外国文学研究，2004（5）：41.

④ 王小波. 我的精神家园 [M]. 北京：文化艺术出版社，1997.

John Fowles, in his novel *The French Lieutenant's* Woman recommend to the readers who "would like to know more of the reality behind his fiction" (Fowles 11).

本章以 MLA 格式为例,故和本书引用体例有所差别。若采用本书参考文献格式体例,文内注信息则为 John Fowles, in his novel *The French Lieutenant's Woman* recommend to the readers who "would like to know more of the reality behind his fiction".[1]

文内注信息采取上引格式,文末参考文献按引文在文内出现顺序标注。而 MLA 格式文末参考文献则是按作者姓的首字母在字母表的出现顺序排列。

若是诗歌的话,则可用斜线区分诗行。如英文例子:

T.S. Eliot writes in "The Love Song of J. Alfred Rrufrock", "When the evening is spread out against the sky/like apatient etherized upon a table" (235).

若采用本书编写体例,引用格式为"……etherized upon a table".[2]

若英文引用超过三行,中文超过 40 字,则无须使用引号;引文与上下文之间、引文内容需双倍行距,且缩略 1 英寸 (2.54cm,英文为四个字母、中文为两个字)。

Owing to limited space, we shall take just one epigraph as an example:

In that year (1851), there were some 8155000 females of the age of ten upwards in the British population, as compared with 7600000 males. Already it will be clear that if the accepted destiny of the Victorian girl was to become a wife and mother, it was unlikely that there would be enough men to go around (Fowles 11).

三、文内引用格式举例

(一) MLA 格式

MLA 格式是美国现代语言协会制定的论文指导格式,与 APA 格式和芝加哥格式一同是书写英语论文特别是文科论文常用格式。我国对美国格式进行改编,使其适应国内学术研究。国内重要社科期刊要么使用 MLA 格式,要么使用 APA 格式或芝加哥格式,或者协调三者。虽然有些差别,但按照规范,基本要求相同。引文后的标识两者有所不同,MLA 格式标出作者姓及页码,如 (Kipling 31),Kipling 为姓,31 为引文所在页码。而有的会上标出序号和页码,如本书标识;有的是作者加出版年和页码,如 (卢卓群,2007:27)。上标序号不容易遗漏引文信息,但引文后标出作者更易让读者了解信息。各格式应用时都具

---

① Fowles John. The French Lieutenant's Woman [M]. Beijing: Foreign Language Teaching and Studies Publishing House, 1992.

② 罗经国. 新编英国文学选读 (下) [M]. 北京: 北京大学出版社, 2011.

有优缺点。

使用 MLA 格式，引用来源需要在文内具体指出引用和参考处（英文 Works Cited 或 Bibliography，下节详细介绍）标注出。

（二）MLA 格式规范

学术论文常用的引用资料为书、期刊文章、电子资源，本节将从以下几个方面介绍文内引用。

下面以 MLA 格式为例，说明格式规范。

（1）文内不提及作者姓名时，在括号中标注作者姓和引用资料页码，括号内不使用任何标点符号。如：

To Mrs. Poultney, Sarah is the serpent she had so regrettably taken to her bosom (Thackeray 194).

（2）若论文中提及作者姓名，则只标注页码。

Mitford holds that we may be able to learn more about prisons from the psychology of the prison officials than from that of the prisoners (9).

（3）引文来源著作有两位或三位作者时：

有两位或三位作者时，若论文中提及名字，格式与单个作者同，在括号中只标注页码。

Frieden and Sagalyn observe, "The poor and the minorities were the leading victims of highway and renewal programs" (29).

论文中未提及书的作者名字，在引文号括号内标注两作者姓，并用 "and" 连接，如：

Some critics hold the opinion, "The poor and the minorities were the leading victims of highway and renewal programs" (Frieden and Sagalyn 29).

三个作者时，引文后括号内标注为（Frieden, Sagalyn and Johonson 29）。

（4）若为三个以上作者，只取第一个作者的姓，后更 et al（拉丁语缩写表示"等"）。有例可寻：

It took the combined forces of the Americans, Europeans, and Japanese to break the rebel siege of Beijing in 1900 (Lopez et al 362).

（5）同一作者的不同著作，可在文中体现或在括号中注明作品题目。若题目简短，可全部录上；若题目长则用前一两个词。如：

A.S. Byatt lists The French Lieutenant's Woman as an exemplary novel which "brings certain frimly 'realist works' and certain declared experimental works curiously close together" (*People* 27).

若文中无作者信息，则在句子结束后的括号内注明作者。

A writer lists The French Lieutenant's Woman as an exemplary novel which "brings certain frimly 'realist works' and certain declared experimental works curiously close together" (*Byatt*, *People* 27).

（6）若是多卷本的著作，则应在括号中列出第几卷和页码，并用冒号分开。

Chen Jia writes that the play, *The Tinker's Wedding*, "contains in its two acts a bitter satire on the village priests of Ireland who try to squeeze as much money as they can out of the very poor people far away from civilization" (4：134).

此例中，"4"指的是陈嘉（Chen Jia）著述的 4 卷本的 *A History of English Literature*（《英国文学史》）的第四部，"134"为引文所在页码。

（7）转引其他著作时，为（qtd. in Boyd 22），"Boyd"为姓。不提倡大量使用转引，尽量采用第一手资料。

（8）引用诗歌时，为了将诗行和页码区分，如此标示，（line 4）或者（lines 4–5），接下来部分若再次标示则为（9–10）。

（9）引用剧本时，剧本分幕、场。为了区分页码，与诗歌标诗行同，剧本标幕、场及行数。

Later in *King Lear* Shakespeare has the disguised Edgar say, "The prince of darkness is a gentleman" (3.4. 147).

（3.4. 147）标示第三幕第四场第 147 行。

（10）引用《圣经》时，任何章节若字母多于四个，则缩写。如"Gen"为（Genesis），"Ps"为（Psalms），"Matt"为（Matthew）。

（11）引用电子资源时，若有作者姓名和页码，同上。无作者，括号内注明题目。

Business forecasts for the fourth quarter tended to be optimistic（White 4）.

若电子资源无页码、段落标号，则括号内标出段落号。

Twins reared apart report similar feelings（Palfrey，pars 6-7）.

"Palfrey"为作者姓，"pars"乃"paragraphs"缩写。

四、中文论文引用格式

参考国家重要刊物如《外国文学评论》、《外国文学研究》、《外语与外语教学》、《华文文学》与《解放军外国语学院学报》等，发现中文文献引用和英文格式差别并不大，如《外国文学研究》在"投稿须知"中明确表明参照了 MLA 格式，高校学术论文写作规范不少也参考了此种格式。仍以重要核心期刊为例，常见格式为引文后在引用句、段后括号内标注作者、书出版时间及页码信息。英文原著可着英文作者姓，如（Dickens，1995：44）；中文名则为（卢卓群，2007：27）。其中"1995"和"2007"为书出版年。

五、文内引用常见问题及解决方案

(一) 文内引用常见问题

(1) 直接照搬他人著作内容，未点明引用信息，或有意或无意抄袭。例如：

"这种启示录的情结就是对世界末日的自觉或不自觉的恐慌和担忧……这些以世界末日为题材的大片则起到了宣泄和疏导启示录情结的心理抚慰作用，因此大受欢迎。"

明明是放在引号中的话，却不见任何来源信息。这种现象在本科毕业论文中颇为普遍。抛却粗心的因素，和多数同学无文献引用常识有关。

(2) 不加标注用自己的话转述他人观点，有意漏引、错引。

(3) 多数引用来自论文研究对象文本，其他来源较少。以下起介绍情节作用的引用较多。

当地流动剧团的一位成员正在街灯下朗诵，她坐在木桌子后面，一只手叠放在另一只上面，似乎在对着摄像机说话，"那个物体从哪里来？"她说，"它是什么？什么时候会停止下落？为什么会在这里？从这里去向何方？"

如果是文学论文，多数引用文本是关于所研究的具体诗歌或小说文本，较少涉及其他评论者文本；也就是说主要引用信息仅限于所研究文本，并且通常将文本放在论文中，不加评论或解释，难以让人看到论者观点和引用材料之间的关系。即使有所解释阐发，也是浅尝辄止，材料难以支撑观点。更别提引用别人观点，解释、评论别人观点以理论了。这一现象和论文撰写者查阅资料及分析利用资料的能力有关，也说明毕业生整体思辨能力的欠缺。

以下例子将说明引文所起的作用：

但是让华兹华斯十分担忧的是，那个"不忠不义的时代"竟有一批"愚蠢先生与虚伪先生……将本不/口渴的羊拼命赶往它们/一向回避的水池"。这几行诗句剑指当时弥漫于英国的唯理性主义思潮，诗行中的"愚蠢先生与虚伪先生"则是以葛德文为代表的思想家。

如上述例子所示，引用后并非把信息置之一旁，而是详加解释，解释后再来提出自己的观点。

下面一例为分析、驳斥别人观点后立论：

以上分析表明，华兹华斯的共同体思想中，个人和社会这两个概念是无法截然分开的。威廉斯的观点，即社会和个人是你中有我、我中有你的"共生共长的过程"，这一观点其实早在华氏那里就生根发芽。学术界常常误指华氏宣扬主义，其实是不理解他深谙个人与社会之间的辩证关系——不深究个人，就没有共同体的深度。

作者的观点是华兹华斯诗歌里构造的共同体中个人与社会是相关的。他先引用并分析了其他学者认为华氏作品中构造了共同体的观点，然后指出其他学者不曾看到这个共同体中个人和社会的关系如何。引用部分或支持或驳斥或分析解释以帮助作者立论。好的论文，引用要起到充分的作用，这才起到论文写作的真正目的：考查并训练写作者的思辨能力。

（4）格式不合规范。页码、作者等信息标注不准确。

此类问题在论文写作中频繁再现，和作者的文献引用意识和粗心程度有关，是可以通过教师严格要求、论者提高对引用格式重要性的认识、细致检查解决的问题。

（二）解决方案

1. 信心

论文写作者要相信自己有能力按格式规范引用。要牢记一点，参考文献是论文写作不可缺少的一环，经过训练能力是可以提高的。

2. 重视

作者要认识到标注的重要性和必须性。标注问题不光是技术问题，还透露了作者的研究能力素养，与作者的学术道德相关。并且，格式如同人的外表，不正确的格式给人的印象如同邋遢的外表一样，让人很难信任不严谨的形式后会蕴含丰富的内容。

3. 技术

作者认真了解引用的规范体例，严格按规范格式做。论文完成后，认真仔细检查。最好找同伴互查，发现自己因为熟悉很难发现的错误。

4. 练习

阅读规范的期刊论文及书籍，研究分析其论文引用部分及格式，在自己的写作中反复练习。平时阅读应注意做阅读卡片，随时记录可能所需引用的题目、作者、出版信息。

第四节　参考文献的格式

参考文献（Works Cited/Bibliography）通常在论文结束之后，另起一页，页码承前页顺序继续往下排列。按照 MLA 格式，所有在文内直接引用、解释、概述的信息在论文参考文献部分按作者姓的首字母顺序标示详细信息。而其他格式，有按引文在文内顺序罗列的。若引用来源无作者信息，按标题第一个字（单词）的字母顺序排列。另外，引用信息的第一行英文要缩至第五个字母，中文缩略。例如：

Atwood, Margaret. The Blind Assassin. London: Virago Press, 2001.

Baldick, Chris. Oxford Concise Dictionary of Literary Terms. Oxford: Oxford University Press，1990.（缩略至第五个字母）

卢卓群. 汉语小论文写作初步. 武汉：华中师范大学出版社，2007.

以上例子基本遵循如下格式：

作者姓+名. 书名. 出版地：出版社，日期.

作者信息包括作者全名，姓在前，名在后。 题目：用全名，包括小标题。如果不是特别要求题目斜体，一般在题目下标下划线。出版信息在书的标题页或者版权页可以找到。包括出版城市、出版社名及出版日期。英语中若是大学出版社（University Press），可用缩略词 U 和 P 代替。

虽然中文文后参考文献格式规定因期刊、学院变化而变，但差别不大。如《外语与外语教学》规定的著作格式为：

著者：著作名［文类标志号］.（译者）. 出版地：出版社，出版年.

卡莱尔. 文明的忧思［M］. 宁小银译. 北京：中国档案出版社，1999.

而《解放军外国语学院学报》的文末参考文献格式为：

著者：《著作名》,（译者名）。出版地：出版社，出版年。

举例：拉斯金：《拉斯金读书随笔》，王青松 匡咏梅等译。上海：上海三联书店，2000 年。

亚当·斯密：《过敏财富的原因和性质的研究》，杨敬年译 西安：山西人民出版社，2001 年。

《外国文学研究》中文作品参考文献格式为：

著者：《著作名》，出版地：出版社，出版年。

卡莱尔：《文明的忧思》，宁小银译。北京：中国档案出版社，1999。

以上例证可看出各类期刊差别并不大，故在本节排列时对应英文 MLA 格式，下面列出中文参考文献标准相对应。需要注明的是，中文文后参考文献多数要求注明文献类型代码。例如：

文献类型	标志代码
期刊	J
普通图书	M
会议录	C
学位论文	D
报告	R
汇编	G
报纸	N
标准	S
专利	P
数据库	DB

第五章 毕业论文的答辩与评估

毕业论文写作是学生在校期间从事学术论文写作的一次重要实践活动，其成果既是学生学士学位资格认证的必要依据，也是高校（尤其是文科类院校）教学质量评估的重要内容。毕业论文的答辩是高等院校审查毕业论文质量，考查毕业生理论知识水平、运用知识能力的一项重要工作，同时也是检验教学效果的一种有效方式。论文答辩不仅可以训练学生运用所学的知识能力、概括能力、表达能力和灵活的思维能力，通过答辩还可以测试学生对专业知识和专业基础知识掌握的程度。

第一节 论文答辩的目的与意义

学生要顺利通过毕业论文答辩，就必须了解答辩委员会组织毕业论文答辩的目的，然后有针对性地做好准备，继而对论文中的有关问题做进一步的推敲和研究，把论文中提到的基本材料、基本理论及文章的基本观点彻底弄懂弄通。

一、什么是论文答辩

毕业论文答辩是答辩委员会成员（以下简称答辩老师）和撰写毕业论文的学生面对面的交流，由答辩老师就论文提出有关问题，让学生当面回答。它有"问"有"答"，还可以有"辩"。答辩是辩论的一种形式，辩论按形式的不同，可分为竞赛式辩论、对话式辩论和问答式辩论。答辩就是问答式辩论的简称。

二、毕业论文答辩的目的

对于组织者即答辩委员会或答辩小组而言，毕业论文答辩的目的主要是为了进一步审查论文，具体体现在以下三个方面：

（一）进一步考查和验证毕业论文作者对所写论文的认识程度和当场论证论题的能力

一般来说，从学生所提交的论文中，已能大致反映出学生对自己所写论文的认识程度和论证论题的能力。但由于种种原因，有些问题没有充分展开细说，有的可能是限于全局结构不便展开，有的可能是受篇幅所限不能展开，有的可能是作者认为这个问题不重要或者以为没有必要展开详细说明的；有的很可能是作者深入不下去或者说不清楚而故意回避了的薄弱环节，有的还可能是作者自己根本就没有认识到的不足之处等。通过对这些问题的提问和答辩就可以进一步弄清作者是由于哪种情况而没有展开深入分析的，从而了解学生对自己所写的论文的认识程度、理解深度和当场论证论题的能力。

（二）进一步考查毕业论文作者对专业知识掌握的深度和广度

虽然通过论文也可以看出学生已掌握知识面的深度和广度，但是，撰写毕业论文的主要目的不是考查学生掌握知识的深广度，而是考查学生综合运用所学知识独立地分析问题和解决问题的能力，培养和锻炼进行科学研究的能力。学生在论文撰写中所运用的知识，有的已确实掌握，能融会贯通地运用；有的可能是一知半解，并没有转化为自己的知识；还有的可能是从别人的文章中生搬硬套过来，其基本含义都没搞清楚。在答辩会上，答辩老师把论文中阐述不清楚、不详细、不完备、不确切、不完善之处提出来，让作者当场做出回答，从而就可以检查出作者对所论述的问题是否有深广的知识基础、创造性见解和充分扎实的理由。

（三）审查毕业论文是否为学生独立完成（即检验毕业论文的真实性）

撰写毕业论文，要求学生在教师的指导下独立完成，但它不像考试、考查那样，在老师严格监视下完成，而是在一个较长的时期（一般为一个学期）内完成，难免会有少数不自觉的学生会投机取巧，采取各种手段作弊。尤其是像多层次（比如有两本、三本）或合作办学的大学等，学生面广、量大、人多、组织松散、素质参差不齐，很难消除捉刀代笔、抄袭剽窃等不正之风的出现。指导教师严格把关固然重要，可是在一个教师指导多个学生的不同题目、不同范围论文的情况下，对作假舞弊很难做到没有疏漏。而答辩小组或答辩委员会由三名以上教师组成，鉴别论文真实性的能力就更强些，而且在答辩会上还可通过提问与答辩来暴露作弊者，从而保证毕业论文的质量。

三、论文答辩的意义

通过答辩是大学毕业生参加毕业论文答辩所要追求的目的。但如果大学毕业生们对答辩的认识只是局限在这一点上，其态度就会是消极、应付性的。只有充分认识毕业论文答辩具有多方面的意义，才会以积极的姿态、满腔热忱地投入到毕业论文答辩的准备工作中去，满怀信心地出现在答辩会上，以最佳的心境和状态参与答辩，充分发挥自己的才能和水平。

（一）论文答辩是一个增长知识、交流信息的过程

为了参加答辩，学生在答辩前就要积极准备，对自己所写文章的所有部分，尤其是对本论部分和结论部分做进一步的推敲，仔细审查文章对基本观点的论证是否充分，有无疑点、谬误、片面或模糊不清的地方。如果发现一些问题，就要继续收集与此有关的各种资料，做好弥补和解说的准备。这种准备的过程本身就是积累知识、增长知识的过程。同时在答辩过程中，答辩老师也会就论文中的某些问题阐述自己的观点或者提供有价值的信息。这样，学生就可以从答辩老师中获得新的知识。

（二）论文答辩是大学生全面展示自己的勇气、学识、技能和智慧的最佳时机之一

毕业论文答辩会是大学生从未经历过的场面，不少人因此而胆怯，缺乏自信心。实际上，毕业论文答辩是大学生们全面展示自己的素质和才能的良好时机。而且毕业论文答辩情况的优劣，不仅会影响毕业论文的成绩，还很可能影响就业。因此，它是答辩者人生中一次难得的经历，一次最宝贵的体验。

（三）毕业论文答辩是大学生们向答辩老师和有关专家学习、请求指导的好机会

毕业论文答辩委员会，一般由具有较丰富的实践经验和较高专业水平的教师及专家组成，他们在答辩会上提出的问题，一般是论文中涉及的、与专业课程相关的问题，是论文作者应具备的基础知识，但在论文中却没有阐述周全、论述清楚、分析详尽的问题，也是文章中的薄弱环节和作者没有认识到的不足之处。通过提问和指点，就可以了解毕业论文中存在的问题，作为今后研究其他问题时的参考。

（四）毕业论文答辩是大学毕业生们学习、锻炼辩论艺术的一次良机

在当今社会，人们越来越认识到，能言善辩是现代人必须具备的重要素质。一个人如果掌握了高超的辩论技巧，具有雄辩的口才，那么他在事业上、人际交往中就会如鱼得水，左右逢源。正因为如此，自古以来那些胸怀大志的人，都非常重视辩论素质的训练和培养，把拥有精湛的辩论艺术视为其事业成功的得力臂膀。

第二节　论文答辩的准备

毕业论文答辩是一种有组织、有准备、有计划、有鉴定的比较正规的审查论文的重要形式。为了做好论文答辩，在举行答辩前，主管部门、答辩委员会和答辩者（即撰写论文的作者）三方都要做好充分的准备。①

---

① 魏洪义. 大学生毕业论文答辩的组织与评分 [J]. 高等农业教育，2000（3）.

一、主管部门的准备

答辩前的准备，对于主管部门来说，主要是做好答辩前的组织工作。这些组织工作主要包括学生参加毕业论文答辩的资格，组织答辩委员会，拟定毕业论文成绩标准，布置会场等。

（一）审查学生参加毕业论文答辩的资格

参加毕业论文答辩的学生要具备一定的条件，这些条件是：

（1）必须是已经修完高等学校规定的全部课程的应届毕业生，以及符合有关规定并经过校方批准同意的上一届学生。

（2）学生所学课程必须是全部考试、考查及格；实行学分制的学校，学生必须获得学校准许毕业的学分。

（3）学生所写的毕业论文须经导师指导并有指导老师签署同意参加答辩的意见。

以上三个条件必须同时具备，缺一不可，只有同时具备了上述三个条件的大学生，才有资格参加毕业论文答辩。全日制本科生必须按照要求参加学校组织的毕业论文答辩。确因特殊原因需要变更答辩方式的，应当在毕业答辩的前一周，由学生书面申请、指导教师初审、学院审核、教务处审批。只有经过答辩并获得通过才准予毕业。

（二）组织答辩委员会或答辩小组

论文的答辩，必须成立答辩委员会或答辩小组。答辩委员会是审查和公正评价毕业论文、评定论文成绩的重要组织保障。

（三）拟定毕业论文成绩标准

毕业论文答辩以后，答辩委员会要根据论文质量及作者的答辩情况，评定论文成绩。为了使评分宽严适度，大体平衡，答辩委员会应事先制定一个共同遵循的评分原则或评分标准。

（四）布置答辩会场

论文答辩会场地的布置，会影响论文答辩的气氛和答辩者的情绪，进而影响到答辩的质量和效果。因此，学校应该重视答辩会场的设计和布置，尽量营造一个良好的答辩环境。

二、答辩委员会成员的准备及提问原则

（一）答辩委员会成员的准备

答辩委员会成员确定以后，一般要在答辩举行前把要答辩的论文分送到答辩委员会成员手里。答辩委员会成员接到论文后，要认真仔细地审读每一篇将进行答辩的论文，找出论文中论述不清楚、不详细、不确切、不周全之处以及

自相矛盾和值得探讨之处，并拟定在论文答辩会上需要论文作者回答或进一步阐述的问题。

（二）答辩评委的提问原则

答辩老师在具体的出题过程中，还需要遵循以下四个原则：

1. 理论题与应用题相结合的原则

一般地说，在三个或三个以上问题中，应有一个是关于基础理论知识的题目，另一个是要求答辩者运用所学知识分析和解决现实问题的题目。

2. 深浅适中，难易搭配的原则

在所提问题中，既要有比较容易回答的问题，又要有一定深度和难度的问题。同时，对某一篇论文所提问题的深浅难易程度，应与指导老师的建议成绩联系起来，即指导老师建议成绩为优秀的论文，答辩评委所提问题的难度就应该大一些；建议成绩为及格的论文，答辩评委应提相对浅一些、比较容易回答一些的问题。

3. 点面结合，深广相联的原则

4. 形式多样，大小搭配的原则

答辩评委的出题，有严格的界定范围，即答辩评委在论文答辩时所提出的问题仅仅是论文所涉及的学术范围之内的问题，一般是从检验真伪、探测能力、弥补不足三个方面提出问题。

三、答辩者（论文作者）的准备工作

答辩前的准备，最重要的是答辩者的准备。要保证论文答辩的质量和效果，答辩者在答辩前要从心理上和内容上做好准备。

（一）答辩前的心理准备

论文答辩（oral defense）要求毕业生就自己的论文内容现场回答答辩委员提出的问题。这种形式要求学生既要对自己的论文有全面深刻的了解，具备一定的分析、解决问题的能力，还要求学生有较强的应变能力。基于以上两点，答辩者应从心理上做好充分的准备，防止两种偏激的思想。

一种偏激的思想是对答辩产生恐惧心理。答辩者唯恐自己回答不出老师提出的问题，或根本理解不了老师所提问题，从而影响自己水平的正常发挥。其实，答辩委员会的老师只是对与论文相关的问题进行提问，不会为难答辩者。既然论文是自己一年心血的结晶，内容熟悉，观点清楚，根本无须给自己增加过多的压力。重要的是，答辩者一定要自信。信心就像催化剂，会将人的一切潜能都调动起来，将人体各部分的功能推动到最佳状态。

另外一种偏激的思想是有些答辩者认为论文答辩只不过是走形式，思想上麻痹大意，根本不放在心上。在这种心态的影响下，不但做不好答辩，有时甚至会影响学位的获得。其实，答辩时答辩者和答辩老师之间进行的一次学术交流，学生应该把答辩看成是对自己多年学习的一次全面综合的检验，是对自己论文的一次全方位透视，只有经过答辩这一环节，答辩者的水平才能在这种直观互动的情况下得到进一步提高。

（二）答辩前的内容准备

要顺利通过论文答辩，答辩者在答辩之前应该从以下三个方面去准备：

1. 要写好毕业论文的简介

主要内容应包括论文的题目，导师的姓名，选择该题目的动机，论文的主要论点、论据和主要体会以及本论题的理论意义和现实意义。

2. 要熟悉自己所写论文的全文

尤其是要熟悉主体部分和结论部分的内容，明确论文的基本观点和主论的基本依据；弄懂弄通论文中所使用的主要概念的确切含义，所运用的基本原理的主要内容；同时还要仔细审查、反复推敲文章中有无自相矛盾、谬误、片面或模糊不清的地方，有无与党的政策方针相冲突之处等。若发现有上述问题，就要做好补充、修正、解释等准备。只要认真设防，堵死一切漏洞，在答辩过程中，才能做到心中有数、临阵不慌、沉着应战。

3. 要了解和掌握与自己所写论文相关联的知识和材料

如自己所研究的这个论题学术界的研究已经到达了什么程度？目前存在着哪些争议？有几种代表性观点？各有哪些代表性著作和文章？自己倾向哪种观点和理由？重要引文的出处和版本；论证材料的来源渠道等。这些方面的知识和材料都要在答辩前做到比较好的了解和掌握。

对上述内容，作者在答辩前都要很好地准备，经过思考、整理，写成大纲，记在脑中，这样在答辩时就可以做到心中有数，从容作答。

第三节　论文答辩的程序与技巧

一、论文答辩的程序

论文答辩要在答辩委员会主席或答辩小组组长的主持下按照一定的程序进行。

（一）准备工作

正式答辩前有一些准备工作要做。

（1）毕业答辩工作在各院（系）主管教学院长领导下组织开展，以公开的形式进行，并组织其他同学旁听。在条件允许的情况下，可以组织低年级学生参与旁听、观摩。

（2）答辩委员会主席或答辩小组组长在答辩前要向参加答辩的学生简要介绍一下委员会成员及答辩顺序，然后确定学生的答辩顺序。

（3）毕业答辩小组成员应认真细致地审阅学生提交的毕业论文资料，了解毕业论文质量和水平。

（二）预答辩

在答辩时，学生普遍比较紧张，有些学生在规定的时间内不能对自己的论文做一个完整的介绍，有些学生则照本宣科，不会运用挂图、幻灯片或投影仪等辅助设备，从而一定程度上影响了这些学生毕业论文答辩成绩。因此，有必要在参加答辩的学生中，挑选一位学生的论文进行试辩。试辩时可以请有关教师和所有参加答辩的学生参加，按照正式答辩的程序进行，然后由院（系）或学科领导，对于在答辩中如何表达、如何绘制或使用图表、如何分析和回答教师提出的问题以及在试辩中出现的问题和其他注意事项，给学生提出意见，使试辩起到典型带动作用，从而使毕业论文答辩工作顺利进行。

（三）正式答辩

1. 自述报告

自述报告是答辩学生就自己的论文进行的 5~10 分钟的阐述，包括论文的主要观点、论据的使用、论证方法。主要阐述如下六个方面：

（1）论文选题的目的与意义。

（2）论文的主要内容概述。

（3）论文的基本思想与主要方法。

（4）取得的主要成果，以及主要创新点或特色。

（5）对前人观点的发展、总结及论文的学术价值。

（6）自我总结与展望。

自述报告，要做到思路清晰，简明扼要。

2. 提问环节

自述报告后，答辩老师会就相关问题提问，要求学生现场一一做出论述。根据毕业生回答的具体情况，答辩老师随时可以有适当地插问。答辩学生要认真谨慎地回答老师的提问。答辩老师提问问题一般是三个或三个以上，主要内容涉及以下四个方面：

（1）与选题相关的基本理论与基本原理。

（2）论文涉及的专业基础知识。

（3）根据需要考核学生在某方面能力的问题。

（4）学生提供的外文翻译（应至少提问一个问题）。

3. 综合评定，公布成绩

毕业生逐一回答完所有问题后退场，答辩委员会或答辩小组根据学生论文质量和答辩情况，商定是否通过，并拟定成绩和评语。至于论文的成绩，一般不当场宣布。大多学院规定，对答辩不能通过的毕业生，提出修改意见，允许毕业生半年或一年后另行答辩。校级优秀毕业论文和"不及格"等次必须经过学院二次答辩确定。

二、论文答辩的技巧

要顺利通过答辩，并在答辩时真正发挥出自己的水平，除了在答辩前充分做好准备外，了解和掌握一些答辩技巧还是非常有必要的。

（一）携带必要的资料和用品

参与答辩的学生要携带论文底稿和主要参考资料。在论文答辩过程中，当遇到一时记不起的情况时，稍微翻阅一下有关资料，就可以避免出现答不上来的尴尬和慌乱。此外，还应带上笔和笔记本，以便把答辩评委所提出的问题和有价值的意见、见解记录下来，更好地进行答辩。同时也便于答辩后进一步完善论文。

（二）要有自信心，不要紧张

在充分准备的基础上，大可不必紧张，要有自信心。树立信心，消除紧张慌乱心理很重要，因为过度的紧张会使本来可以回答出来的问题也答不上来。只有充满自信，沉着冷静，才会在答辩时有良好的表现。

（三）图表穿插

毕业论文会涉及用图或表阐述论文观点的可能，故应在此方面有所准备。图表不仅是一种直观的表达观点的方法，更是一种调节答辩会气氛的手段，特别是对答辩委员会成员来讲，长时间地听述，听觉难免会有排斥性，不再对答辩者论述的内容接纳吸收。这样，必然对你的论文答辩成绩有所影响。所以，如果条件允许，应该在答辩过程中适当穿插图表或多媒体手段以提高答辩者的答辩成绩。

（四）听清问题后，经过思考再作回答

答辩评委在提问时，答辩者要集中注意力认真聆听，并将问题回答略记在本子上，仔细推敲答辩评委所提问题的要害和本质是什么。切忌未弄清题意就匆忙作答。如果对所提问题没有听清楚，可以请提问评委再说一遍。如果对问题中有些概念不太理解，可以请提问评委做些解释，或者把自己对问题的理解说出来，并问清是不是这个意思，等得到肯定的答复后再作回答。

（五）回答问题要简明扼要、层次分明、紧扣主题

在弄清答辩老师所提问题的确切含义后，要在较短的时间内做出反应，要充满自信地以流畅的语言和肯定的语气把自己的想法讲述出来，不要犹犹豫豫。回答问题，一定要抓住要害、简明扼要。在整个答辩过程中，能否围绕主题进行，能否最后扣题，显得非常重要。另外，评委们一般也容易就题目所涉及的问题进行提问，如果能自始至终地以论文题目为中心展开论述，就会使评委思维明朗

化，对论文给予肯定。当然，答辩要力求客观、全面、辩证，留有余地，切忌把话说"死"；更要条理清晰，层次分明。此外，还要注意吐字清晰，声音适中等。

（六）对回答不出的问题，不可强辩

有时答辩委员会的评委对答辩人所作的回答不太满意，还会进一步提出问题，以求了解论文作者是否切实搞清和掌握了这个问题。遇到这种情况，答辩人如果有把握讲清，就可以申明理由进行答辩；如果不太有把握，可以审慎地试着回答，能回答多少就回答多少，即使讲得不很确切也不要紧，只要是同问题有所关联，评委会引导和启发你切入正题；如果确实是自己没有搞清的问题，就应该实事求是地讲明自己对这个问题还没有搞清楚，表示今后一定认真研究这个问题，切不可强词夺理，进行狡辩。

（七）要讲文明礼貌

论文答辩的过程也是学术思想交流的过程。答辩人应把它看成是向评委和专家学习、讨教问题的好机会。因此，在整个答辩过程中，答辩人应该尊重答辩委员会的老师，言行举止要文明、有礼貌，尤其是在答辩老师提出的问题难以回答或答辩评委的观点与自己的观点不一致时，更应该注意。答辩结束，无论答辩情况如何，都要从容、有礼貌地退场。此外，论文答辩之后，作者应该认真听取答辩委员会的评判，进一步分析、思考答辩评委提出的意见，总结论文写作的经验教训。一方面，要搞清楚通过这次论文的写作，自己学习和掌握了哪些科学研究的方法，还存在哪些不足，以作为今后研究其他课题时的借鉴。另一方面，要认真思索论文答辩会上，答辩老师提出的问题和意见，精心修改并完善自己的论文，求得纵深发展，取得更大的战果。

第四节　论文评估的内容与标准

大学生本科毕业论文质量评估应该是对学生撰写论文全过程的综合评判，评价对象不仅是学生本人，同时还涉及指导教师和交叉评阅老师，他们在撰写论文的过程中也发挥着重要作用。因此，只有对撰写论文的全过程进行考核才能真正保障论文的最终质量。

一、论文评估的内容

论文评估主要是考察学生的判断能力、学习能力、写作能力、思维能力、科研能力、实践能力、动手能力、演说能力和应变能力等。一般来说，毕业论文评估包括论文导师评审、复审导师评审和答辩评审三个环节，其中，导师和复审导师的评审指标完全一致，主要从选题质量、工作质量及能力水平三个方面进行评价。由于大学本科毕业论文的评估是一个系统工程，只有对学生撰写论文的全过程进行考核才能真正保证论文的最终质量，因此论文评估还应包括第四个环节，即论文撰写过程考查。

（一）毕业论文导师及复审导师的评审

1. 毕业论文导师的评审

毕业论文一般是在学生实习及找工作的过程中完成的，论文完成后，经过导师的审查，写出评语并给予成绩评定。实际上，完成一篇论文，不仅包含了从收集、整理资料到论文撰写的一系列过程，也包含了学生的科研态度和独立思考问题的能力。在论文写作的过程中，有的学生在收集整理资料中表现不积极，但撰写论文的质量还不错；有的学生前期工作踏实肯干，但论文水平并不高，有的学生论文甚至没有经过指导教师的修改和审查。参加毕业论文答辩评分工作的教师只是对论文本身的质量进行评判，而对于学生在答辩前所进行的一系列工作很难评判，此时毕业论文指导教师的评判对于其他教师全面了解该生毕业论文的写作过程就显得十分重要。毕业论文指导教师的评分应在论文答辩之前完成，所占毕业论成绩的比例一般为40%。这样，既可以增强指导教师对毕业论工作指导的责任心、加强对毕业论文的监督指导，又可以减少或避免毕业论文出现的错误。

2. 毕业论文复审导师的评审

为了公正评价毕业论文，增加复审导师的成绩评定十分必要。由于复审导师是临时指派的，只是对论文本身的质量进行评判，其评分更加客观、公正。毕业论文复审导师的评分也应在论文答辩之前完成，所占毕业论文成绩的比例一般为15%。

3. 毕业论文导师及复审导师的评审指标

（1）选题质量（25%）。

1）达到本专业培养目标，满足教学基本要求，体现本专业基本训练内容（6%）。

2）题目难易度适宜（6%）。

3）题目工作量饱满（6%）。

4）题目密切结合实际（7%）。

（2）工作质量及能力水平（75%）。

1）综合运用专业知识能力（10%）。

2）考察、调研及查阅文献资料能力（10%）。

3）外文资料翻译质量（10%）。

4）论文撰写质量评价（20%）。

5）创新点评价（15%）。

6）成果价值评价（10%）。

(二) 毕业论文答辩评审

毕业论文答辩评审，首先取决于论文的内容，其次与论文的写作水平及答辩水平有关。因此，毕业论文的评分原则应体现在创新性、正确性、完整性和严谨性四个方面：

(1) 报告内容（40%）。

(2) 报告过程（10%）。

(3) 创新（10%）。

(4) 答辩（40%）。

(三) 论文撰写过程考查

(1) 前期工作，主要包括调查方法、资料收集与整理工作、时间分配、开题报告、外文翻译等。

(2) 学习态度，主要包括学生主动思考问题的积极性、各阶段论文完成情况、参加集体讨论的次数、论文期中检查情况等。

(3) 师生关系，主要包括教师指导方法、与指导老师沟通次数、总共指导时间、论文修订次数等。

(4) 论文质量，主要包括论文选题、论文结构与布局谋篇、文字表达水平、研究方法、论证力度、引用或借鉴资料的比重、参考文献等。

(5) 学术水平，主要包括论文创新点、实践意义等。

(6) 学术规范，主要包括论文字数、基本格式、整体外观、论文构件等。

(7) 论文答辩，主要包括论文陈述内容、陈述过程、仪容仪表、礼节礼貌、答辩等。

(8) 修改完善，主要包括按照答辩评委会修改意见落实情况、后续存档工作等。

二、论文评估的标准

毕业论文工作综合质量评价贯彻"以评促管、以评促改，重在改革、重在提高"的原则，采取过程评价与目标评价相结合、自评与专家评价相结合的多层次、多形式的综合评价方式。

根据上述毕业论文评估的基本原则和方式，毕业论文的总体评价可细分为：论文指导老师初评意见、交叉评阅老师意见和答辩小组意见，他们分别从不同的侧重点来进行评价。论文最终成绩由各指标得分加权求和计算而得。本科毕业论文质量评估应该是对学生撰写论文全过程的综合评判，毕业论文成绩采用五级记分制评定，由答辩委员会根据各院（系）答辩小组的评分，最终确定评分等级。论文总分以百分制来计算，并依次来划分论文的等级，优秀的比例一般控制在15%以内，优良比例不超过65%。具体要求如下：

毕业论文的成绩，一般分为优秀（90~100）、良好（80~89）、中等（70~79）、及格（60~69）、不及格（60以下）五个档次，五级的具体评分标准如下：

1.具备下列各项要求，毕业论文成绩可评定为"优秀"

（1）独立工作能力较强，科学作风严谨，态度认真，模范遵守纪律，按期高质量完成任务书规定的各项任务。

（2）能熟练运用所学基本理论、基础知识、基本技能解决实际问题，立论、分析正确，结构严谨，毕业论文有自己独到的见解，水平较高，结论或方法有新意。

（3）有令人信服的独特见解，文献综述水平较高。

（4）论述充分、条理清楚，文字通顺，符合技术规范。

（5）毕业答辩能简明扼要地阐述自己论文的主要内容和完成的主要工作，思路清晰，论点正确，表达能力强，回答问题有理论依据，要领清楚，对相关知识理解、掌握清楚，对问题回答准确。

2.具备下列各项要求，毕业论文成绩可评定为"良好"

（1）有一定的独立工作能力，科学作风良好，态度认真，遵守纪律，按期圆满完成任务书规定的各项任务。

（2）能综合运用所学基本理论、基础知识、基本技能解决实际问题，立论、分析正确，结论合理。论文有一定的水平。

（3）文献综述撰写水平高。

（4）毕业论文条理清楚，论述正确，文字通顺，符合技术规范。

（5）毕业答辩能清晰地阐述自己论文的主要内容和完成的主要工作，思路清晰，论点基本正确，能正确地回答主要问题，并有相当的理论依据。

3.具备下列各项要求，毕业论文成绩可评定为"中等"

（1）有一定的独立工作能力，态度认真，遵守纪律，按期完成任务书规定的各项任务。

（2）能运用所学理论和专业知识解决实际问题，立论、分析基本正确，论文水平一般。

（3）文献综述撰写有一定的水平。

（4）论文文理基本通顺，基本符合技术规范要求。

（5）毕业答辩能阐述自己论文的主要内容，能比较恰当地回答问题，并有一定的理论依据，有一定的表达能力，对相关知识有一定的了解。

4.具备下列各项要求，毕业论文成绩可评定为"及格"

（1）态度基本认真，遵守纪律，在导师的指导下，能按期完成规定的各项任务。

（2）在运用理论和专业知识中，没有大的原则性错误，论点、论据基本成立，分析基本正确，主要结论无大错。论文达到基本要求。文理通顺，文字、符号等方面基本达到规范化要求。

（3）文献综述一般。

（4）毕业答辩能阐明自己的基本观点，主要问题能答出，或经启发后才能答出，无原则性错误，回答问题较肤浅，对相关知识有一定的了解。

5. 具备下列各项要求，毕业论文成绩可评定为"不及格"

（1）学习态度较差，科学作风不好，不遵守纪律，未按期完成任务书规定的其中任何一项任务的。

（2）基本概念和基本技能掌握较差，在运用理论和专业知识中出现原则性错误，在各个方案论证、分析等工作中独立工作能力差，论文不能达到基本要求的。

（3）论文文理不通，没达到格式规范化要求，或有原则性错误或常识性错误，文献综述撰写水平差。

（4）毕业论文答辩阐述不清论文的主要内容、基本概念，基本问题回答不正确，对主要问题回答错误百出，或回答不出的。

（5）定稿后毕业论文中有重大政治思想错误或毕业论文出现抄袭或弄虚作假的。

（6）未按规定参加学校组织的毕业论文答辩的，或资格审查未通过的。

第六章 文史哲类论文的写作

第一节 文史哲类论文的写作特点与要求

一、文史哲类论文的特点

文史哲类论文是指社会科学论文类当中的文学、史学以及哲学等专业类论文。文史哲类论文属于社会科学论文，因而具有社会科学类论文的一般特点。社会科学类论文构成的基本形式是由绪论、本论、结论构成的三段式。它和一般科学论文提出问题——分析问题——解决问题的篇章结构形式相同。

对于写作者而言，利用这种约定俗成的格式写作会比较容易展开论述和进行论证。从读者角度讲，熟悉这种较固定的格式后，就可以比较容易地领会文章的构成脉络，便于抓住论文的主旨。文史哲论文的基本结构如下：

（一）绪论

绪论是论文的开篇，处于文章的开头位置。一个论文能有好的开篇，就可使作者行文顺畅。读者也可更容易把握论文的主要脉络，从而获得有益的东西。

绪论部分主要阐明从事课题研究的目的、意义和论文主旨。要求明确、简洁，切忌拖泥带水。在介绍课题研究的意义时，要从学术意义和实际意义两方面讲清楚。绪论的核心部分是提出问题。问题要简明扼要，同时兼顾一些历史回顾或现状概述，指出前人已有的研究成果，以及本文将作的补充、纠正、发展或探讨。也可以根据需要，提一下本文将要采用的论证方法，或者对本论做些概括介绍，或对结论有所提及。

（二）本论

本论是论文的主体部分，是论文的重心，是展开论题，表述作者研究成果的核心部分。一篇论文质量的高低，主要取决于本论部分写得怎样。本论部分的要求，一是论证充分，说服力强；二是结构严谨，条理清楚；三是观点和材料相统一。本论部分最主要的任务是组织论证，以理服人。作者要千方百计地证明自己的观点是正确可信的。为此，必须围绕论点，运用论据，展开充分的论证。论证就是要用论据来证明论点的正确性或证明敌对论点错误性的过程和方法。本论的篇幅长，容量大，层次较多，头绪纷繁，如果不按一定的次序来安排文章内容，就会层次不清，结构混乱，大大降低表达的效果。本论部分的内容由观点和材料构成，写好本论的另一个要求是将观点和材料有机地结合起来，以观点统率材料，以材料证明观点。从总体上说，材料应按照各自所要证明的观点来安排，即把所有的材料分别划归到各个小观点之下，随着观点间逻辑关系及排列顺序的明确，材料自然也各得其所了。但是，在同一内容层次之中的观点与材料应怎样安排，究竟是先出观点还是先列材料，在起草时不能不斟酌一番。为了避免雷同，应该有所变化。一般是先摆观点，后列材料；有时也可以先列材料，再摆观点；还可以边摆观点边列材料，夹叙夹议，由浅入深。总之，要把材料和观点紧紧地糅合在一起，有机地统一起来，为表现文章的中心服务。

（三）结论

结论是一篇论文中的结束部分，是全文的总括。主要作用是对论文的全局进行概括性的总结，并让读者在论文的结束时再次回顾明了作者主要讲述的问题。结论部分的主要内容是综述论证的结果，或对课题研究进行展望。结论应是绪论中提出的问题和本论中论证结果的自然答案，使绪论、本论、结论三者相互呼应、首尾一贯，成为完美的逻辑构成。结论的措辞必须严谨，逻辑必须严密，观点必须鲜明，语句必须明确，不能模棱两可。在做结论时要避免对复杂的问题做出过于草率的肯定或否定的结论；避免对相互影响、相互作用的多个因素置之不理，从而导致结论的肤浅；不要回避可能影响自圆其说的种种因素，从而造成妄说臆断。文史哲类的论文在结论部分不硬性要求有明确甚至精确的结论，而只是有自己的观点或自己对此问题解决到一定程度就可以了。

二、文史哲类论文的主要类型

（一）论证型

论证型论文是对人文社会科学领域里的理论问题或社会现象进行阐述和论证，以表达作者的思想和观点的思辨性论文。论证型论文的论证过程重理重据，理据之间有内在的联系，构成一个整体去表达论文的主旨，即文章的中心论点。在论证过程中，运用概念、判断、推理、证明等逻辑思维形式，摆事实，讲道理，提出作者的主张和见解。在论证过程中，不论采用理论论证、事实论证或其他论证方法，都不能脱离理论的指导，要求有一定的理论深度，哪怕是论证现实中的实际问题，也要在一定的材料研究的基础上，加入一定的理论阐述，使文章有一定的理论升华，因而带有极强的理论色彩。论证型论文可分为立论型和驳论型，前者正面树立自己的观点，后者则批驳别人的观点。

（二）考证型

考证型论文是运用考证的方法追本溯源，考订事实的真伪异同，推导出真理性的论断的一种论文形式，它往往在一些科学性比较强的文史哲类论文中出现。考证即考据，是根据文献资料对历史、语言等进行核实、证明、研究的一种方法，着重对古籍的文字音义及古代的名物、典章制度等进行考核辨释。考证学在科学研究中是一门重要的学问，它特别强调材料的准确可靠，考证的方法主要是资料搜集整理、校勘和训诂。因而尽可能地占有证据，是撰写此类论文的关键环节。考证型论文适用于解决文史哲专业中语言、文学、历史和考古等学科的悬疑案例。

（三）注释型

注释型论文主要应用于对古代文献或难以理解的作品的解释和释读。注释是对客观事物的详细解释和阐述。注释型论文所做的诠释不仅是对词义的诠释，还包括对学科领域中有价值的问题进行科学的解释。这种解释是对事物因果关系的概括以及规律作用的揭示，如对科学的理论、原理、原则做出周密的诠释，对事物的现象、本质做精确的说明，对史实、事实、事件做出客观的解释。在注释型论文的写作过程中，要恰当地利用前人科学的研究成果或在今人正确的研究方法指导下进行自己的诠释与研究。

（四）调研型

调研型论文是对现实生活中存在的各种现象和问题进行调查研究后，提出相应的对策和建议的一种论文形式。它是调查研究结果的书面表述形式，是在调查研究基础上对材料和情况进行分析与综合的研究成果，是由感性认识上升到理性认识的过程，具有针对性强和实践性强的特点。

（五）综述型

综述型论文是对某一研究专题的历史背景，前人成果，争论焦点，研究现状及趋势等内容进行评估的理论性文章。综述型论文属于三次文献，专题性强，有较高的理论价值。文献综述的质量反映了研究者的学识和文献阅读量。"综"指对文献资料的综合分析，归纳梳理，因此要求相应的文献阅读量；"述"指对综合分析整理后的文献进行系统的评述，要求写作者有一定的专业素养和学识。

三、文史哲类论文的写作方法

（一）论证型论文的写作方法

论证型论文写作的主要方法是阐述、论述和论证，具体方法为分析、概括和综合。就一篇论文或一个论点的表达而言，有时侧重阐述，有时侧重论述，有时以论证为主，但分析、概括、综合的方法则贯穿始终。这几种方法互相配合，互相补充，交叉运用。

1. 阐述是对论点的概括表达，对论点的内涵做出规定

要明确论点的内涵，首先要弄清论点的概念，准确地规定概念的内涵和外延，才有可能展开论证。论文在立论的过程中，应从阐述基本概念开始，把概念表述作为演绎推理的前提。在阐述概念时，要明确阐述目的性和针对性。要明确从什么样的高度或角度提出问题；是要从具体的理论问题方面提出还是要做更高的这些概括；从普遍的总体着手，还是从特殊的个体出发。阐述的时候要防止概念和定义脱离了实际。

2. 论证使论点得以成立，成为深刻、鲜明的论点

论点之间的关系不是相互独立的，而是相互联系、相互依存、相互制约的。各论点之间既有并存关系，又有逻辑上的因果关系和层次上的推导关系。论证是把论点和论据、中心论点和分论点联系起来，通过逻辑推理，使各级论点得以确立，使全文整体协调，使结论可靠、有深度。

论证的方法从性质上分，有一般论证和辩论论证；从论据上分，有理论论证和事实论证；从论证的角度上分，有正面论证和反面论证；从逻辑方法上分，有分析与综合、归纳与演绎等。

理论论证揭示事物普遍性的规律。它从理论上找根据，将归纳材料所得的论点，用人类已知的科学原理去衡量，通过论证使观点得以完善。找到普遍原理与论点的联系是理论论证的关键。主要有三个环节：找到已经得到肯定的理论根据——找到它与要证明的论点之间的联系——把论点和论据联系起来。

事实论证有时是对全面事实的概括，有时则侧重重点事实的证明。全面事实概括的论证，就是对事实的总体情况做出全面的概括。有的可以用时间线索分段贯穿事实的整个过程，有的可以以空间为线索分门别类地总括事物的各个方面。重点事实的论证需要具备准确的材料，来说明抽象、深奥的理论，摆事实、讲道理。例证所使用的材料应具有典型性和多样性。在时间、空间、性质、角度等方面，越是多样化，例证的有效性就可能越高，论证力就越强。在进行事实论证时，应把思维的流畅性和多维性结合起来，能够举一反三，多元互补共存。

正面论证是从正面来肯定论点，反面论证则是通过否定来达到肯定论点的目的。对待同一个论点，可以引经据典寻找理论根据或选择事实论据从正面肯定；也可以通过引证、例证从反面予以否定。

3. 辩证的分析和综合

分析是自上而下的，它把客观事物分解为若干个合理部分，并弄清各部分在整体中的地位和作用；综合则是自下而上的，它把对事物各个部分的认识归纳为一个整体，进而认识事物的全方位的性质。例如，可以把一篇论文分解为主题、材料、结构、语言、表达等几部分，并分别探求各个部分在整篇文章中的地位和作用，这就叫作分析。而综合则是将各个部分做了分别探求之后，再归纳在一起

进行综合研究，从而概括这篇论文在思想性、科学性和技巧性方面的特点，以确定其意义和价值。

4. 在辩证分析中深化观点

在写作过程中，提出论点后，要先对论点进行分析，从论点的各个方面提出问题，做进一步的分析。对分析的各种结果综合进行考量，引出一个新的层次，使论点在多层次、多角度的分析中不断深化。

5. 在辩证综合后得出结论

分析的目的是得出结论，使所提出的问题得以解决。形成结论一般通过概括和综合，而这种概括和综合是建立在坚实的分析基础知识之上的。综合的目的是尽可能使分析得出的结果完备而周密，然后集中而简洁地表述出来。结论是研究成果的集中体现，要特别准确地表述，以高度精确、概括的语言做结论。

（二）考证型论文的写作方法

考证型论文的写作要根据事实的考核和例证的归纳，提供可信的材料，得出一定的结论。事实的考证是通过事实的考核，取得可信材料，纠正前人不准确的或错误的结论或者确立自己的论点。例证的归纳是通过考查所获得的大量文献资料，经过归纳、对比、鉴别，来订正或补充前人的意见、观点或定论，得出新的结论。例证的归纳以事实的考证为基础。考证型论文一般由三个部分构成：提出质疑（绪论），例证归纳（本论），最后得出结论。

（三）注释型论文的写作方法

注释型论文的注释是经过科学的选择和加工得到的，要求作者必须全面、本质、客观地进行注释，避免片面、表象和主观臆造。具体做法是以权威的理论和充分的事实作为选择的根据。无论对理论的阐释，还是对事物的说明，都必须有充分的根据，这样才能准确、完整地说明论文所要解决的问题。注释型论文与其他类型的论文的不同点是它不能有丝毫的推测与假设，而一定要以事实为依据，再结合前人的研究成果，得出令人信服的解释。

注释型论文要求表达的准确性、平实性和科学性。这类论文以表述、阐述和阐释为主要手法，语言的表达要求准确、明白和规范。

注释型论文的构成与一般论文大体相近，也由绪论、本论和结论三部分构成。但根据所注释对象的不同以及所涉及的范围和项目的需要，有时结论的内容不一定在结尾，而分散于注释对象的各个具体项目之中，注释一项就得出一项结论。

（四）调研型论文的写作方法

调研型的论文同一般的调查报告有所不同，它要求在调查的基础上，对调查的情况进行分析，以理性的思考对调查的事实、数据进行整理、分析和阐释。这类论文的实践性较强，是大学生喜欢选择的毕业论文类型。

调研型论文主要由调查的目的、调查的方法、调查的内容和数据的处理方法以及内容的分析等组成，其中问题分析是整篇文章的核心部分。社会语言学研究的一个重要方法就是调查，通过确定语言的调查对象、调查内容和测试方法，数据的分析处理，结果统计，对主要问题进行讨论，最后得出结论，发现现象背后的社会心理变化。

（五）综述型论文的写作方法

在综述型论文中，根据论题的不同，有的论文侧重综述，有的则侧重述评。述评类论文要求作者具有较丰富的阅读量和分析、归纳、整理、概括的逻辑能力，在全面充分的阅读基础上，分清文献资料的轻重主次，还要进行条分缕析，需要逻辑的分类和概括，因而要求作者有深厚的专业基础和必要的文献查阅、搜集和整理能力。

四、文史哲类论文的基本写作要求

（一）文史哲类论文应注重理论性

文史哲类的论文具备学术评论文章的一般特点。评论的本意是通过语言的述说，把问题的是非摆平，把事情的次序理清。因此评论应该诉诸理性，讲究准确，注重分寸，显示见解，表现学术理性见识。因而要求更注重理论性，注重理论的创新性和科学性，避免个人化、情绪化和感性化。

（二）学术上讲求创新

一篇论文的好坏，并不是看它语言的新颖、结构的完美、叙述的奇巧。最关键的是看它是否有创见，有新意。创新型论文有两种：开创性课题论文和发展性课题论文，前者指的是开创学科新领域、新理论或填补研究空白的论文，后者指对已有的学术观点做深化、补充或修正、纠谬的论文，能够在前人的经验基础上加以总结和升华。

具有创新意识主要体现在能够在前人论述的基础上有所拓展、有所延伸，或者赞成前人的某一理论观点，自己补充新的材料予以支持，或者不赞成某个观点，自己撰文与别人商榷争鸣，或者对某一阶段、某一方面的学术领域的研究状况进行归纳、整理，进行综述。

简而言之，毕业论文必须要有属于自己的一点实实在在的见解，如果只是停留在对前人研究成果的罗列，提不出创新性的见解来，论文写作就是一种毫无意义的重复劳动。

（三）理论上讲求科学

毕业论文要求阐明作者对某现象、某事件、某问题、某作家、某作品的看法。因此，不管是对什么对象的理论解释，都要在确立论点和表述论点的过程中对所论的内容做尽可能深入的理论发展，论证的过程要力求逻辑的严密性，使论文具有理论的深刻性。

（四）毕业论文要有自己的观点

毕业论文要有自己的观点，并在自己观点的基础上形成科学的评论体系。在总结前人研究成果的基础上，找出恰当的切入点，写出较有质量和符合实际水平的文章。

（五）要求材料典型丰富，有较大的信息量

文史哲类学生在毕业论文写作前应具有充分的知识储备。

（六）注意完成论文的时间和论文的篇幅

从时间上说，毕业论文的写作要求学生在规定时间内完成从选题、撰写、修改到定稿、上交、答辩的全过程。时间的具体操作也是不可忽视的问题。一般文史哲类本科段的论文在 5000~10000 字。少于这个数字，论述展开得就会不够充分，有理说不清；篇幅过长，容易重复啰唆，没有重心。

第二节　文史哲类论文的研究方法与视角

根据上文所述，文史哲类论文在研究方法上具有社会科学研究的基本特征，但专业不同，因而文史哲各门学科的具体研究方法和视角应有相应的区别。

一、语言文学专业论文的研究方法与视角

语言文学专业毕业论文在整体结构、说理论证、遣词造句方面有强烈的专业特色。写作语言文学专业毕业论文须具有相关的知识积累，对学科熟悉了解以及理论知识完备。具体到各个学科，从内容和方法上有所不同。

1. 文艺学学科论文

文艺学作为一门理论性学科，它的理论性特点体现在两个方面：一是对文学、文学史和文学批评进行理论的研究；二是对文学、文学史和文学批评的理论进行研究。文艺学是对文学的理论研究和对文学史理论的研究。①

文艺学的研究要求具有严谨的理论思维能力和必备的理论工具。其理论工具和语言体系主要来自三个方面：一是中国古代文论资源；二是马克思主义文学理论；三是西方文学理论。

文艺学写作选题：关于现代主义的评价、现实主义的深化、精英文化与大众文化的关系、文化工业的生产和消费、大众文化的批判、人性异化和人文竞赛的

---

① 吴秀明等.文科类学生毕业论文写作指导 [M].杭州：浙江大学出版社，2003：82.

危机、浪漫的技术主义艺术理论、否定性美学、意识形态生产论，马克思主义文学理论中国化等。

西方文论的研究要在通读和精读原著的基础上，把握其基本原理，梳理西方文论发展的线索，明确研究对象在文论史中的地位和作用以及传承关系；理解评价和运用它们的基本观点和理论；探索其理论产生的原因和根源；文学理论的哲学、伦理、文化、宗教等思想基础；进行中西古今文论的比较研究。厘清线索，把握各个不同理论之间的区别和联系；认真阅读、理解原著，尽量掌握第一手资料；认真鉴别理论的优劣，给予辩证的、历史的、客观的评价。

中国古代文论研究包括中国古代诗学研究、古代小说研究、古代戏曲理论研究。古代文论研究、古代文学批评史研究、古代艺术理论研究。

文艺学论文的写作要求：

首先，文艺学论文写作要有扎实的理论修养和正确的指导思想。要以哲学、政治学、社会学、文化学、历史学、伦理学等学科作为理论基础。要注意政策性、法规性，体现国家的文艺政策和文艺法规精神，论文具有鲜明、健康和合理的倾向性、思想性和理论性。

其次，要熟练掌握文艺学的研究和写作方法。传统方法有阐释法、品评法、注解法、比较法、喻证法、索引法、评点法等。现代方法主要有注重"体验"性的人文主义倾向和注重"实证"的科学主义倾向。人文主义倾向方法偏重从人的体验、感性、直觉、经验出发揭示人的精神内涵从而探寻艺术的本质和世界的审美本质，批评方法主要有：社会批评方法、道德批评方法、意识形态批评方法、女权主义批评方法、原型批评方法、精神分析批评方法、新历史主义批评方法等。科学主义倾向方法偏重从对象的结构、语言、体式、方法、形式等方面进行科学性、实证性、逻辑性研究，旨在揭示对象的本质以达到弘扬科学理性的目的。两种倾向各有千秋，而且出现交叉整合趋势。如后经典叙事学研究，运用结构主义叙事学的分析工具，来对文本进行文化叙事学的分析，既具有人文倾向，又具有科学主义倾向。

文艺学毕业论文要求语言严谨、规范、科学、明晰、准确，与文学语言有较大差别，应使用科学用语、理论用语，具有一定的抽象性和思辨性。文章的结构一般是逻辑结构，可以是递进式或推导式，也可以是归纳式或平行式论述。

2. 中国古代文学论文

无论是考证的还是理论性的文章，首先，最基本的要求是治学和治史的精神相结合，严谨、认真地对待研究工作。尤其是注释的规范性。凡是直接引用他人的观点、材料，都必须交代出处；参考他人看法，转引他人材料，也必须说明来源。要争取核对原文，凡是引文，最好是能够找到原始出处，一定要用第一手材料。其次，写作者应具有一定的阅读能力和思辨能力。提高阅读能力必须以扩大知识领域为基础。既要有思辨能力还要有踏实的风格。在语言表达和篇章结构方面以实取胜，实实在在、简洁明快、通俗易懂、结构合理。

3. 现当代文学论文

文学史的研究，从宏观的视野、纵向的角度对中国现当代文学进行历史性的研究，以揭示中国现当代文学的发展规律。作家作品的研究是对中国现当代文学史的重要作家进行个案研究，探讨个体作家创作的意义、价值及其文学史地位。文体研究是以诗歌、小说、散文、戏剧以及影视等文体为核心，探讨各种文体在中国现代的发展演变规律。文体形态不断地创造和融合、更新与超越，是中国现当代文学史演变的主要原因和重要标志。目前，文体研究已经从过去的作家作品、流派研究向文体理论发展。

社团、流派、思潮、创作群体研究主要探讨中国现当代文学史上的各个文学社团、流派、思潮和文学创作群体的历史意义和历史地位。这个领域的研究为中国现当代文学史开辟了历史文化和地域文化的新视角，提高了中国现当代文学研究的深度和广度。如费振钟的《江南士风和江苏文学》以历史上形成的江南士风为背景，研究 20 世纪的江苏文学，从而发现了江苏作家彼此相似的写作形象——传统"文人"形象，如曾朴、徐枕亚是旧文人，其小说被称为旧派文人小说；叶绍钧和朱自清被称为君子文人，其写作被认为是学者文学；汪曾祺属于闲适文人，他的作品是当代闲适文学的典范之作；陆文夫和高晓声具有名士风度，其写作也是名士风格；叶兆言和苏通则是新时期文人小说的代表。在此基础上进一步认为，恰恰是"智性"引导这些江苏作家的心灵，使他们能那样豁然贯通地感悟到江南文人文化的"全体形象"，从而在个人心智结构上自动契合江南士风。显而易见，这种研究视角为中国现当代文学研究带来了历史文化的深度。①

4. 中国现当代文学论文

选题要注意对所选研究课题的积累和所选课题的研究空间，搜集材料要全面、具体。研读与课题有关的文学理论著作，从思维层面确定论文的框架结构和逻辑理论基础以及深化作者的思考方向。借鉴他人在此课题方面的研究成果。与这个课题有关的全部文学作品。文学作品是从事文学研究最核心、最重要的实证材料，是从事文学研究的直接对象。

写作中审美感受的挖掘。理性思辨和感谢体悟的结合。对具体文学作品的分析、解读、阐释不仅是一种理性的认识行为，同时也是一种审美体验，一种艺术感知。"文学论文的写作，不仅是一个抽象思维的活动，也是一个形象思维的活动。抽象思维是其脉络，确定的是走向；形象思维是血液，激活其生命。"②

---

① 吴秀明等. 文科类学生毕业论文写作指导 [M]. 杭州：浙江大学出版社，2003：115.
② 吴秀明等. 文科类学生毕业论文写作指导 [M]. 杭州：浙江大学出版社，2003：116.

5. 外国文学论文

主要有：外国文学史研究、外国文学原理、文学批评研究以及比较文学研究。

欧美文学类：对欧美文学的重要文艺思潮、文学现象和具有特殊意义的作家作品等进行深入、细致的学术研究，探索其内在的发展机制、模式、特质和规律。

比较文学具有开放性、囊括性和沟通性，属于边缘交叉学科，比较研究主要有影响研究、平行研究、历史类型学研究、阐发研究等方法；跨学科的交叉研究主要有文学与艺术、文学与宗教、文学与人文社会科学、文学与自然科学等。

外国文学研究以非母语的异质文学、文化为研究对象，要求学生具有一定的阅读面，知识结构，学术积累、思辨能力、表达能力和外语水平等综合素质。要求注重外语能力的培养，提倡在直接阅读并采用与论题相关的外文第一手材料的基础上，注重论文的学术前沿性。掌握一般的研究方法：借助西方文论原理对欧美文本进行分析；运用影响研究法和平行研究法对比较文学进行研究。重视论文写作中的理论修养。在注重外文的同时加强中文学科文史哲相互贯通的综合素质的培养和文艺美学理论的修养，以及思辨能力的锻炼，深化研究课题。论文格式规范化。主要格式与国际惯例接轨。中文标点符号和数字的用法应遵照国家技术监督局发布的中华人民共和国国家标准《标点符号用法》（GB/T 15834—1995）和《出版物上数字用法的规定》（GB/T 15835—1995）的有关规定施行。

文学类论文的写作还需要注意以下三个方面：

（1）议论离不开作品。大多数文学类毕业论文都是以作品为研究对象，或以与作品有关的问题（如作品的风格、文艺思潮、文学流派等）为研究内容的。议论不离作品。摆事实、讲道理是论文基本写法，文学类论文主要以作品为基础摆事实。离开了作品，文学类论文也就失去了存在的价值。

文学类论文引述作品，不是简单地提些观点然后举例子，而是要对所引述的作品进行简略的评析，在评析的过程中阐述自己的观点，评大于述。由于文学作品本身的形象性特点，文学类论文在评析作品和结合作品阐述思想时就易做到具体、生动，富有文采，形象思维多于逻辑思维，形象阐述多于科学的论证。

（2）结构不拘一格。文学类论文由于讨论的范围十分广泛，古今中外的文学艺术作品以及与之有关的许多问题都可以成为文学类论文的研究内容。文学类论文议论不离作品，在写作过程中作者的形象思维往往十分活跃，联想和想象的翅膀常常打破时空的界限，很难受一种固定的结构框架约束。文学类论文，结构往往不拘一格，结构和内容一致，由内容定结构。

（3）语言生动活泼。文学类论文，是文史哲类论文中比较自由的一类论文，很少有抽样调查、统计图表之类的东西，也不是严格意义上的科学类论证，因此与一般的科学类论文有明显的区别。文学类论文语言风格要求明白流畅，生动活泼，自然而贴切。

6. 语言文字学论文

语言文字学是以人类语言为研究对象的一门社会学科。常见的分类为具体语言文字学和普通语言文字学，共时语言文字学和历时语言文字学，理论语言文字学和应用语言文字学，宏观语言文字学和微观语言文字学等。

语言文字学论文选题大体分为九个方面：

（1）训诂学研究：词义解释学，解释形与义的关系（形训），音与义的关系（声训）、义与义的关系（义训）。

（2）音韵学研究：分析和研究汉字的字音和它的历史变化的学科，古代各个历史时期的汉字读音及其变化。

（3）文字学研究：研究对象为书写符号的文字，揭示文字的产生、存在和发展的规律，研究文字和语言的关系、不同类型文字的结构系统及其书写形式的规则、文字发生和发展的历史等。

（4）语音学研究：研究语音的普遍性问题，主要是音位的研究，语音的性质，音位结构及原则等。

（5）方言研究：除普通话外的各种汉语方言，要经过系统的听音、辨音和记音训练。

（6）词汇研究：注重新词新语的研究、词义的理解等。

（7）语法研究：研究制约语音行为规则的学科。词法和句法合起来即语法。

（8）修辞学研究：研究如何依据题旨情境，依据各自语文材料、各自表现手法来恰当地表达思想和感情。

（9）标点符号和语文规范化研究：语言规范包含多种研究课题，如语言规范的意义、语言规范化与语言环境的多样化的关系，标点符号表述语言的哪些内容。

语言文字学论文的写作方法主要是描写和解释。结构按照逻辑顺序安排。主要包括介绍既往的研究情况；说明本课题的研究目的；交代论文的主要结论，指出需要继续研究的问题。

语言文字学论文的研究需要注意以下三个方面：

（1）研究要突出学术性、实用性和可行性。首先要明确语言学科论文的表达特点，其次讨论问题时重微观性和聚焦性；再次注重论述解释说明的充分性和简明性；最后突出对问题研讨的动态性、实用性和可行性。

（2）对材料的准备和处理有具体要求。收集资料要"竭泽而渔"，尽可能收集所需的语言材料，尽量使用第一手材料，强调语言事实的真实性、丰富性和典型性。从文献和实际语言的调查中获取材料。对材料的分析要全面、准确，发挥语言材料的功效。

（3）要注重理论知识性的凸显。包括语言文字学理论知识、语言文字学各分支学科的知识、语言研究的历史和当前学术动态、语言研究的资料及获取资料的途径和方法、学术规范等。分析问题要看到左邻右舍；要有理论追求；注意选择适合的研究方法。

二、历史学专业论文的研究方法与视角

(一) 史学类论文的主要特点

史学类论文的主要特点是研究者必须掌握大量的一手资料，在搜集大量资料的基础上对资料进行考证，运用深厚的学术功底和较强的对历史问题的辨别力和驾驭能力，对反映重要历史信息的载体进行深入的综合分析，从而获得有价值的学术研究成果。

(二) 主要研究内容

历史学专业的研究根据不同的研究范围和对象，可以分为史料、论述和理论三个部分。

史料是指那些为研究客观历史过程提供研究资料的史实与考证，如历史文献、考古资料、口碑资料等。

论述是指借助各种资料研究客观历史的专史、通史、国制史或断代史等。专史指对人类社会现象分门别类作纵向研究，如政治史、经济史、军事史、文化史、社会史、文学史等。通史是从总体上来考察人类社会发展进程的，是以时间为主线，连贯地叙述各个时代历史的一种记史方式。国别史是分国家记载史实的史书，断代史与通史相对，只记载某一段时代的历史。

理论研究是针对史学本身进行的诸如史学概论、历史哲学、史学方法论等的一般历史理论的研究。

(三) 主要研究方法与视角

赵吉惠先生根据史学方法的不同性质、作用、范围，将这些方法划分为三个不同的层次，即普遍方法、一般方法和特殊方法。普遍方法主要指历史唯物主义的方法，如阶级分析法、社会经济结构分析法、五种生产方式分析方法、经济基础与上层建筑之间的辩证关系的分析方法。一般方法指既区别于专门历史学科的方法，又广泛地适用于一切历史科学领域研究的方法，如整理考证史料的方法、历史的分析方法、逻辑分析方法、比较分析法、系统分析方法、计量分析方法、心理分析方法、历史假设与证明方法、宏观与微观分析方法等。特殊方法如逻辑和历史相统一的方法、数学方法、统计方法、地图和测量方法、碳素测定年代方法等。[1]

---

① 吴秀明等.文科类学生毕业论文写作指导 [M].杭州：浙江大学出版社，2003：189-190.

（四）史学论文写作的基本要求

（1）尊重史实，辨伪求真，严肃认真，科学客观。

（2）掌握和运用马克思主义史学观。

（3）广泛地搜集史料，同时掌握政治、经济、法律、文化等学科的相关知识。

（4）联系实际，关注现实，了解史学研究的新方向和新问题。

三、哲学类论文写作

（一）哲学类论文的主要特点

哲学揭示的是自然、社会和人类思维的一般规律，因此哲学类论文的写作要求具有很高的概括性和抽象性。在写作过程中，一定要理论和实际结合起来，在选题、收集材料和写作过程中，有一定的现实针对性，真正做到学术性与社会价值的统一，将哲学问题同现实生活的观察、分析和理解相结合，将抽象的理论具体化，因此能够更深入地体会哲学原理的精髓。

（二）研究内容

哲学主要研究自然知识、社会知识和思维知识，哲学可以分为哲学学、哲学性学科和具体科学哲学。

哲学学包括哲学史和哲学基本理论，哲学性学科包括伦理学、心理学、美学、逻辑学、宗教学等，具体科学则包括自然科学、社会科学哲学、技术哲学、艺术哲学等。

哲学的发展史、如史前史、萌芽史、年代史、阶段史等，原始思维与哲学思维的联系和区别、哲学规律的演化与发展，东方哲学与西方哲学的比较研究，哲学家思维系统以及哲学思潮与流派的形成和发展，哲学发展的动力与社会功能等。

（三）主要研究方法与视角

1. 历史与逻辑统一的方法

任何一种哲学逻辑进程中自身矛盾运动的轨迹和发展趋势，都和一定的社会历史进程平行，两种联系紧密。在哲学研究中，只有确立和运用历史和逻辑相统一的理论原则和研究方法，才能深入正确地揭示哲学思想的本质内涵和它的发展轨迹。

2. 批判与继承的方法

也称为历史继承法。它是哲学研究的重要方法，具有一般方法论的意义，对其他学科的研究也具有指导性意义。哲学作为一种观念形态，是社会历史的产物，出现后会稳定下来逐渐形成自己的传统。对哲学史和哲学理论的研究，在很大程度上是对传统哲学的研究，因为任何形态的哲学都与其历史相联系，实质上是传统哲学的发展和更新。

3. 比较学方法

比较学方法包括内部比较和外部比较。内部比较，主要是某一哲学思潮或流派自身系统内的比较，如研究 20 世纪末的新儒学主义，就应该探讨它与孔孟儒学、汉儒、宋儒等各时代儒学的渊源流变；外部比较，就是不同时期、不同种类的哲学流派，不同思想文化体系的哲学，采取比较研究方法进行研究，通过对不同文化系统和不同民族文化的哲学比较研究，揭示哲学发展的规律性，以促进我们理论思维的发展。

4. 分析和综合的方法

分析是把认识的对象分解为各个部分、方面和要素，从而认识这些部分、方面和要素在整体中的性质和作用。客观事物，包括哲学中的各种现象和问题，都是多样性的统一，是由许多部分、方面和要素组成的，其中的联系是十分复杂的，有直接的、间接的、偶然的、必然的、本质的、非本质的关系。为了认识事物必须分别进行考察，即进行分析，使之作为人们认识事物的基础和前提。

综上所述，就是把事物的各个部分、方面和要素联系起来，作为整体进行考察的方法。在一定的认识层次上，综合是在分析的基础上进行的。

第三节　文史哲类论文的参考选题

一、语言文学类的参考选题

(一) 中国古代文学方向

(1)《诗经》中的悲剧意识

(2) 魏晋诗歌的生命意识

(3) 论先秦儒家的叙事观念

(4) 李清照的词论与词作

(5)《儒林外史》的讽刺艺术

(6) 从《短歌行》看曹操诗歌的风格特色

(7) 论《项羽本纪》中塑造人物形象的艺术方法

(8) 谢灵运与谢朓山水诗的异同

(9) 从《诗经》婚恋诗看古代婚姻习俗

(10)《诗经》的道德观

(11) 论建安诗歌的忧患意识

(12)《孔雀东南飞》人物心理描写

(13) 道家思想对陶渊明价值观念的影响

(14) 试论陈子昂对唐诗革新的贡献和作用

(15) 白居易《长恨歌》主题之我见

(16) 论李煜词的语言艺术

(17) 李清照词的艺术特色

(18) 辛词风格论

(19) 论李清照词的抒情艺术

(20) 浪漫主义的艺术高峰——李白诗歌巡礼

(21) 现实主义的艺术高峰——杜甫诗歌巡礼

(22) 宋江形象的再认识

(23) 浅论明代中叶新思想因素对文学创作的影响

(24) 柳永的情爱历程与其创作的互动关系

(25) 义从何而来——论《水浒传》人物宋江

(26) 试论谢灵运和他的山水诗

(27) 略论《诗经》中的爱情诗

(28) 论陶渊明的人品与诗风

(29) 李煜词的艺术特色

(30) 《长恨歌》主题再评价

(二) 现当代文学方向

(1) 张爱玲小说创作观

(2) 论三十年代现代派小说

(3) 真与伪对立的必然结果——评王小波《黄金时代》男女主人公关系的结局

(4) 论《书剑恩仇录》所体现的作者人生态度

(5) 从陈家洛的选择分析他的性格 (或分析陈家洛的人物性格)

(6) 从《雪城》看梁晓声的知青情结

(7) 谈余华小说《活着》的大历史与小历史

(8) 分析张贤亮《感情的历程》中的女性形象

(9) 杨绛散文研究

(10) 探索《围城》对生命哲学的思考

(11) 伤痕文学蕴含的悲剧美学意识

(12) 杨朔《雪浪花》的意境创造

(13) 谌容《人到中年》主题思想的深刻性

(14) 陈城《棋王》的语言美

(15) 对鲁迅《伤逝》涓生子君形象的理解

(16) 戴望舒《雨巷》意境的象征意义

（17）从《边城》看沈从文的"湘西情结"

（18）分析艾芜《山峡中》的野猫子形象

（19）试论艾青诗歌"忧郁色彩"

（20）从《再别康桥》看徐志摩的理想追求

（21）论沈从文小说道德评价的独特性

（22）略谈报告文学的真实性

（23）《沉沦》"自我暴露"的创作特色

（24）鲁迅笔下妇女形象试探

（25）张爱玲《倾城之恋》的地域色彩

（26）浅谈周朴园对侍萍感情的"真"与"假"

（27）《围城》的语言特色

（28）曹禺剧本的语言特色

（29）简论《屈原》中屈原的性格特征及意义

（30）余华的《活着》与张艺谋的《活着》之对比

（三）外国文学和西方文论方向

（1）论十九世纪俄国文学中的"多余人"与"新人"形象

（2）论《哈姆雷特》的戏剧冲突和伦理选择

（3）试析古典主义的理性

（4）《双城记》的人道主义与伦理困境

（5）追求完美的女人——试论安娜的悲剧

（6）《母亲》中"母亲"的形象

（7）达尔杜弗——不朽的艺术典型

（8）拜伦诗歌艺术风格散论

（9）论欧洲文学中四大吝啬鬼的异同及其对后世文学之影响

（10）一幅瑰丽多彩的大画卷——评《伊利亚特》

（11）五座里程碑——谈欧洲五大文学思潮的成就

（12）《战争与和平》的艺术成就新论

（13）对马克·吐温小说创作的若干思考

（14）论卡夫卡《变形记》的思想内蕴

（15）论《安娜·卡列尼娜》的叙事结构

（16）简论《傲慢与偏见》中的婚姻现象

（17）论文学作品的"寓教于乐"

（18）论文学鉴赏中的再创造

（19）论文学创作中的"风格即其人"

（20）西方文学评论的新发展

（四）语言与语言教学方向

（1）从传媒语言看语言的规范化问题

（2）幽默寓言的构成及其艺术魅力

（3）论方言区推广普通话的重要性

（4）学生写错别字原因的分析

（5）论语感的培养

（6）豫西方言与普通话之比较

（7）论口语教学与素质教学的关系

（8）从会意字看先民的审美意识

（9）在语文教学中重视情感教育的作用

（10）试谈小学生语感培训

（11）教育叙事在小学语文教学中的作用

（12）翻转课堂教学模式在中学语文教学中的运用

（13）自由式写作在中学作文教学中的运用

（14）语文教师应具备的素质与能力

（15）在儿童文学教学中寻找文化之根

（16）少年小说创作的多向性与永恒性

（17）魔笛魅力今何在——试论当代童话的特质与传播

（18）哈利波特是一部教诲小说吗？

（19）永恒的想象与微笑——卡罗尔《爱丽丝漫游奇境记》评析

（20）顺从、反叛与互谅——校园小说生活探索

二、史学类论文的参考选题

（一）中国古代史方向

（1）《诗经》与先秦社会探研

（2）战国新兴地主阶级说质疑

（3）春秋战国时期法制进程探论

（4）老庄学说产生的文化地理原因

（5）汉代儒学独尊地位形成过程考论

（6）魏晋门阀政治与社会风气问题研究

（7）魏晋南北朝时期江南大族形成过程及其原因探析

（8）中国古代环保思想及其实践述论

（9）唐代寺庙的社会救济功能

（10）唐代市镇的形成和发展概述

（11）茶叶经济与唐代（或宋代）社会

（12）宋代书院与科举的关系

（13）宋代宗室在湖州的分布及其影响

（14）元代诗社个案研究

（15）明中期政府解决流民问题的措施及其评价

（16）明代市镇群体研究、市镇个体研究与市镇个体比较研究

（17）明代市民阶层与市民文化的兴起

（18）南明史研究

（19）清初文化专制主义统治研究

（20）清初民族政策评价

（二）中国近现代史方向

（1）晚清中国经济早期现代化研究

（2）两次鸦片战争期间东南地区社会变迁研究

（3）太平天国农民运动再评价

（4）运动和中国的早期现代化清末民初的西部开发

（5）晚清政府的台湾政策研究

（6）辛亥前后立宪党人和革命党人的关系

（7）袁世凯和民国初年的社会变革

（8）五四之前陈独秀的思想演变

（9）朱自清与现代中国的民粹主义

（10）论章太炎的文化观

（11）南京政府的关税改革

（12）土地改革与国共政权之争（1927~1937）

（13）试论北洋政府的外交

（14）论北洋政府的职官构成

（15）论北洋政府的财经改革

（16）从财经角度看清末新政的失败

（17）抗战前南京国民政府的经济改革/经济政策

（18）中国近代国家资本主义经济的兴衰

（19）抗战之前/抗战时期的西部经济开发

（20）抗日战争中的浙江商人

（三）中国当代史方向

（1）建国初期的知识分子思想改造运动

（2）新民主主义社会研究

（3）七届三中全会研究"三大改造"加速推进的历史原因

（4）刘少奇的林业思想

（5）建国初期刘少奇对中国工业化道路的探索

（6）"论十大关系"的历史价值和时代局限性

（7）知识分子改造运动评述

（8）新中国的"新经济政策"研究

（9）陈云的经济思想在新中国经济发展中的作用

（10）周恩来的和平共处思想与新中国的外交

（四）中国历史与文化方向

（1）基于过程性特征的历史街区保护与更新研究

（2）洛阳市篮球运动的历史、现状与发展对策

（3）历史街区保护与旅游开发

（4）基于城市经营理念的历史城市保护策略与实施途径

（5）中原古都发展变迁的历史与政策因素研究（1949~2015）

（6）中国电视动画片发展特点透视

（7）世纪之交的中国艺术产业

（8）近代居住性历史街区的保护与更新研究

（9）历史街区旅游开发模式研究

（10）登封历史文化与发展现状的研究

（11）商丘历史街区再生式保护、更新研究

（12）编织历史与消费文学

（13）回归历史与当下的华丽转身

（14）近年来革命历史影视的新突破

（15）上海钢琴考级历史及其钢琴文化产业

（16）中国旅游杂志的历史、现状及发展趋势

（17）历史叙事的文学维度

（18）开封犹太民族的历史、现状与未来

（19）历史的祛魅

（20）晋商历史街区的空间构成要素及其形态分析

（五）世界史方向

（1）古埃及与两河流域文化之比较

（2）古希腊和希伯莱文化之比较

（3）两河流域文明法典意识形成的原因

（4）论古希腊史学中的人本主义

（5）雅典与罗马政治制度之比较

（6）罗马帝国灭亡的文化原因

（7）论波斯帝国的历史地位

（8）论拜占庭帝国的文化地位

（9）文艺复兴对西方文化发展之意义

（10）论伊斯兰教产生的原因

（11）门罗主义对美国外交的影响

（12）光荣革命与英国现代化运动的发生

（13）论战后美国的教育改革

（14）美国内战中黑人的历史作用

（15）法国多党制形成的历史根源

（16）论英国议会制度的形成

（17）宗教在美国外交中所扮演的角色

（18）美国政府对印第安人政策的历史演变

（19）论美国 60 年代的反主流文化

（20）现代化冲击下的法国教育改革

三、哲学类论文参考选题

（一）中国古代哲学方向

（1）先秦哲学中的阴阳、五行学说

（2）中国哲学中的直觉学说

（3）中国哲学与中国文化精神

（4）中国哲学的本体论与境界论

（5）王弼以无为本的本体论思想

（6）魏晋玄学中的言意关系思想

（7）魏晋玄学的名教自然论

（8）论郭象的"独化"论

（9）朱熹的理气论

（10）朱熹的心性论

（11）王阳明的"知行合一"与"致良知"学说

（12）论二程理学思想之异同

（13）程朱理学与陆王心学

（14）王船山"习与性成"的人性论思想

（15）天台宗的哲学思想

（16）华严宗的哲学思想

（17）禅宗的哲学思想

（18）唯识宗的哲学思想

（19）道教与玄学

（20）佛教对中国哲学认识论的影响

（二）中国现当代哲学方向

（1）中国现代思潮中的保守主义与激进主义

（2）中国现代主要文化思潮

（3）传统文化与现代化

（4）当代新儒学思潮

（5）近代中西融合与当代文化思潮

（6）冯友兰的"新理学"

（7）梁漱溟的文化哲学

（8）熊十力的体用论思想

（9）当代中国的企业伦理应着力解决的主要问题

（10）中国家族企业的伦理动因研究

（11）国有企业改革的伦理分析

（12）当代中国人力资源管理中的伦理问题

（13）效率：一种功利主义的公平观

（14）节制伦理的当代重建

（15）单位制度与单位的伦理困惑

（16）价值货币化与当代人的伦理冲突

（17）考试伦理研究

（18）当代农村伦理道德变迁研究

（19）当代大学生的消费价值观研究

（20）儒家的和合思想与当代中国和谐社会的构建

（三）西方哲学方向

（1）试论前苏格拉底哲学存在运动及认识概念的演变

（2）苏格拉底—柏拉图哲学产生的社会背景

（3）苏格拉底—柏拉图对西方哲学与文化的影响

（4）亚里士多德实体学说对西方近代哲学的巨大影响

（5）古希腊哲学的主题及其逻辑嬗变

（6）德国古典哲学中的先验论评述

（7）苏格拉底和孔子的朋友哲学

（8）当代马克思主义哲学研究的困境及可能的出路

（9）在西方哲学的发展脉络中把握马克思主义哲学

（10）马克思主义哲学与近代西方哲学的对话

（11）列斐伏尔与阿格妮丝·赫勒的"日常生活"比较

（12）经验论从洛克经贝克莱到休谟的发展

（13）康德批判哲学的形成与经验论和唯理论的关系

（14）康德的"哥白尼"革命

（15）康德的道德哲学

（16）论黑格尔的认识论、本体论和逻辑三统一的思想

（17）尼采与西方当代哲学

（18）叔本华的德意志主义哲学体系

（19）柏格森与生命哲学

（20）胡塞尔现象学在 20 世纪西方哲学中的意义

（21）海德格尔的基础本体论

（22）萨特的自由观

（23）实用主义真理观

（24）法兰克福学派（马尔库塞、弗洛姆、哈贝马斯）研究

（25）分析哲学的语言理论

（26）维特根斯坦与分析哲学

（27）结构主义与解释学

（28）西方马克思主义研究

（29）后现代主义述评

（30）新自由主义述评

（31）从本体论视角看中西哲学的差异

（32）本体论与方法论的关系研究

（33）"反形而上学"研究

（34）海德格尔的哲学观

（35）逻辑实证主义的哲学观

（36）"吾心即宇宙"和"存在就是被感知"比较研究

（37）黑格尔和朱熹关于"理"的思想比较研究

（38）高尔吉亚的三个哲学命题研究

（39）美学的科学性与超科学性

（40）建构一种合理"理论伦理学"与"应用伦理学"范式

第四节　文史哲类论文的文献资源

一、文史哲类综合核心期刊目录

文史哲类核心期刊资源第一类属于中文类核心期刊中的综合性人文、社会科学。中文核心期刊目录（2014 年版）包括如下期刊：

（1）《中国社会科学》

（2）《北京大学学报》（哲学社会科学版）

（3）《学术月刊》

（4）《中国人民大学学报》

（5）《北京师范大学学报》（社会科学版）

（6）《清华大学学报》（哲学社会科学版）

（7）《浙江大学学报》（人文社会科学版）

（8）《南京大学学报》（哲学·人文科学·社会科学）

（9）《复旦大学》（社会科学版）

（10）《吉林大学社会科学学报》

（11）《华中师范大学学报》（人文社会科学版）

（12）《江海学刊》

（13）《文史哲》

（14）《南开学报》（哲学社会科学版）

（15）《中山大学学报》（社会科学版）

（16）《河北学刊》

（17）《社会科学研究》

（18）《学术研究》

（19）《厦门大学学报》（哲学社会科学版）

（20）《天津社会科学》

（21）《社会科学》

（22）《上海师范大学学报》（哲学社会科学版）

（23）《浙江社会科学》

（24）《江苏社会科学》

（25）《社会科学战线》

（26）《陕西师范大学学报》（哲学社会科学版）

(27)《浙江学刊》

(28)《求是学刊》

(29)《华东师范大学学报》（哲学社会科学版）

(30)《湖南师范大学社会科学学报》

(31)《南京师范大学学报》（社会科学版）

(32)《学习与探索》

(33)《西北师范大学学报》（社会科学版）

(34)《天津师范大学学报》（社会科学版）

(35)《人文杂志》

(36)《东北师范大学学报》（哲学社会科学版）

(37)《南京社会科学》

(38)《中州学刊》

(39)《广东社会科学》

(40)《东南学术》

(41)《青海社会科学》

(42)《武汉大学学报》（哲学社会科学版）

(43)《学海》

(44)《江汉论坛》

(45)《四川大学学报》（哲学社会科学版）

(46)《河南大学学报》（哲学社会科学版）

(47)《郑州大学学报》（哲学社会科学版）

(48)《西安交通大学学报》（社会科学版）

(49)《深圳大学学报》（人文社会科学版）

(50)《江西社会科学》

(51)《湘潭大学学报》（哲学社会科学版）

(52)《国外社会科学》

(53)《山东大学学报》（哲学社会科学版）

(54)《思想战线》

(55)《福建论坛》（人文社会科学版）

(56)《山东社会科学》

(57)《西南大学学报》（社会科学版）

(58)《湖南大学学报》（社会科学版）

(59)《首都师范大学学报》（社会科学版）

(60)《上海大学学报》（社会科学版）

(61)《西北大学学报》（哲学社会科学版）

(62)《重庆大学学报》(社会科学版)

(63)《湖南科技大学学报》(社会科学版)

(64)《河南师范大学学报》(社会科学版)

(65)《学术界》

(66)《广西师范大学学报》(哲学社会科学版)

(67)《同济大学学报》(社会科学版)

(68)《探索与争鸣》

(69)《烟台大学学报》(社会科学版)

(70)《兰州大学学报》(社会科学版)

(71)《云南大学学报》(社会科学版)

(72)《云南师范大学学报》(哲学社会科学版)

(73)《学术论坛》

(74)《中国社会科学院研究生院学报》

(75)《东岳论丛》

(76)《河北大学学报》(社会科学版)

(77)《社会科学辑刊》

(78)《学术交流》

(79)《河南社会科学》

(80)《上海交通大学学报》(社会科学版)

(81)《中国地质大学学报》(社会科学版)

(82)《中国青年政治学院学报》

(83)《云南社会科学》

(84)《北方论丛》

(85)《东南大学学报》(哲学社会科学版)

(86)《安徽师范大学学报》(人文社会科学版)

(87)《华中科技大学学报》(社会科学版)

(88)《华南师范大学学报》(社会科学版)

(89)《福建师范大学学报》(社会科学版)

(90)《东疆学刊》

(91)《武汉大学学报》(人文科学版)

(92)《暨南学报》(哲学社会科学版)

(93)《安徽大学学报》(社会科学版)

(94)《四川师范大学学报》(社会科学版)

(95)《湖北社会科学》

(96)《新疆师范大学学报》(哲学社会科学版)

(97)《齐鲁学刊》

(98)《高校理论战线》

(99)《北京社会科学》

(100)《山西大学学报》(哲学社会科学版)

(101)《湖北大学学报》(哲学社会科学版)

(102)《徐州师范大学学报》(哲学社会科学版)

(103)《贵州社会科学》

(104)《武汉理工大学学报》(社会科学版)

(105)《社会科学家》

(106)《东北大学学报》(社会科学版)

(107)《天津大学学报》(社会科学版)

(108)《辽宁大学学报》(社会科学版)

(109)《苏州大学学报》(社会科学版)

(110)《湖南社会科学》

(111)《南昌大学学报》(人文社会科学版)

(112)《学习与实践》

(113)《内蒙古社会科学》

(114)《广西社会科学》

(115)《杭州师范大学学报》(社会科学版)

(116)《天府新论》

(117)《浙江师范学报》(社会科学版)

(118)《山西师大学报》(社会科学版)

(119)《福州大学学报》(哲学社会科学版)

(120)《吉首大学学报》(社会科学版)

(121)《河北师范大学学报》(哲学社会科学版)

二、语言文学类论文的权威文献资源

(一) 图书资源

1. 中国古代文学

(1) 郭预衡:《中国古代文学史》,上海古籍出版社,1998年。

(2) 游国恩等主编,费振刚主持修订:《中国文学史》,人民文学出版社,2002年。

(3) 刘大杰编:《中国文学发展史》,上海古籍出版社,1997年。

(4) 郑振铎:《插图本中国文学史》,人民文学出版社,1957年。

(5) 郭预衡主编:《中国古代文学史》,上海古籍出版社,1998年。

（6）袁行霈主编：《中国文学史》，高等教育出版社，1999年。

（7）罗宗强、陈洪主编：《中国古代文学史》，华东师范大学出版社，2000年。

（8）褚斌杰：《中国文学史纲要》，北京大学出版社，1995年。

（9）胡适：《白话文学史》，东方出版社，1996年。

（10）章培恒等主编：《中国文学史》，复旦大学出版社，1996年。

（11）朱东润主编：《中国历代文学作品选》，上海古籍出版社，2002年。

（12）黄念然、胡立新、官春蕾编著：《中国古典诗词名篇选注集评》，广西师范大学出版社，2006年。

2. 现代文学部分

（1）王瑶：《中国新文学史稿》，上海文艺出版社，1985年。

（2）唐弢：《中国现代文学史》，人民文学出版社，1993年。

（3）钱理群、温儒敏、吴福辉著：《中国现代文学三十年》，北京大学出版社，1998年。

（4）朱栋霖：《中国现代文学史》（1917~1997），高等教育出版社，1999年。

（5）吴宏聪、范伯群著：《中国现代文学史》，武汉大学出版社，1999年。

（6）雷达等著：《中国现当代文学通史》，甘肃人民出版社，2006年。

（7）钱理群：《心灵的探寻》，上海文艺出版社，1988年。

（8）杨义：《中国现代小说史》（1-3），人民文学出版社，1986年。

（9）严家炎、孙玉石主编：《中国现代文学作品精选》，北京大学出版社，2002年。

（10）陈平原等编：《20世纪中国小说理论资料》（1-5），北京大学出版社，1997年。

（11）温儒敏编著：《中国现代文学课程学习指导》，北京大学出版社，2001年。

（12）王晓明：《二十世纪中国文学史论》（修订版，上、下卷），东方出版中心，2003年。

（13）杨匡汉：《20世纪中国文学经验》（上、下卷），东方出版中心，2006。

（14）钱振纲、邵子华：《20世纪中国文学名作导读》（上、下册），作家出版社，1998。

（15）夏志清著、刘绍铭译：《中国现代小说史》，香港中文大学出版社，2001年。

（16）司马长风：《中国新文学史》（上、中、下卷），香港昭明出版社，1980年。

（17）刘俊等：《中国现当代文学研究导引》，南京大学出版社，2006年。

（18）杨义等：《中国新文学图志》，人民文学出版社，1997年。

（19）〔德〕顾彬：《二十世纪中国文学史》，华东师范大学出版社，2008年。

（20）李欧梵：《中国现代文学与现代性十讲》，复旦大学出版社，2002 年。

（21）温儒敏、赵祖谟主编：《中国现当代文学专题研究》，北京大学出版社，2002 年。

（22）陈思和：《中国现当代文学名篇十五讲》，北京大学出版社，2003 年。

（23）李泽厚：《中国现代思想史论》，天津社会科学院出版社，2003 年。

（24）王本朝：《中国现代文学制度研究》，西南师范大学出版社，2002 年。

（25）刘小枫：《现代性的社会理论诸论》，生活·读书·新知三联书店，1998 年。

（26）田刚：《鲁迅与中国士人传统》，中国社会科学出版社，2005 年。

（27）许纪霖：《20 世纪中国知识分子史论》，新星出版社，2005 年。

（28）郭志刚主编：《中国现代文学史》（上下），高等教育出版社，1999 年。

（29）张炯主编：《中华文学通史》（十卷本），华艺出版社，1997 年。

（30）盛英主编：《二十世纪中国女性文学史》（上下），天津人民出版社，1995 年。

3. 当代文学部分

（1）洪子诚主编：《中国当代文学史·史料选（1945~1999）》（上、下册），长江文艺出版社，2002 年。

（2）陈思和：《中国新文学整体观》，上海文艺出版社，2001 年。

（3）艾晓明：《中国左翼文学思潮探源》，北京大学出版社，2007 年。

（4）许道明：《中国现代文学批评史新编》，复旦大学出版社，2002 年。

（5）陈思和主编：《中国当代文学史教程》，复旦大学出版社，1999 年。

（6）方维保著：《当代文学思潮史论》，长江文艺出版社，2004 年。

（7）李杨：《中国当代文学思潮史》，上海社会科学院出版社，2005 年。

（8）陈思和主编：《新时期文学概说（1978~2000）》，广西师范大学出版社，2001 年。

（9）程光炜著：《文学想象与文学国家——中国当代文学研究（1949–1976）》河南大学出版社，2005 年。

（10）朱寨主编：《中国当代文学思潮史》，人民文学出版社，1987 年。

（11）林毓生著：《中国传统的创造性转化》，生活·读书·新知三联书店，1988 年。

（12）孟繁华、程光炜著：《中国当代文学发展史》，人民文学出版社，2004 年。

（13）洪子诚：《中国当代文学史》，北京大学出版社，1999 年。

（14）吴家荣：《新时期文学思潮史论》，安徽大学出版社，1998 年。

（15）梁向阳：《当代散文流变研究》，中国社会科学出版社，2007 年。

（16）陈思和：《中国当代文学关键词十讲》，复旦大学出版社，2002 年。

（17）钱理群、黄子平、陈平原著：《二十世纪中国文学三人谈·漫说文化》，北京大学出版社，2004年。

（18）龙泉明著：《中国新诗流变论（1917~1949)》，人民文学出版社，1999年。

（19）南帆主编：《二十世纪文学批评99个词》，浙江文艺出版社，2003年。

（20）罗振亚著：《朦胧诗后先锋诗歌研究》，中国社会科学出版社，2005年。

（21）洪子诚、刘登翰著：《中国当代新诗史（修订版)》，北京大学出版社，2005年。

（22）王德威、黄锦树编：《想象的本邦——现代文学十五论》，（台湾）麦田出版，2005年。

（23）王鸿生著：《无神的庙宇》，上海人民出版社，2001年。

（24）葛红兵著：《正午的诗学》，上海人民出版社，2001年。

（25）洪子诚、孟繁华主编：《当代文学关键词》，广西师范大学出版社，2002年。

（26）程光炜著：《中国当代诗歌史》，中国人民大学出版社，2003年。

（27）佘树森、陈旭光著：《中国当代散文报告文学发展史》，北京大学出版社，1996年。

（28）金汉著：《中国当代小说艺术演变史》，浙江大学出版社，2000年。

（29）李新宇著：《中国当代诗歌艺术演变史》，浙江大学出版社，2000年。

（30）王新民著：《中国当代话剧艺术演变史》，浙江大学出版社，2000年。

（31）沈义贞著：《中国当代散文艺术演变史》，浙江大学出版社，2000年。

（32）曹文轩著：《中国八十年代文学现象研究》，北京大学出版社，1988年。

（33）曹文轩著：《20世纪末中国文学现象研究》，北京大学出版社，2002年。

（34）丁帆、许志英主编：《中国新时期小说主潮》（上、下），人民文学出版社，2002年。

（35）吴炫著：《中国当代文学批判》，学林出版社，2001年。

（36）洪子诚著：《1956：百花时代》，山东教育出版社，1998年。

（37）陈顺馨著：《1962：夹缝中的生存》，山东教育出版社，2002年。

（38）杨鼎川著：《1967：狂乱的文学年代》，山东教育出版社，1998年。

（39）孟繁华著：《1978：激情岁月》，山东教育出版社，1998年。

（40）尹昌龙著：《1985：延伸与转折》，山东教育出版社，1998年。

（41）张志忠著：《1993：世纪末的喧哗》，山东教育出版社，1998年。

（42）李书磊著：《1942：走向民间》，山东教育出版社，1998年。

（43）陈顺馨著：《社会主义现实主义理论在中国的接受与转化》，安徽教育出版社，2000年。

（44）陈顺馨著：《中国当代文学的叙事与性别》（增订版），北京大学出版社，

2007 年。

(45) 陈晓明著：《不死的纯文学》，北京大学出版社，2007 年。

（二）期刊类资源

1. 语言学/汉语/中国少数民族语言研究方向期刊

（1）《中国语文》

（2）《当代语言学》

（3）《中国翻译》

（4）《世界汉语教学》

（5）《语言教学与研究》

（6）《方言》

（7）《语言科学》

（8）《汉语学习》

（9）《语言文字应用》

（10）《语言研究》

（11）《民族语文》

（12）《语文研究》

（13）《汉语学报》

（14）《古汉语研究》

（15）《上海翻译》

（16）《当代修辞学》

（17）《中国科技翻译》

（18）《辞书研究》

2. 外国语研究方向期刊

（1）《外语教学与研究》

（2）《外国语》

（3）《外语界》

（4）《现代外语》

（5）《外语与外语教学》

（6）《外语学刊》

（7）《外语教学》

（8）《解放军外国语学院学报》

（9）《外语研究》

（10）《外语电化教学》

（11）《中国外语》

（12）《外国语文》

（13）《外语教学理论与实践》

（14）《山东外语教学》

3. 世界文学研究方向期刊

（1）《外国文学评论》

（2）《外国文学研究》

（3）《外国文学》

（4）《国外文学》

（5）《当代外国文学》

（6）《俄罗斯文艺》

（7）《世界华文文学论坛》

（8）《译林》

4. 文学理论研究方向期刊

（1）《文学评论》

（2）《文学遗产》

（3）《当代作家评论》

（4）《中国现代文学研究丛刊》

（5）《文艺研究》

（6）《文艺理论研究》

（7）《中国比较文学》

（8）《鲁迅研究月刊》

（9）《南方文坛》

（10）《文艺理论与批评》

（11）《红楼梦学刊》

（12）《小说评论》

（13）《明清小说研究》

（14）《当代文坛》

（15）《民族文学研究》

（16）《中国文学研究》

（17）《新文学史料》

（18）《文艺评论》

（19）《文艺争鸣》

5. 中国文学作品期刊

（1）《收获》

（2）《当代》

（3）《上海文学》

（4）《人民文学》

（5）《钟山》

（6）《小说月报》（原创版）

（7）《十月》

（8）《北京文学》（精彩阅读）

（9）《天涯》

（10）《山城》

（11）《中国作家》

（12）《长城》

（13）《小说界》

（14）《芙蓉》

（15）《清明》

（16）《诗刊》

（17）《江南》

（18）《长江文艺》

（19）《芒种》

（20）《作家》

（21）《山花》

（22）《短篇小说》（原创作品版）

三、史学类论文的权威文献资源

（一）图书类资源

（1）罗荣渠：《现代化新论》，北京大学出版社，1993 年。

（2）艾瑞克·霍布斯鲍姆：《革命的年代》，王章辉等译，江苏人民出版社，1999 年。

（3）何兆武、陈启能主编：《当代西方史学理论》，中国社会科学出版社，1996 年。

（4）陈寅恪：《金明馆丛稿二编》，生活·读书·新知三联书店，2001 年。

（5）基佐：《欧洲文明史》，程洪逵等译，商务印书馆，2005 年。

（6）帕尔默等：《近现代世界史》，孙福生等译，商务印书馆，1992 年。

（7）孔多塞：《人类精神进步史表纲要》，何兆武等译，生活·读书·新知三联书店 1998 年。

（8）康德：《历史理性批判文集》，何兆武译，商务印书馆 1991 年。

（9）韦伯：《新教伦理与资本主义精神》，于晓、陈维纲等译，生活·读书·新知三联书店，1987 年。

(10) 杜兰:《世界文明史》,幼狮文化公司译,东方出版社,1999年。

(11) 刘绪怡、杨生茂主编:《美国通史》,人民出版社,2002年。

(12) 罗荣渠:《美洲史论》,中国社会科学出版社,1997年。

(13) 王希:《原则与妥协》,北京大学出版社,2000年。

(14) 李道揆:《美国政府和美国政治》,商务印书馆,1999年。

(15) 张少华:《美国早期现代化的两条道路之争》,北京大学出版社,1996年。

(16) 资中筠:《20世纪的美国》,生活·读书·新知三联书店,2007年。

(17) 布拉德福德·伯恩斯:《简明拉丁美洲史》,王宁坤译,湖南教育出版社,1989年。

(18) 莱斯利·贝瑟尔主编:《剑桥拉丁美洲史》(第4-6卷),胡毓鼎等译,社会科学文献出版社,1991年。

(19) 依田熹家:《日中两国现代化比较研究》,卞立强等译,北京大学出版社,1997年。

(20) 宋成有:《简明日本近代史》,北京大学出版社,2006年。

(21) 鲁思·本尼迪克特:《菊与刀》,吕万和等译,商务印书馆,1990年。

(22) 郑家馨、何芳川:《世界历史》(近代亚非拉部分),北京大学出版社,1990年。

(23) 高岱、郑家馨:《殖民主义史·总论卷》,北京大学出版社,2003年。

(24) 梁志明主编:《殖民主义史·东南亚卷》,北京大学出版社,1999年。

(25) 郑家馨主编:《殖民主义史·非洲卷》,北京大学出版社,2000年。

(26) 林承节主编:《殖民主义史·南亚卷》,北京大学出版社,1999年。

(27) 斯塔夫里亚诺斯:《全球分裂》(上、下),迟越等译,商务印书馆,1993年。

(28) 吴于廑、齐世荣:《世界史·现代史编》(上、下),高等教育出版社,2011年。

(29) 巴勒克拉夫:《当代史导论》,张广勇、张宇宏译,上海社会科学出版社,2011年。

(30) 斯塔夫里阿诺斯:《全球通史·1500年以后的世界》,吴象婴、梁赤民译,上海社会科学出版社,2001年。

(31) 霍布斯鲍姆:《极端的年代》(上、下),郑明萱译,江苏人民出版社,2011年。

(32) 莫瓦特等:《新编剑桥世界近代史》,中国社会科学出版社,1999年。

(33) 徐天新、许平、王红生:《世界通史·现代卷》,人民出版社,1992年。

(34) 徐天新、梁志明:《世界通史·当代卷》,人民出版社,2000年。

（35）王斯德、钱洪：《世界当代史》，高等教育出版社，2008 年。

（36）刘祚昌等：《世界史·近代史》（上下册），高等教育出版社，2010 年。

（37）潘润涵、林承节：《世界近代史》，北京大学出版社，1999 年。

（38）翦伯赞主编：《中国史纲要》，人民出版社，1995 年。

（39）钱穆：《国史大纲》（修订本），商务印书馆，1994 年。

（40）张帆：《中国古代简史》，北京大学出版社，2001 年。

（41）邓之诚：《中华二千年史》（第三、四、五卷），中华书局，1983 年。

（42）庞松：《简明中华人民共和国史》，广东教育出版社，2001 年。

（43）庞松、陈述：《中华人民共和国简史》，上海人民出版社，1999 年。

（44）郑惠、林蕴晖等主编：《五十年国事纪要》（多卷本），湖南人民出版社，
1999 年。

（二）期刊类资源

1. 历史研究

（1）《近代史研究》

（2）《史学月刊》

（3）《史学理论研究》

（4）《中国史研究》

（5）《清史研究》

（6）《世界历史》

（7）《抗日战争研究》

（8）《史林》

（9）《史学集刊》

（10）《中国文化研究》

（11）《民国档案》

（12）《史学史研究》

（13）《安徽史学》

（14）《中国边疆史地研究》

（15）《当代中国史研究》

（16）《文献》

（17）《中华文化论坛》

（18）《当代中国史研究》

（19）《历史档案》

（20）《中国农史》

（21）《古籍整理研究学刊》

（22）《拉丁美洲研究》

（23）《中国典籍与文化》

（24）《西域研究》

（25）《历史教学问题》

（26）《中国藏学》

（27）《西藏研究》

（28）《文史》

2. 考古学研究

（1）《文物》

（2）《考古》

（3）《考古学报》

（4）《考古与文物》

（5）《中原文物》

（6）《敦煌研究》

（7）《故宫博物院院刊》

（8）《北方文物》

（9）《华夏考古》

（10）《东南文化》

（11）《敦煌学辑刊》

（12）《中国国家博物馆馆刊》

（13）《文物保护与考古科学》

（14）《四川文物》

（15）《江汉考古》

（16）《农业考古》

四、哲学类论文的权威文献资源

（一）图书类资源

（1）柏拉图：《苏格拉底的最后日子》，余灵灵、罗林平译，生活·读书·新知三联书店，1988 年。

（2）奥古斯丁：《忏悔录》，周士良译，商务印书馆，1963 年。

（3）笛卡尔：《谈谈方法》，王太庆译，商务印书馆，2000 年。

（4）培根：《新工具论》，许宝骙译，商务印书馆，1984 年。

（5）洛克：《政府论下篇》，叶启芳、瞿菊农译，商务印书馆，1964 年。

（6）休谟：《人类理解研究》，关文运译，商务印书馆，1981 年。

（7）斯宾诺莎：《知性改进论》，贺麟译，商务印书馆，1996 年。

（8）卢梭：《论人类不平等的起源和基础》，李常山译，商务印书馆，1996 年。

（9）康德：《未来形而上学导论》，庞景仁译，商务印书馆，1982 年。

（10）康德：《道德形而上学原理》，苗力田译，上海人民出版社，1986 年。

（11）康德：《历史理性批判》，何兆武译，商务印书馆，1991 年。

（12）费希特：《论学者的使命　人的使命》，梁志学、沈真译，商务印书馆，1997 年。

（13）黑格尔：《小逻辑》，贺麟译，商务印书馆，1980 年。

（14）黑格尔：《精神现象学》，贺麟、王玖兴译，商务印书馆，1962 年。

（15）费尔巴哈：《宗教的本质》，王太庆译，人民出版社，1999 年。

（16）马克思：《共产党宣言》，中共中央马克思恩格斯列宁斯大林著作编译局译，中央编译出版社，1998 年。

（17）恩格斯（Engels, F.）：《路德维希·费尔巴哈和德国古典哲学的终结》，中共中央马克思、恩格斯、列宁、斯大林著作编译局译，人民出版社，1997 年。

（18）普列汉诺夫：《论个人在历史上的作用》，唯真译，生活·读书·新知三联书店，1965 年。

（19）孔德：《论实证精神》，黄建华译，商务印书馆 ，1996 年。

（20）穆勒：《论自由》，程崇华译，商务印书馆，1959 年。

（21）斯宾塞：《社会学研究》，张宏晖、胡江波译，华夏出版社，2001 年。

（22）尼采：《偶像的黄昏》，周国平译，光明日报出版社，2001 年。

（23）赫胥黎：《进化论与伦理学》，《进化论与论理学》翻译组译，科学出版社，1971 年。

（24）柏格森：《形而上学导言》，刘放桐译，商务印书馆，1963 年。

（25）詹姆斯：《实用主义》，陈羽伦、孙瑞禾译，商务印书馆，1979 年。

（26）杜威：《哲学的改造》，许崇清译，商务印书馆，1989 年。

（27）罗素：《哲学问题》，何兆武译，商务印书馆，1999 年。

（28）罗素：《我们关于外间世界的知识》，陈启伟译，上海译文出版社，1990 年。

（29）卡尔纳普：《哲学和逻辑句法》，傅季重译，上海人民出版社，1962 年。

（30）维特根斯坦：《逻辑哲学论》，贺绍甲译，商务印书馆，1996 年。

（31）波普尔：《历史决定论的贫困》，杜汝楫等译，华夏出版社，1987 年。

（32）波普尔：《猜想与反驳》，傅季重、纪树立等译，上海译文出版社，1986 年。

（33）波普尔：《通过知识获得解放》，范景中、李本正译，中国美术学院出版社，1996 年。

（34）库恩：《科学革命的结构》，李宝恒、纪树立译，上海科学技术出版社，1980 年。

（35）胡塞尔：《哲学作为严格的科学》，倪梁康译，商务印书馆，1999年。

（36）胡塞尔：《现象学的观念》，倪梁康译，上海译文出版社，1986年。

（37）海德格尔：《面向思的事情》，陈小文、孙周兴译，商务印书馆，1996年。

（38）萨特：《存在主义是一种人道主义》，周熙良译，上海译文出版社，1988年。

（39）雅斯贝斯：《时代的精神状况》，王德峰译，上海译文出版社，1997年。

（40）伽达默尔：《哲学解释学》，夏镇平、宋建平译，上海译文出版社，1994年。

（41）柏拉图：《理想国》，郭斌和、张竹明译，商务印书馆，1986年。

（42）培根：《新工具》，许宝骙译，商务印书馆，1984年。

（43）培根：《培根论说文集》，水天同译，商务印书馆，1958年。

（44）笛卡尔：《谈谈方法》，王太庆译，商务印书馆，2000年。

（45）笛卡尔：《第一哲学沉思集》，庞景仁译，商务印书馆，1986年。

（46）斯宾诺莎：《知性改进论》，贺麟译，商务印书馆，1960年。

（47）休谟：《人类理解研究》，关文运译，商务印书馆，1957年。

（48）拉罗什福科：《道德箴言录》，何怀宏译，生活·读书·新知三联书店，1986年。

（49）密尔：《论自由》，许宝骙译，商务印书馆，1959年。

（50）冯友兰：《中国哲学简史》，北京大学出版社，1996年。

（二）哲学类核心期刊

（1）《哲学研究》

（2）《心理学报》

（3）《心理科学》

（4）《哲学动态》

（5）《心理科学进展》

（6）《世界哲学》

（7）《心理发展与教育》

（8）《中国哲学史》

（9）《伦理学研究》

（10）《道德与文明》

（11）《周易研究》

（12）《现代哲学》

（13）《孔子研究》

第七章　教育类论文的写作

第一节　教育类论文的基本特点、功能与分类

一、教育类论文的基本特点

教育类论文是教育工作者根据工作实践的体验或教育爱好者根据自己的认识、体悟，综合运用教育专业的基本理论和知识针对教育学方面的某个问题进行较为深入的探究，并阐述学术见地，是具有一定学术价值和应用意义的析理性文体。具有以下明显的特征：

1. 理论性特征

教育论文是一种教育学术性论文，具有理性思维和理性思辨的特征。这种理性特征突出表现在它对事物的思考不是停留在零散的感性上，不是停留在客观事物外部直观形态及过程的表面介绍上，而是深入事物对象内在规律，较全面地展开理性分析与论证，形成严谨的理论体系，达到一定的理论高度和深度。

2. 创见性特征

既为教育学术性论文，教育论文的写作，就必然要体现出作者对教育内涵独到的见解。

具体见解表现在对他人没有涉及过的学术问题进行创立新说，或对前人不成熟的观点予以纠正重说，或对前人缺乏论据的观点给予补充解说，或对他人之看法进行综合辩证异说，等等。总之，对待教育学术问题，不能人云亦云，亦步亦趋。在阐述自己的教育观点上，要有真知灼见，要有独创新意；在教育基本理论研究上，要有见地，要有建树。

3. 逻辑性特征

教育论文重在阐述一种道理，讲清道理的目的是以理服人，而要达到以理服人的目的，就必须讲究很强的逻辑性。具体阐释就是要讲求规律，要通过概念、判断、推理等逻辑思维来揭示教育及教研的本质和规律。这样，教育论文在行文

上，就要具有一定的理论系统性，也要具有一定的思维层次性，更要具有一定的论述规律性。例如，语言的逻辑性，具有准确、精炼、有的放矢、无懈可击的特点，从而充分发挥出它的逻辑力量和逻辑作用。又如，论述方法的逻辑性，具有无可辩驳的论证力量，从而产生出咄咄逼人的气势，达到使人折服的目的。

二、教育类论文的功能

（一）学术交流功能

1. 学术交流功能的具体表现

教育论文是教育工作者进行教育、教学、教研学术交流的理论成果文本，这种交流性功能表现在两个方面：一是由传媒中介向社会阐述某种教育理论观点、教育实践经验与方法、教育内涵与规律等；二是教育者之间的教育学术研讨交流。

2. 学术交流功能的不同点

教育论文与教育短论、教育随笔都具有社会文本交际功能，但作者在与社会交际时选择哪种文体形式交际，一要看其反映教育现象或问题的性质和范围大小，二要看其运用文体的习惯与主观意识。无论运用哪种教育论文去反映教育现象或问题或观点，其交际作用是一样的，只是反映教育问题或现象的经验与见解的深度、广度不同罢了。这种反映教育的分寸不仅体现在文体用字上，而且在析理性质上也是有差异的。即教育论文的析理性体现在较为深入的探讨、阐述；教育短论的析理性体现在一般性探讨、概略阐发；教育随笔的析理性体现在有感而发、感而不论上。

（二）学术评价功能

有的教育论文是用来检测考评教育研究学术水平与能力的，无论是培训结业，还是教研作业，还是各级教育学术团体教研成果文本征集等，往往都以教育论文的教研成果形式进行学术评价。又如，学校在开展教研活动时往往也是通过撰写教育论文这种方式进行鉴定评价。有的学校每学年都要求教师撰写一篇教育论文，以作为教师专业成长个案的考核备查材料之一。看来，教育论文在教师评价机制的运用中，其作用也很大，能反映出一名教师的教育学术水平和教育科学研究能力。

三、教育类论文的分类

教育论文是一种应用性很强、具有一定规范性的学术论文，按照不同的分类标准可以分成不同的类型。

（一）根据教育类论文的文体功能分类

就教育论文的文体功能而言，可分为传播性教育论文和检测性教育论文。

1. 传播性教育论文

传播性教育论文是借助公共传播媒介，使作者的研究成果可以得到社会的承认并得以相互交流，发挥出论文学术价值的社会效益。它包括在报纸杂志上发表的及在各种教研学术会议上交流宣传的教育论文。

2. 检测性教育论文

检测性教育论文是指为检测科研学术水平而撰写的论文，如教师继续教育培训成果论文、教科研培训成果论文、教研成果论文、教师学历培训毕业论文、学年论文等。如果这类教育论文也通过媒体在社会传播宣传交流，那么它的交际范围和性质已升华为传播性教育论文，但其主要功用还是应用于教师专业成长的考核与检测等评价上，以培养提高教育工作者撰写教育论文的能力。

（二）根据教育类论文的研究对象分类

就研究对象而言，可分为学前教育方面的论文、普通教育方面的论文、高等教育方面的论文、成人教育方面的论文、特殊教育方面的论文等。

1. 学前教育方面的论文

学前教育方面的论文就是对正式进入小学读书之前的儿童教育进行研究的论文，如《幼儿园科学教育实验研究报告》就属于这类论文。

2. 普通教育方面的论文

普通教育方面的论文就是对小学、初中和高中教育进行研究的论文，如《关于农村中学生挫折教育的思考》就属于这类论文。

3. 高等教育方面的论文

高等教育方面的论文就是对高中毕业之后的高校教育进行研究的论文，如《新媒体时代背景下大学生思想政治教育工作研究和探索》、《新时代的研究生教育》就是这类论文。

4. 成人教育方面的论文

成人教育方面的论文就是对因为各种原因没有进入全日制高等院校而在社会上进行继续学习的相关人士进行相关教育方面的研究的论文，如《基于工学结合教学模式下的高职学生考核评价研究》就属于这类论文。

5. 特殊教育方面的论文

特殊教育方面的论文就是对聋哑等有身体障碍的学生的教育进行研究的论文，如《聋哑学生的主体意识培养》就是这类论文。

（三）根据教育类论文的研究范围分类

就研究范围而言，可分为教育理论方面的论文、基础教育方面的论文、中等教育方面的论文、高等教育方面的论文、职业教育方面的论文、心理学类教育方面的论文、学科教育方面的论文等。教育理论方面的论文如《多渠道培养语文综合实践能力的措施研究》、《课堂教学的有效性分析》、《写作教学的内在规定性的特征分析》；基础教育方面的论文，如《解决农村小学生素质教育问题的有效策略》、《小学生注意力不集中的表现、成因及对策》；中等教育方面的论文如《论现代教育技术在中学课堂教学中的运用》、《论高效的课堂从"活用"教材开始》；高等教育方面的论文如《大学生创新思维和创新能力培养研究》、《论大学生的幸福观教育》、《信息时代高校教师的信息素养研究》；职业教育方面的论文如《高等职业教育办学模式研究》、《校企合作的职业教育模式的现象学反思》、《时代主题与职业教育理论的回应关系研究》；心理学类教育方面的论文如《论当代大学生心理亚健康问题》、《青春期学生心理叛逆问题研究》、《论大一新生心理适应问题与对策》；学科教育方面的论文如《如何构建高中物理教学高效课堂》、《小学语文教学中学生想象力的培养研究》、《刍议体育教学中的学生个性发展》等。

(四) 根据教育类论文的分支学科分类

就分支学科而言，可分为教育系统论方面的论文、教育社会学方面的论文、教育经济学方面的论文、教育生理学方面的论文、教育生态学方面的论文、教育文化学方面的论文、教育行政学方面的论文、教育哲学方面的论文、教育心理学方面的论文等。论文如《教育研究科学化的理性思考》、《中国教育财政的近代化研究》、《贫困地区基础教育信息化研究》、《基于建构主义的学习环境论——凸显学习的建构性和情景性的研究》、《国际大都市的高等教育研究——以上海为例》、《教学新技术——自适应干扰抑制研究》等。

四、教育类论文的意义

撰写教育科研论文是科研工作者教育科研活动的一个重要环节，其作用与意义主要在于：

1. 显示研究的水平与价值

教育科研是一种相当复杂的思维活动，并且需要把其科研成果描述出来让人了解。因此，用文字把思考的问题、研究的成果，进行加工、整理、提炼并记录下来，使创造性的思考一层层展开、一步步深入是科研工作的必经之路，通过这样一种方式，研究者的水平与价值也得以呈现。

2. 提高研究者的研究水平

撰写科研论文，不仅是反映科研成果的问题，而且是深化科研成果和发展科研成果的问题。在撰写科研论文过程中，对实验研究过程所取得的大量材料进行去粗取精，实现由感性认识向理性认识的飞跃和升华，使研究活动得到深化，使人们的认识得到深化，客观上有助于提高研究者的研究水平。

3. 推广经验，交流认识

教育科研过程，是人们获得直接经验的过程。这种经过精心设计、精心探索而获得的直接经验不仅对直接参加者来说是十分宝贵的，而且对于所有教育工作者，对于人类整体认识的提高和发展都是十分宝贵的。正如恩格斯指出："现代自然科学已经把全部思维内容起源于经验这一命题加以扩展，以至于把它的旧的形而上学的限制和公式完全推翻了。由于它承认了获得性的遗传，它便把经验的主体从个体扩大到类，每一个体都必须亲自去体验不再是必要的了；它的个体经验，在某种程度上可以由它的历代祖先的经验的结果来代替。"可见，为了不同空间、不同时间人们交流认识，承接认识成果，必须搞好论文撰写。

4. 推动教育科研活动自身不断完善

教育科研活动是个探索未知领域的活动，并无既定模式和途径可循，在一定意义上来讲，教育科研活动均属创造性活动。为了保证教育科研活动越发卓有成效，为了给进一步开展教育科研活动提供可靠依据，在每一科研活动终端都撰写报告或论文是十分必要的。

第二节　教育类论文的结构特点与写作要求

撰写教育科研论文是科研工作者教育科研活动的一个重要环节，是总结、发布和交流教育教学研究成果的重要形式。其结构特点和写作要求具体如下：

一、教育类论文的结构特点

一篇完整的教育类论文主要有选题、立论、本论和结论四个组成部分。

1. 论文选题应与教育相关

所谓教育论文的选题就是在系统思维学习的基础上选择研究对象和论题范围，以确定其论文的研究角度和切入口。因此，选题是教育论文执笔写作的第一个环节。而教育类论文选题的范围大小、难易程度及学术价值的高低，均决定着论文写作质量的优劣与研究论题的成败。所以教育论文的选题是写作的一个关键步骤，必须重视。

2. 立论鲜明，具有独创性

教育类论文的立论要求客观，具有独创性。文章的基本观点来自具体材料的分析和研究，所提出的问题在本专业学科领域内有一定的理论意义或实际意义，并通过独立研究，体现出本人的认知和看法。

3. 本论严谨，富有确证性

教育类论文的本论部分要做到论据翔实，旁征博引，多方佐证，有主证和旁证。论文中所用的材料必须做到言之有据，准确可靠，精确无误。

4. 结论正确，具有总结性

教育类论文的结论是对本论叙述内容的概括、总结、强调、升华与提高。对论文的主题起着画龙点睛的作用。

二、教育类论文的写作要求

（一）对写作主体的要求

1. 写作主体要提高教育论文的理性品质

写作主体就是教育类论文写作的作者。教育论文的理性品质对写作主体的认知背景提出了较高要求，广大作者要想写出具有现代意识的教育论文，就必须关注教育基本理论研究的进展情况，不断学习，不断更新教育观念，自觉养成教育理论探索的兴趣，这样，才能使自己的教育理论研究始终保持清新活跃的状态，从而不断充实、完善与进步。

2. 写作主体要选择有趣合适的论题

教育论文选题是很严格的，不仅选题范围要与自己主客观条件相适宜，选择小而易解决的论题，而且选题要有新意，有创见，有建树。

具体而言，常见的选题有三种情况：一是检测性命题，根据教师培训专业学科或教育专业内容具体情况，拟定可选择的几个论文题目，根据自己的条件从中选一论题；二是引导性命题，自己从教育学术团体或教科研行政部门统一制定发布的教科研课题指南中选择较为适宜的论文题目；三是自主性命题，根据学校学科组、学年组、教研组或校本研究骨干小组等教研成果情况，结合自己的教育专业成长状况，根据自己主客观条件，诸如教育教学基础理论、专业知识、研究能力、研究兴趣和自己资料占有情况、研究时间、研究资金等方面，去独立选择论文题目。

3. 写作主体要实事求是

撰写教育论文要有一个实事求是的态度，讲究科学，追求真谛，理论思辨与阐述要深入、全面、适度，既不走极端，又不主观武断。在论证过程中，作者对理论材料的运用阐释要充足、典型、翔实，且有严谨的逻辑分析，在分析过程中凸显出自己的主张与见解。切忌堆砌材料，以防观点与材料的分裂。

（二）对写作客体的要求

写作客体就是作者研究的对象，包括选题方面、结构方面、语言表达方面等。

1. 选题方面

（1）贴切。选题要切合论文的内容，表达论文的中心思想或核心问题，防止给人"文不对题"的印象。贴切具体表现在文题对应、大小匹配这两个主要方面，前者要求文意适合，后者要求大小适当。

（2）精炼。此处的"精炼"有两层意思：作为形容词，是指题目要简练、扼要；作为动词，则指确定题目时去粗取精的过程。当然这两个方面也存在着因果关系，正因为经过去粗取精，才会使论文题目达到简洁明快的效果。

（3）新颖。题目新颖鲜明，可以体现在形式的创新、构思的巧妙、表述的奇特上。就其外在形式而言，题目要有较强的视觉冲击力；就其内在内容而言，论文题目能起到开拓思路、引发联想的作用，将读者带入一个独特的视角，领略新的"风景"，颇有"横看成岭侧成峰"的意境。新颖的论文题目不仅能引人注目、引人入胜，还有避免雷同、便于检索等作用。

2. 结构方面

论文入题要快，段落层次安排要合理、匀称、分明。内容要详略得当，重点突出。结论要精简、深刻。总之，论文以论点的成立统领全文的结构格局，以多方论证的内容组成文章丰满的整体，以较深的理论分析结构全篇，即论文的提出问题、分析问题和解决问题，要完全符合客观事物的发展规律，做到论证严密，逻辑性强。全篇论文形成一个有机的整体，结论、引论与本论言之有序、水到渠成。

3. 语言表达方面

教育论文的语言文字要精雕细刻，紧凑连贯，做到准确、简练、严密、深刻、透彻，并且表达简明，读者一眼看过去就能看懂。也就是说，想得清，说得明；想得深，说得透；做到深入浅出，言简意赅。此外，论文的整体结构和标注要规范得体。

第三节　教育类论文的写作类别与方法

由于教育科学研究对象的复杂化、研究方法的多样性，其论文写作的表述方式也丰富多彩，但是，为了实现论文的认识价值与实用价值，人们在长期的写作实践过程中，对某些文体文章的写作逐步形成了一些写作规范，总结出了一些写作规律。下面从理论研究型论文、调查研究型论文和实验研究型论文这三个类别来详细探讨一下教育类论文的写作方法。

一、教育类论文的写作类别

（一）理论研究型

理论研究型论文是教育类论文写作中最为常见的类型，它是作者针对自己在教育教学实践中获得的经验、体会，或者针对教育理论或教育实践中出现的问题或薄弱环节进行专题分析、提出自己的见解或解决方法的一种形式。下面试以

《研究生学位论文质量问题分析与对策研究》①一文的大纲为例，了解一下理论研究类论文的基本样式。

《研究生学位论文质量问题分析与对策研究》论文大纲：

1. 当前研究生学位论文存在的问题

（1）选题不当。

（2）实验设计存在缺陷。

2. 原因分析

（1）研究生自身问题。

1）知识结构不合理。

2）诚信与道德问题。

（2）导师对学位论文指导不到位。

1）有些导师指导学生数量过多。

2）有些导师对论文写作过程关注不够。

3）个别导师承担科研项目不多。

（3）论文过程管理不规范。

1）开题报告形式化。

2）论文评审制度不完善。

3）答辩机制不完善。

3. 提高研究生学位论文质量的对策建议

（1）加强研究生学术道德教育。

（2）加强导师的指导作用。

1）导师要培养研究生严谨的治学作风和勇于克服困难、敢于创新的精神。

2）导师要加强对研究生学位论文的过程指导意识。

3）保障研究生的科研条件。

（3）研究生管理部门加强论文过程管理。

1）规范开题报告。

2）坚决落实论文预答辩制度。

3）严格论文双盲评审制度。

4）建立有效的激励机制。

参考文献（略）。

（二）调查研究型

调查研究型的论文主要是在教育理论的指导下运用调查研究的方法，通过制作调查问卷、列制表格、约人访谈、电话录音、电视采访等形式，有目的、有计

---

① 刘彩虹，王益玲. 研究生学位论文质量问题分析与对策研究 [J]. 中国电力教育，2014，2 (6).

划、有步骤地收集所需要的教育问题方面的资料，根据调查的结果，对所要研究的对象进行科学的分析、归纳，最后提出相应的建议或者结论。调查研究型的论文也常常被称为调查报告、经验总结报告等。为了调查结果的客观性、独立性，在调查的过程中尽量不要干涉调查对象的正常活动，不要把自己的主观想法强加给调查的对象。

从调查的形式上看，教育调研可以分为全面调查、抽样调查、典型调查、专家调查等。

从调查的步骤上看，教育调研分为调查工作的前期准备，调查问卷、调查表格的制定或者调查对象的预约、调查结果的统计、整理、分析、归纳和撰写调查报告等几个步骤。

下面试以《大学生实验课学习现状调查与分析》① 和《民办高校英语专业师生互动状况的调查分析》② 两篇文章的大纲为例，了解一下这类论文的基本样式。

《大学生实验课学习现状调查与分析》论文大纲：

（1）调研情况概述。

（2）调查问卷设计。

（3）学生实验课学习现状。

（4）结论和建议。

1）关注小部分迟到的学生。

2）关注小部分不学习的学生。

3）关注小部分不能完成实验的学生。

参考文献（略）。

《民办高校英语专业师生互动状况的调查分析》论文大纲：

（1）引言。

（2）调查和结果。

（3）分析与对策。

1）师生互动虚拟交流成了主流。

2）主体对应不同，沟通效果不同。

3）媒介的影响作用。

4）投入度的限制。

（4）结语。

参考文献（略）

---

① 黄金燕. 大学生实验课学习现状调查与分析［J］. 中国电力教育，2014，2（6）.
② 张靖，赵倩. 民办高校英语专业师生互动状况的调查分析［J］. 时代教育，2014（4）.

（三）实验研究型

实验研究型的论文是研究者采取实验研究的方法，根据研究的目的和自己对实验结果的假设来通过科学的实验进行理论的验证，从而得出关于教育实践的正确结论的一种论文形式。实验研究型的论文也常常被称为实验研究报告等。从形式上看，实验研究法分为自然实验和实验室实验。从程序上看，实验研究法一般分为选定实验课题、选择实验对象（分组或分班等方式）并引进实验要素进行实验、进行实验结果的比较或分析、得出实验结论、撰写实验报告等几个主要步骤。下面试以《探究性学习在综合科学教学中的实践》①一文的大纲为例，来看看实验研究型论文的基本样式。

《探究性学习在综合科学教学中的实践》论文大纲：

（1）课题的选定和来源。

1）来自学生的实际生活。

2）来自教材。

3）讨论确定课题。

（2）课题的实施及类型。

1）问题型探究。

2）调查型探究。

3）实验型探究。

（3）探究性学习流程图。

（4）探究性学习案例。

（5）综合科学教学中探究性学习的评价。

（6）对综合科学教学中探究性学习的再认识。

参考文献（略）。

二、教育类论文的写作方法

根据上述教育类论文的三种写作类别，我们来详细阐述一下这三类论文的写作方法。

理论研究型论文和我们常见的论文写作模式基本一样，强调立论、本论、结论三者的有机结合。立论要求观点鲜明、正确。结论要求呼应立论，简短有力、言简意赅、深化主题。本论要求论证严密，层次分明、脉络清晰。作为作者，可以按照时间的先后顺序、事件的发生过程去建构全篇，也可以按照概念的逻辑顺序即定义、特征、发展流变等顺序去建构全篇，还可以按照哲学的思维方式，即"是什么、为什么、怎么办"的逻辑方法去建构全篇。如《研究生学位论文质量问

---

① 郑剑锋. 探究性学习在综合科学教学中的实践 [J]. 生物学通报，2006 (9).

题分析与对策研究》论文大纲中的第一部分"当前研究生学位论文存在的问题"就属于"是什么"的内容；第二部分的"原因分析"就属于"为什么"的内容；第三部分的"提高研究生学位论文质量的对策建议"就属于"怎么办"的内容。

调查研究型论文一般分为调查部分、分析调查的内容部分和最后的结论与建议部分。当然，在具体的写作过程中，调查型论文的写作格式也并不是一成不变的，比如第一部分的标题可以是"引言"，可以是"问题的提出"，可以是"调研情况概述"，也可以没有标题，只是用一段话来概述一下文章的写作背景、写作目的等。中间的分析调查的内容部分可以是"分析与对策"，也可以是"分析与讨论"或者"结论和建议"等。不过，万变不离其宗，所有的结论、建议都必须是在前面根据调查结果的统计进行说明、分析的基础上得出的，否则便是无源之水、无本之木。从格式上看，调查研究型的论文与理论研究型论文的不同主要在于调查的过程和结果，以及最后的分析与对策部分。这些内容涉及调查范围、调查对象的确定、调查的具体方法以及数据的分析方法，是本类论文的精华所在，它的充实与否关系到论文质量的高低。

实验研究型论文和理论研究型论文以及调查研究型论文不同的部分主要在于实验的目的、实验的方法、实验的思路、实验的过程、实验的结果以及对实验结果的分析。论文最后部分的评价、认识或者收获与体会是在实验的基础上得来的。因此，对于此类论文的写作，实验的过程必须真实，实验所得对比资料和数据必须可靠，容不得半点弄虚作假，否则不仅对论文写作无益，对科学研究有害，而且就研究者本身而言这种行为也违反了论文写作的职业道德规范，最终会自食其果的。

总之，撰写教育类论文是一项艰苦的、创造性的劳动，需要花费很多的时间精力，也会遇到很多困难，广大作者一定要有毅力和决心，才能取得成功。"学问处处留心，论文时时提炼"，唯其如此，才能让自己的科研成果硕果累累。

第四节　教育类论文的参考选题与文献资源

一、教育类论文的参考选题

（一）高等教育方面的参考选题

（1）基于提高大学生素质的审美教育研究

（2）论学习策略教育对于提高非英语专业大学生英语口语能力的作用

（3）当代大学生价值观教育探析

（4）大学生的教育消费需求与高校面临的挑战

（5）试论全球化时代我国高校的爱国主义教育

（6）当代大学生生命价值观现状与道德教育

（7）大学生使用网络的思想行为特征与教育引导对策

（8）大学生思想政治教育接受心理研究

（9）大学生健康人格的教育实验研究

（10）认知治疗理论在大学生心理健康教育中应用的实验研究

（二）教育理论方面的参考选题

（1）梁启超的教育现代化思想研究

（2）从近代化的角度看严复的教育思想与实践

（3）孔子的教育学说

（4）朱熹的教育学说

（5）蔡元培的教育学说

（6）思想政治教育的理论探源及其相应意义

（7）西方近现代思想道德教育方法的探究及其启示

（8）现代西方人本主义教育思潮研究

（9）系统的思想、理论和方法在教育领域中的应用

（10）马斯洛需求层次理论与教师积极性的调动研究

（三）网络教育方面的参考选题

（1）网络教育及其产业化发展道路研究

（2）论网络教育的管理与考核

（3）基于网络开放性特征的教育变革研究

（4）网络文化与学校教育关系研究

（5）网络情境下的学习途径研究

（6）高校网络思想政治教育的实效性问题研究

（7）网络环境下的德育有效性研究

（8）中学生网络成瘾及对策研究

（9）网络教育中的师生关系特征及其教育导向研究

（10）网络教育中的教师素质结构及其应对研究

二、教育类论文的文献资源

（一）教育类核心期刊资源

根据中文核心期刊目录（2014 年版），教育类核心期刊资源包括如下期刊：

1. 教育理论方面的核心期刊

（1）《教育研究》

（2）《比较教育研究》

（3）《全球教育展望》

（4）《外国教育研究》

（5）《教师教育研究》

（6）《中国远程教育》

（7）《当代教育科学》

（8）《教育理论与实践》

（9）《中国电化教育》

（10）《教育与经济》

2. 高等教育方面的核心期刊

（1）《北京大学教育评论》

（2）《清华大学教育研究》

（3）《复旦教育论坛》

（4）《河北师范大学学报》（教育科学版）

（5）《华东师范大学学报》（教育科学版）

（6）《国家教育行政学院学报》

（7）《黑龙江高教研究》

（8）《中国高等教育》

（9）《现代大学教育》

（10）《学位与研究生教育》

3. 语言方面的核心期刊

（1）《中国语文》

（2）《当代语言学》

（3）《语言教学与研究》

（4）《语言研究》

（5）《语言文字应用》

（6）《世界汉语教学》

（7）《汉语学习》

（8）《方言》

（9）《语文研究》

（10）《古汉语研究》

4. 综合方面的核心期刊

（1）《学前教育研究》

（2）《人民教育》

（3）《中国特殊教育》

（4）《中国素质教育研究》

（5）《中国成人教育》

（6）《职教论坛》

（7）《教育研究与实验》

（8）《继续教育》

（9）《民族教育研究》

（10）《职业技术教育》

（二）图书类资源

（1）教育部编写：《素质教育学习提要》，生活·读书·新知三联书店，2001 年。

（2）陶行知：《陶行知文集》，江苏教育出版社，2001 年。

（3）叶圣陶：《叶圣陶教育文集》，人民教育出版社，1994 年。

（4）匡亚明：《孔子评传》，南京大学出版社，1990 年。

（5）席勒著：《审美教育书简》，范大灿译，北京大学出版社，1984 年。

（6）郭齐家：《中国教育思想史》，教育科学出版社，1987 年。

（7）蔡克勇：《21 世纪中国教育向何处去》，吉林人民出版社，1999 年。

（8）文辅相：《论大学教育》，华中科技大学出版社，2010 年。

（9）单中惠、杨汉麟主编：《西方教育学名著提要》，江西人民出版社，2000 年。

（10）［美国］布鲁纳：《教育过程》，邵瑞珍译，文化教育出版社，1982 年。

（11）赵祥麟主编：《外国教育家评传》，上海教育出版社，1992 年。

（12）朱永新：《新教育之梦》，人民教育出版社，2002 年。

（13）袁振国著：《当代教育学》（修订版），教育科学出版社，2000 年。

（14）于光远著：《我的教育思想》，苏州大学出版社，2000 年。

（15）吴康宁著：《教育社会学》，人民教育出版社，1998 年。

（三）非核心期刊类资源

（1）《中国教师》

（2）《基础教育》

（3）《全球教育展望》

（4）《语文教学与研究》

（5）《河南教育》（基教版）

（6）《古汉语研究》

（7）《世界汉语教学》

（8）《课程教育研究》

（9）《创新人才教育》

（10）《西部素质教育》

（11）《教育界》

（12）《学园》

（13）《科教文汇》

（14）《21 世纪》

（15）《高教学刊》

（16）《教育艺术》

（17）《中国电力教育》

（18）《河南教育学院学报》

（19）《河南广播电视大学学报》

（20）《开封教育学院学报》

第八章　经济管理类论文的写作

第一节　经济管理类论文的写作特点与要求

一、经济管理类论文的写作特点

经济管理类论文是学术论文的一种，是对经济管理领域中某一课题进行专门研究并借以描述研究成果的文章。对这一概念，可以从三方面进行理解：首先，经济管理类论文是专门探讨经济领域中的问题的；其次，经济管理论文是进行科学研究的一种手段，论文的撰写过程就是一个研究的过程；最后，经济管理类论文是科学研究的成果，是以文章的形式来描述和记录科学研究成果的。

经济管理类论文是广泛应用于社会科学领域中的一种文体，它既是人们进行社会科学研究的重要凭借，也是真实、全面、系统记录研究成果、传播学术信息的主要工具。当今，经济管理类各学科从理论到实践，从宏观到微观都处在改革当中，许多问题都需要探索研究，而探索研究的有力工具就是论文。它是通过对大量材料的调查分析、论证研究，得出科学的结论，从而揭示出某种经济现象的本质规律，并对社会经济管理实践具有现实指导意义的论文。

(一) 科学性

所谓科学性，是指经济管理类论文能够反映、揭示经济活动的客观规律，并运用总结出的这些规律指导经济工作，使经济工作在社会主义建设中体现出更大的经济效益。要达到这一目的，论文立论必须从经济工作的实际出发，正确地反映经济工作的客观规律，得出符合实际的结论。作者不能忽视经济工作的客观实际，以主观臆断取代科学的研究。在论据上，要求作者花大气力，扎扎实实，经过周密的观察、调查、实验，尽可能多地占有各种需要的材料，以最充分、最确凿的论据作为立论的依据。只有这样，论据才能经得起推敲，经得起实践的检验，因而最有论证力量，最有说服力。在论证上，要求作者经过缜密的考虑，将论文从宏观到微观、从整体到局部精心设计、巧妙结构，并运用归纳、演绎等论证方法，做出严谨而富有逻辑的论证。

（二）创新性

创新性包括课题要新、见解要新两个方面。在经济学术领域里，经济工作者不但要学习、继承前人的研究成果，而且要在前人研究的基础上继续探索，有所发展，以期有所前进，有所创造。经济学术问题的研究，就是对经济领域里新知识的探求，因此，经济管理类论文要求作者有自己的见解、有创新性。也就是说他能提出新的问题，并解决这新的问题，从而推动经济学术的不断发展，有益于我们的整个经济。这种创新，一是要对研究的对象经过周密的观察、认真的调查、深入的分析研究，从中发现别人没有发现过的问题；二是要广博涉猎，博采百家，在综合别人认识的基础上进行创新。经济工作者必须不断地学习新知识，不停地研究新问题，坚持不懈地学习，反复不停地实践；以理论指导实践，以实践验证理论。理论与实践的循环往复，会使我们的认识不断深化，创新就可能由此产生。只有具有这种独创性的经济学论文，才是有学术价值的论文。

（三）学术性

"学术"，是指有系统的、较专门的学问。论文是学术成果的载体。经济管理类论文的学术性，是作者就经济领域中某一课题进行潜心研究之后所获得成果的表现。这种研究成果不仅应具有系统性、专门性、规律性，还应具有该学科的前沿性、超群性和新颖性。因此，衡量一篇经济管理类论文的水平和质量的主要标准是它是否具有学术性。也就是说，一篇经济管理类论文只能是对某一经济规律的揭示或对某一经济现象研究的见解，而不是对某一经济现象的直录、材料的堆砌，也不能只停留在感想、心得、体会上，而是应对所掌握的客观材料，进行去粗存精、去伪存真、由此及彼、由表及里的加工制作，形成概念和理论的系统。

（四）现实性

经济管理类论文的现实性，主要表现为切合经济建设的需要，紧密结合经济工作中的重大理论、政策、措施等深入探索、掌握规律，提出解决问题的办法，具有一定的实用价值，而不是空对空的研究。经济管理类论文应具有鲜明的应用性，它的内容直接关系到国计民生，与国民经济息息相关，作者要联系国家、部门或行业的实际情况，围绕经济工作中的主要内容和具体实际进行研究和撰写，使论文为发展经济、提高经济效益服务。

二、经济管理类论文的写作要求

（一）选择本专业领域尚未涉及或尚未解决的课题

在自己所熟悉的专业领域上，选择该领域的无人区作为研究课题，以创立新说。选择本专业领域有很多优势，一是对该领域的前沿问题较为明确，易于攻关突破；二是手头掌握的资料较为充足，文章容易写得充实饱满；三是驾轻就熟，写起来也较顺手。对经常研究的领域，要注意突破已经形成的定式思维，避免停留在一般性的认识上。要结合经济活动的新动向和新变化，使自己的研究有新的高度和新的成就。

（二）选择存在内部矛盾的论题作课题

矛盾就是问题。人们对经济现象及其规律的认识是不断提高和完善的，传统的经济理论有时会与新出现的经济现象发生矛盾，大多数人承认的经济观点也有可能是不正确或不完全正确的，这也就意味着我们可以从中找到新的研究课题。对已知的不完全正确的经济理论提出质疑，对前人研究中的谬误之处加以纠正，都是一种创造性的、很有学术价值的研究，也是选题时可以考虑的。我们通常可以通过以下四种途径来发现矛盾作为选题：一是从已有经济理论与新出现的经济现象之间的矛盾中选题；二是从当今流行的某些经济观点的谬误之处选题；三是从原有经济理论体系自身所暴露的矛盾中选题；四是从不同经济观点之间的矛盾中选题。

例如，《集群真的是灵丹妙药吗》①一文，作者就是对集群概念和集群理论提出了七个疑问，指出了集群概念和集群理论存在一定的混乱性，从而对把发展集群作为地方经济发展良方的做法提出质疑。

（三）选择目前急需解决的课题

在市场经济逐步完善的过程中，经济科学的各个领域存在着许多有待解决的问题。选择目前迫切需要解决的问题，经过精心研究，提出科学的见解，对于制定经济政策有很大的帮助。事实上，在每个时期、每个阶段都有急需解决的经济问题，比如目前急需研究的问题有：如何解决能源紧缺问题？如何解决大学生就业难的问题？如何提高企业自主创新的能力？……研究这些问题十分具有现实意义，但同时这些热点问题又往往吸引大量研究者蜂拥而至，因此大多数研究者充当了"铺路石"，要真正取得创造性的成果很难。所以，初写经济管理类论文的研究者只能在对某些热点问题确有创见、有独特体会或有把握补充、丰富、发展现有研究成果时才涉足。

例如，《加速提高浙江企业的自主创新能力》②一文，作者就是在技术创新成为全球竞争的焦点和新时代灵魂，中国企业急需提高自主创新能力的背景下，选取了这个课题。通过分析浙江企业的情况，指出要实现浙江自主创新能力的迅速提升，必须在科技资源的投入、人才配备和政策环境等方面向企业倾斜，不断为企业创造适宜的环境与条件，并对上述几方面做了具体的分析。

（四）选择大有发展补充余地的课题

在经济发展过程中，尽管许多问题前人都有所研究，但随着经济的发展，在

---

① 田慧蓝，陈雪梅. 集群真的是灵丹妙药吗 [J]. 暨南大学学报，2006（2）.
② 陈劲. 加速提高浙江企业的自主创新能力 [J]. 今日浙江，2005（8）.

新的时代会出现新的特点，因此需要对以前的研究进行补充或修正，使之符合当今的发展。而且，由于各种主观和客观原因，经济学领域中的各个学科不可能齐头并进、同步发展，会出现有的发展快、有的发展慢的不平衡现象，也就出现了经济学研究上的某些短缺、空白项目，因此可以从这方面着手，建立新的课题，填补空白，推动该学科相对平衡地发展。

例如，《把企业家精神引入经济增长理论的思考》[①]一文，虽然企业家精神已经被很多人所研究，但企业家精神还未纳入经济增长理论的分析中，因此作者就借用鲍莫尔的研究方法，运用新增长理论和当代微观经济理论，承袭企业家理论的一些观点，提出将企业家精神引入经济增长理论的观点。

（五）关注热门话题中的焦点问题

热门话题是社会普遍关注的话题，涉及范围较为广泛，影响面也比较大，研究这些问题具有直接的现实意义，而且热门问题相对来说资料便于搜集，且有切身的感受，研究比较容易取得成就。但同时，人们就这类问题的现状、原因及对策议论得太多了，所以难点就是如何写出新意。因此我们在写这类论文时要从热门话题中找出矛盾的集中点，也就是焦点问题，引发其他相关热门话题的核心问题。

例如，《论房价和房价收入比》[②]一文，作者就选了当前的热门话题，通过论述房价和房价收入比之间的关系，提出自己的观点：认为长三角地区房地产存在房价上涨过快和投资规模过大两个特点，不符合市场经济理论；另外，提高人民的购房能力，除了压低房价外，还要提高人民的收入水平。

（六）注意冷门问题和盲点问题

冷门问题是在某一时期被人们忽视或忽略的问题，而盲点问题是由于种种原因未被提出或未被触及的客观存在的问题。这两种问题被人们忽略，并不是因为它们不重要或无须考虑，而是由于人的认识和意志所致。冷门问题和盲点问题有自身的价值，倘若将其现实意义挖掘出来，必会引起社会反响，而且选这类课题也能避免"撞车"现象。

（七）选择交叉学科中的论题

交叉学科的迅速发展壮大，为我们提供了广阔的选择课题的条件和机会。交叉学科选题可从以下四个方面入手：一是在两门或两门以上经济学科的交叉、边缘地带寻找课题；二是运用多学科理论和方法研究经济问题，建立起综合性学科；三是将数学理论和计算机技术运用到经济科学的研究之中，开创新方法，寻找新课题；四是用某一非经济学科的理论和方法，研究经济领域中的问题。例

---

① 刘春蓉. 把企业家精神引入经济增长率的思考 [J]. 广东金融学院学报，2005（4）.
② 杨永华. 论房价和房价收入比 [M]. 广州：华南师范大学出版社，2006.

如，运用美学原理研究经济领域中的问题，探讨审美与经济的关系，就是一种比较容易取得成果的选题方法。当然，我们也应该看到，交叉学科领域内的课题往往涉及各种学科的知识。因此，选择这种课题，要克服知识的单一性，善于把有关学科的知识综合起来，加以融会贯通；善于进行横向比较分析，有意识地寻找能够迁移旁系学科理论的线索。只有这样才能开辟出一条选题新途径，取得令人耳目一新的成果。

第二节　经济管理类论文的研究方法和视角

一、经济管理类论文的研究方法

（一）唯物辩证法

唯物辩证法是建立在唯物论基础上的辩证方法。在理论经济学特别是政治经济学研究中运用唯物辩证法，就是运用对立统一规律、量变质变规律和否定之否定规律，分析和研究经济现象和经济过程中的矛盾运动及其发展变化，从而揭示经济现象和经济过程的本质和发展运动的规律。

对立统一规律揭示了事物发展的源泉和动力在于事物的内部矛盾。运用对立统一规律研究经济问题，就是要研究、分析经济现象和经济过程中所包含的矛盾，揭示矛盾双方所处的状态，寻求解决矛盾的方法和途径。只有这样，才能揭示出经济发展过程的状况和动力、经济过程发展的趋势，才能掌握社会经济关系的本质及其变化。例如，马克思主义政治经济学在研究社会经济时，紧紧围绕生产力和生产关系这一对基本矛盾，并用以说明一种社会经济形态由不成熟阶段发展到成熟阶段的过程，以及一种社会形态取代另一种社会形态的历史必然性。它同时还能够说明一个社会经济形态中生产力的不断提高、生产关系不断调整和改革的原因和必然性。

量变质变规律揭示了事物发展的形式和状态，即事物的发展总是从量变开始，量变达到一定程度就会引起质变，在新质的基础上又开始新的量变。运用量变质变规律研究经济问题，就是要分析和研究经济发展过程中局部的量变和部分的量变怎样积累并引起部分或全部的质变，量变及质变对经济发展将产生怎样的影响。

否定之否定规律揭示了事物发展的过程是前进性和曲折性的统一。运用否定之否定规律研究经济问题，就是要揭示出经济发展是一个由低级阶段向高级阶段发展的过程。虽然在发展中会遇到曲折和困难，但是，向更高的阶段发展是社会经济的必然趋势。

唯物辩证法是马克思主义经济学的方法基础。管理学和经济学都属于社会科学，都是思想性很强的学科。我们的社会科学研究是建立在马克思主义基本理论基础之上的，所以，必须以马克思主义为指导，运用辩证唯物主义和历史唯物主义的立场、观点和方法，来看待我们周围的客观事物，在科学理论的指导下分析问题、解决问题。

（二）抽象与具体的方法

科学抽象法是从具体到抽象的研究方法和从抽象到具体的叙述方法的统一。抽象分析法要求在研究某一错综复杂的经济和管理问题时，首先，必须占有十分丰富而又合乎实际的感性材料，这是进行科学抽象的前提，也是一切概念和理论产生的源泉；其次，要将占有的材料进行去粗取精、去伪存真、由此及彼、由表及里的改造制作，才能构造概念和理论的系统。可见，科学抽象法是在认识和研究经济和管理问题时，舍弃个别的、表面的和非本质的东西，而抽取一般的、内部的和本质的必然联系，把握经济运动的规律。科学抽象法使认识由感性阶段上升到理性阶段，并形成一系列范畴和概念。运用这些范畴和概念去说明经济现象，将更为准确和科学。科学抽象法能更深刻、更正确、更完全地反映事物的整体和内在本质。

科学抽象法既要求从具体到抽象，也要求从抽象到具体。从抽象到具体的叙述方法就是运用经过研究而得出的经济学概念和范畴对经济现象和经济过程进行理论叙述。例如，马克思在研究人类劳动时，就将劳动区分为具体劳动和抽象劳动，具体劳动是指劳动的具体形式，创造使用价值；抽象劳动是指劳动的过程，是人类体力和脑力的支出，形成商品的价值。劳动二重性理论就是运用科学抽象法的最好例证。马克思曾这样论述政治经济学研究的两种道路："在第一条道路上，完整的表象蒸发为抽象的规定；在第二条道路上，抽象的规定在思维中导致具体的再现。"

这两条道路实际上正是科学抽象的两个不同阶段。科学抽象是一种极为复杂的思维活动，在这种活动中包括了比较和区别、分析和综合、归纳和演绎等多种方法。

1. 比较和区别

这是确定研究对象之间的差异点与共同点的逻辑方法。客观事物既相互联系又相互区别，任何对象都是共性和个性的对立统一，这就构成了比较研究的客观基础。比较方法具体可分为纵向比较和横向比较、质的比较和量的比较、综合与整体的比较和局部与单项的比较。例如，比较管理学运用比较方法试图解决这样两个问题：一是管理学的基本原理是否与其具体的运用和方法一样，会因外部文化——社会、经济、政治、技术或伦理的不同而不同；二是我们期望的管理实务——管理艺术在多大程度上因外部环境的不同而不同。

2. 分析和综合

分析和综合是揭示个别和一般、现象和本质的内在联系的方法，是人们的思维依据一定的认识对认识对象所做的各种分解和组合。分析是把整体分解为部分、把复杂事物分解为简单的要素、把历史过程分解为阶段加以研究的思维方法。综合是与分析相反的一种思维过程，它是在思想上把对象的各个部分、方面、因素、环节、阶段结合起来，动态地考察对象的一种思维方法。分析是综合的前提和基础，综合是分析的发展和成果，分析和综合是辩证统一的。比如，泰罗通过对时间和运作的研究，得出标准作业时间和标准化作业方法、工具和环境，就运用了分析和综合的研究方法。

3. 归纳和演绎

归纳是指人们的认识从个别到一般、从特殊到普遍、从经验事实到规律概括的过程及其基本模式。演绎是指人们的认识从一般到个别、从普遍到特殊的过程及其基本模式。比如，梅奥等人提出人际关系理论，麦克利兰提出成就激励理论，赫茨伯格提出双因素理论，都运用了归纳方法。把这些理论用于分析具体的管理问题，则是演绎分析方法。

（三）逻辑与历史的方法

逻辑的方法是指在研究经济或管理问题时，应按照经济和管理范畴的逻辑关系，从比较简单的经济与管理的关系和范畴入手，逐步上升到比较复杂的具体的经济与管理的关系和范畴，从而阐明社会经济管理现象和经济管理过程的逻辑进程。历史的方法是指在研究经济或管理过程中，应按照它的历史发展的真实进程来揭示其规律性。坚持逻辑方法与历史方法的统一，是经济学和管理学研究方法的基本要求。恩格斯在谈到历史与逻辑的关系时指出："历史从哪里开始，思想进程也应当从哪里开始，而思想进程的进一步发展不过是历史过程在抽象的、理论上前后一贯的形式上的反映；这种反映是经过修正的，然而是按照现实的历史过程本身的规律进行修正的，这时，每一个要素可以在它完全成熟而具有典范形式的发展点上加以考察。"当我们运用逻辑与历史相统一的方法研究经济或管理过程中，必须符合历史发展的规律性。逻辑的进程符合经济发展的历史进程，就是经济发展过程的真实反映。

例如，马克思从商品生产流通出发来研究资本主义经济关系，就是逻辑方法与历史方法相统一的具体运用。罗斯托提出的经济成长阶段理论，把各国的经济成长概括为传统社会阶段、起飞准备阶段、起飞阶段、向成熟推进阶段、高额群众消费阶段和追求生活质量阶段，也体现了逻辑与历史相统一的方法。在管理学方面，对西方管理理论的阶段划分、市场营销观念的演变过程和人力资源模式的发展过程等的研究都运用了历史与逻辑相统一的方法。

（四）系统分析的方法

系统分析的方法就是把科学研究的对象作为一个系统，运用系统的观点来分析和揭示它们的内容和体系。所谓系统，是由一定数量的相互联系的要素以一定的结构方式所组成的具有一定功能的有机整体。而在经济与管理活动中，无论是宏观意义上的国民经济与管理或世界经济与管理，还是微观意义上的企业或家庭经济与管理，都是一个经济系统。因此，在研究这些方面的经济与管理问题时，要站在系统、整体的水平上去研究对象，始终把对象看作是一个由多部分、多要素组成的有机整体，从研究对象的各种联系和所固有的各个方面去考察把握它，要注意从系统与要素、系统与环境、结构与层次、结构与功能、控制与反馈、有序与无序等多种关系来研究对象。

系统分析的方法有以下三个特点：

（1）整体性，即系统的整体大于各部分之和。系统的整体性是由系统的有机性，即由系统的内部诸要素之间以及系统与环境之间有机联系来保证的。

（2）程序性和层次性，即系统中的各个部分和各要素之间都不是孤立和混乱的，而是相互依存、相互制约、相互作用的，并在这种过程中形成一定的相对稳定的程序性和层次性。

（3）目的性，即任何一种系统方法都是为一定的目的服务的，尤其是人类社会中由人的活动构成的系统，其目的性更强。系统管理学派的创始人约翰逊等人认为，通过系统来管理，既是一种哲学，又是一种实际的现实，而把一般系统论同管理结合起来，便能产生有效的管理。

（五）定性分析和定量分析方法

1. 定性分析是对事物质的分析

在经济学和管理学中运用定性分析就是要揭示纷繁经济现象掩盖着的特定经济关系或经济运动特征。定性分析的基本内容包括：第一，通过形成概念和定义来识别经济现象的性质及其相互关系；第二，对形成经济活动和经济过程的诸要素进行分析；第三，确定经济活动的功能与结构及其实质；第四，探索经济活动本身的因果关系。

2. 定量分析是对事物量的分析

在经济学和管理学中定量分析运用得十分普遍，它主要是运用数学方法和数学语言进行分析的一种分析方法。统计学就是在对社会经济现象进行定量研究的过程中发展起来的。定量分析方法主要有：第一，统计分析方法，即对统计资料所反映的经济现象及其相互关系进行定量分析。第二，定量描述方法。即将经济现象及其关系予以量化，以便于精确地表述和形式化地处理，通常的定量描述方法有状态定量、关系定量、增长定量和发展定量。第三，定量分析还广泛应用于决策和计划中。例如，线性规划是应用最广的一种定量分析方法。第四，在对未来经济进行预测时，也广泛采用定量分析。在研究经济与管理的现象和过程中，应根据研究对象的特点选择定性分析或定量分析方法，两种方法之间并不存在矛盾和对立。

（六）均衡分析和过程分析方法

均衡分析方法是在研究的经济问题所涉及的各经济变量中，自变量被假定为已知和固定不变的，然后考察当因变量达到均衡状态时会出现的情况和为此所需具备的条件。例如，马歇尔在他的均衡价格理论中就采用了均衡分析法，他假定了两个前提条件，一是假定某一商品的价格只取决于它本身的供求状况，而不受其他商品的价格和供求状况的影响；二是假定货币的购买力是不变的。这样，他就把其他商品价值的可能变动从这一商品价格的决定因素中排除出去，从而为商品本身的供求关系决定商品价格的分析提供了前提条件。马歇尔认为，均衡价格就是一种商品的需求价格与一种商品的供给价格相一致时的价格，或供给与需求的价格在市场上达到均衡状态时的价格。当某一产量使需求价格高于供给价格，卖主就会增加供给量；而供给量的增加又趋向于压低需求价格，提高供给价格，使两者趋于一致。当某一产量使需求价格低于供给价格，卖者就会减少供给量，而供给量的减少又趋向于压低供给价格，提高需求价格，使两者趋于一致。当需求价格与供给价格相等时，产量没有增加或减少的趋势，是均衡产量，其出售价格就是均衡价格。

均衡分析方法实际上抽象掉了时间因素，是一种瞬时分析。而过程分析则主要论述经济活动的变化过程。它通常把经济活动和经济运动过程划分为不同的阶段，以考察有关经济变量在相互联系的各个阶段的变化情况。这种分析方法又称期间分析或序列分析。例如，西方经济学中的蛛网理论就运用了过程分析方法，它依据新古典经济学关于完全竞争的假设，阐述了商品的价格和产量一旦失去均衡，那么依靠市场本身的力量不一定能够使市场重新恢复均衡状态。在宏观经济研究中，经济周期波动理论也属于过程分析。

（七）静态分析和动态分析方法

（1）静态分析方法是将处于瞬间状态的经济活动和经济过程作为研究对象的一种研究方法。静态分析总是与均衡分析联系在一起的，它致力于说明什么是均衡状态所要求的条件，而舍弃掉达到均衡状态的过程或取得均衡状态所需要的时间。克拉克在《财富的分配》（1899年）中提出要研究静态经济规律，即在已有交换及其他经济组织及其活动方式不变，包括人口、资本、生产技术和生产组织、企业性质和消费倾向不变等情况下的生产和分配的规律。他假定在这些因素不变的静态经济中，才能发现自然的、正常的规律。

（2）动态分析的着眼点不是探讨决定均衡的因素，而是考察经济活动的变化过程，即从旧的均衡过渡到新的均衡的变化调整过程。克拉克提出要以动态分析研究动态经济规律，即在资本、人口、技术、组织和需求等因素都在不断变动之下，研究财富、生产和分配的变化规律。动态分析方法已在西方经济学中广泛采用，如熊彼特的"创新理论"、罗斯托的"经济成长阶段论"、哈罗德的"经济增长模型"都是动态分析。

在经济学和管理学研究中，应把静态研究和动态研究结合起来。静态分析方法可以使人们在繁杂的现象中抓住基本的和本质的东西，认识经济与管理的现象和过程的一般规律性。动态分析方法可以使人们在运动发展中认识经济与管理的现象和过程的特殊规律性。

（八）规范研究和实证研究方法

（1）经济学的规范研究是以一定的价值判断为基础，提出某些标准作为分析处理经济问题的标准，作为制定经济政策的依据，并研究如何才能符合这些标准。它要回答的是"该做什么"的问题。在不同时期和不同流派的经济学中，经济生活的规范也不尽相同。例如，中世纪对经济问题的分析是以神学教义为"规范"的；西方古典经济学的规范是个人主义的伦理观；当代福利经济学派的规范是"福利主义"；伦理学派的规范是"机会均等"的彻底自由主义。经济学的规范研究重在考察经济行为的后果，判断它们是好还是坏，分析这些后果是否可以变得更好。因此，规范研究包含了对于所偏好的行为路线的判断和规定。例如，在一个特定时期内，通货膨胀和就业压力都很大时，究竟是采取扩大赤字财政以增加就业，还是抑制通货膨胀而缩减就业规模，坚持不同规范研究的经济学家有可能做出不同的回答。坚持应当把减少失业作为优先考虑和优先解决的问题的经济学家，会认为赤字财政是一项合理的政策；而坚持应当把防止和降低通货膨胀作为优先考虑和优先解决的问题的经济学家，则会认为赤字财政不是一项合理的政策。那么，究竟应当把解决就业压力放在优先位置，还是把抑制通货膨胀放在优先位置，往往取决于不同经济学家所坚持的不同规范，因为他们对于两害相权取其轻有不同的价值判断。研究经济分析中规范性质命题的经济学，在西方被称为规范经济学。

（2）经济学的实证研究是一种摆脱或排斥价值判断、集中研究和分析经济活动与经济过程如何运行的分析方法。它只研究各种经济现象之间的相互联系，分析和预测经济行为的后果。也就是说，实证研究试图在不做出结果是好还是坏的判断的情况下理解经济体系的行为和运行，它力图准确描绘出现存的事物以及它如何运行，只回答"是什么"的问题。经济学家雷诺兹曾以解决财政不平衡为例，说明了实证研究的如下特点。

1）状况如何？包括诸如各级政府现在开支多少，有哪些项目开支，不同项目开支的增长速度如何，各级政府的税收在今后 10 年内有多少增长。进行精确的预测是政策分析的必要出发点。

2）有几种可供选择的政策？如果假设今后 8 年内国家预算将盈余 200 亿美

元，而州市政府将总亏空 200 亿美元。那么，可供选择地消除这些盈余和赤字的办法有这样几种：一是国家减少 200 亿美元的税收，州市增加同样数量的税收；二是国家继续按此数量收税，并将这笔税收转交给州市政府；三是国家把州市政府的部分职能接过来，从而减轻其预算负担。

3）选择某种方案的后果如何？即经济学家应弄清选择甲方案而不选择乙方案将会有什么结果。实证经济研究往往同定量研究相结合，使经济理论、数学和统计学三者相统一，并通过建立模型、估算参数、验证理论、预测未来等方法进行经济研究。属于实证性质的经济理论，在西方被称为实证经济学。

（九）跨学科方法

前已述及，有关管理问题的学科很多，诸多的学科是相互联系的。因而只有对这些学科有一个整体上的把握，才有可能形成具有一般意义的理论和方法，这就需要对诸多学科进行比较研究，需要在学科之林中穿行。跨学科的方法是达到这一目的最基本的方法。例如，后期的行为科学理论形成是许多心理学家、社会学家、人类学家、经济学家从不同角度进行研究的结果。又如，西方作为人力资源管理的一个重要学派的劳动力经济学制度学派，也是由多学科专家的加盟（包括经济学家、管理学家、历史学家、产业组织心理学家、政治学家、社会学家、法学家等）而在 20 世纪五六十年代得到空前发展。

（十）假说方法

假说方法又称假说—演绎方法。运用这种方法的程序是先提出假说，然后从它演绎出一些推论，考察这些推论，如果是真实的，那么便可以断定这个假说是真实的，也即它能够构成理论。假说方法在管理思想史上应用相当普遍，几乎每一种划时代的理论的产生都有它的作用。例如，在霍桑实验的第二阶段，梅奥研究小组从工业行为的角度出发，做出了有一定整体性的五个理论假设，然后通过实验和大量的访谈与调查，对这些假设进行分析验证，否定其中错误的假设，最终得出了人际关系学的基本理论。

（十一）随机制宜的分析方法

随机制宜的分析方法的基本思想可以归结为两点：①管理学理论和管理科学并不认为有一种最好的管理方法；②有效的管理总是一种随机制宜的、因情况而异的管理。这一研究方法实际上是把关于管理的一般性原理同管理实践的具体情况相结合所提出的要求。

以上，我们介绍了经济学和管理学中应用比较普遍的一些研究方法。这些方法之间是相互联系、相互交叉和相互补充的。在研究经济或管理问题时，要根据问题的具体性质对上述方法加以选择或组合运用。另外，在有关经济和管理的多种学科中，在解决各自领域的一些棘手问题的过程中都形成了有独立性的研究方法系统，比如管理学、心理学，常用的方法有观察法、个案法、实验法、抽样调查法等。对这些具体方法我们就不作专门介绍了。

二、经济管理类论文的研究视角

(一) 从定义上看两者的联系与差异

经济学是研究人和社会如何进行选择，使用可以有其他用途的稀缺的资源以便生产各种商品，并在现在或将来把商品分配给社会的各个成员或集团以供消费之用的学科。确切地说，经济学就是研究资源配置的全过程及决定和影响资源配置的全部因素的科学。

管理学是指研究管理者如何恰当地发挥管理职能（计划、组织、领导和控制），从而使组织的活动得以更有效地完成，既实现资源利用的效率，又实现组织的目标，达到高成就的效果。换句话说，管理学是研究如何使管理过程或管理活动更有效的学科体系，这一体系既包括管理原理和理论，又包括作为"条理化知识"的管理科学。

从定义可以看出，经济学是对资源配置的全部内在规律性的研究，而并不涉及这些规律性如何通过实际的生产和管理活动去实现经济主体（比如企业组织）的目标：效率和效果。管理所追求的效率和效果这两个方面集中地反映了经济学与管理学的联系与差异。斯蒂芬·P.罗宾斯博士准确地描述了效率同效果之间的冲突。他指出，如果某个人不顾效率，他很容易达到效果。精工（Seiko）集团如果不考虑人力和材料输入的成本的话，它还能生产出更精确和更吸引人的钟表。但这样做会妨碍管理追求低浪费的目标。这说明在实际的管理活动中，必须运用经济学关于提高资源配置效率的原理，来追求管理在资源利用方面的目标。反过来，组织也完全可能是有效率而无效果的，那种把错事干好的组织就是如此。他指出，现在有许多学院在"加工"学生方面算得上是高效率的，通过采用计算机辅助学习设备、大课堂教学、过分依赖兼职教师，使得学院管理当局大幅度地削减了用于每个学生的教育经费。但其中一些这样的学院已经受到在校生、毕业生和评价机构的批评。批评意见认为，这些学院没能给学生适当的教育。这说明在管理追求目标的过程中，还有许多问题是单靠经济学理论解决不了的。

(二) 原理与应用的关系

管理活动实际上是通过计划、组织、领导和控制来实际完成资源配置过程。这一过程出于竞争力和成本收益因素的考虑，必须追求既定产出下的低消耗或既定消耗条件下的高产出。这实际上是一个资源配置优化或最佳化问题，因而可以运用经济学的有关原理与方法来指导管理过程中对效率的追求。不论是微观的企业管理还是宏观的国民经济管理，都大量地应用了经济学关于资源配置的理论成果。其中，经济学理论与方法在企业管理决策实践中的应用，被称为管理经济学。

（三）原理的普遍适用性不足与实践中新问题有待解决的矛盾关系

在管理目标中效率与效果之间的冲突是经济学原理的普遍适用性不足与管理实践中新问题有待解决之间的矛盾的反映。虽然说经济学是研究资源配置的全过程及决定和影响资源配置的全部因素的科学，但为了揭示影响因素之间内在关系及其运行的规律性，必须对经济行为或经济过程进行高度抽象，抓住主要影响因素而舍弃次要因素。对资源配置效率的主要影响因素通过量化、收集有关数据，分析和建立其对产出量影响的经济模型，再利用边际分析法或最佳组合分析法，对经济模型进行最佳化分析，从而提炼出能够指导管理实践的最佳决策方案。显然，那些被抽象掉的因素是人们在具体的管理实践中完全可能遇到的，而且这些因素对管理的有效性产生实实在在的影响。更需要注意的一点是，社会生产和管理实践不断发展，科学技术日新月异，新方法、新观念和新问题层出不穷，这些新的因素都不同程度地对资源配置的效率产生影响。经济学家或者不能够，或者还来不及对其中相当多的因素用高度抽象的经济模型进行分析。原理相对于实践的滞后性使得经济学原理的应用与实践中新问题有待解决的矛盾长期存在。

如果引入福利经济学中的"效用"概念和规范经济学中关于判断行为后果是好还是坏的标准，并且用"效用"和"好坏标准"把管理活动所追求的效果进行量化，则斯蒂芬·P.罗宾斯博士提出的两个说明效率与效果冲突的例子，都能够用资源配置效率来做出一致的解释。遗憾的是，"效用"是人们的一种心理感受，行为后果的"好坏标准"则取决于不同的价值标准。对这两者进行准确的量化并建立模型进行精确的分析，推导出投入与产出比率唯一性结果的结论是不现实的。

（四）抽象与具体的关系

经济学原理具有高度的抽象性，是关于资源配置内在的一般性规律的理论。而管理实践是在各种不同的具体环境和具体条件下进行的，管理决策对经济学理论的运用就是要解决经济学的一般性原理如何在各类管理的具体实践中有效运用的问题，这一点在微观经济主体上表现得尤为集中。微观经济学研究的是抽象的企业，它对企业行为的研究，是以企业的唯一目标是追求最大限度的利润为前提的；它所涉及的决策问题大多只属于价格、产量决策；它假定信息是充分的，因而较少考虑风险因素的影响；它假定市场是自由的，因而较少考虑各种社会约束对企业行为的影响。然而，现实的企业的目标是多样化的，决策问题是多种多样的，经营中存在由于信息不充分导致的风险，并且经营决策常常受到有关环境保护、劳动者保护、反垄断、消费者保护等法律法规的约束。这些都构成了从微观经济主体来看的经济学与管理学之间的抽象与具体的关系。

（五）经济学的研究趋势

提高经济理论和经济模型的普遍性是经济学研究的一个重要趋势。由于经济学是研究资源配置的全过程及决定和影响资源配置的全部因素的科学，但客观上又不允许对全部影响因素进行经济模型分析，这是造成经济原理普遍适用性不足的根本原因。为了使经济理论能更好地解释实际的经济活动，指导资源配置的实践，经济学家们把更多的因素纳入经济模型的研究范围。在微观经济领域，把经营的风险、制度因素的影响、外在性等因素纳入研究范围，使得非确定性决策以及制度、政策和法令对决策的影响可以用相应的经济理论做出合理解释，其中的相当部分虽还不能通过精确的定量分析获得准确的最佳决策参数，但这些理论或模型所揭示的思想原理已能够从观念和思想方法上对企业决策起到指导作用；在宏观经济领域也存在这一趋势，比如国际贸易理论、经济增长模型，以及关于发展中国家利用外部资源的缺口理论等的发展历史都符合这一趋势。这一趋势是经济学理论研究最终目的的体现。

（六）**管理学的研究趋势**

从管理活动追求资源配置高效率和经济学原理揭示资源配置的内在规律出发，可以判断，在管理学研究中运用经济学理论和分析方法将是管理学研究的重要趋势。哈罗德·孔茨和西里尔·奥唐奈曾指出："管理学是一门不精确的科学。"认为社会科学，特别是管理学所论述的复杂现象，我们知道得太少了。而经济学，作为一门被称作"社会科学之王"的资源配置规律的学问，则比管理学精确得多。它的主要结论都是经过严格的数学分析和严密的逻辑推理得出的。在管理学研究中应用经济学原理是提高管理学作为一门科学的精确性的一条重要途径。诚然，管理学的研究除了利用系统化的基础知识——科学原理之外，还必须根据现实的具体情况加以分析，研究和解决在实践中遇到的、经济学和管理学原理未曾做出规律性结论的新问题，即管理实践要求在科学原理的指导下，采用随机制宜的分析方法，获得达到预期目标的解决办法。这是管理工作的艺术性所在。

（七）**经济学和管理学的冲突和转化**

经济学与管理学首先表现为统一的关系：经济学原理对管理学研究具有指导意义；但它们之间又存在着冲突：经济学不可能对影响资源配置的所有因素都加以研究并获得规律性的结论，这就产生了原理的普遍适用性不足与实践中新问题有待解决之间的冲突。随着社会生产实践和理论研究的不断发展，经济学将把更多的影响因素纳入经济模型的分析和研究，提高经济学原理的普遍性；管理学将更多地应用经济学的研究成果，提高管理学的精确性。但是，原理相对于实践的滞后性使得经济学原理普遍性与实践中新问题有待解决的矛盾长期存在，正是这种长期存在的矛盾在不断推动经济学和管理学的发展。

（八）**经济学与管理学在研究方法和分析工具上的关系**

首先，经济学和管理学都属于社会科学，因而在专业研究中要运用社会科学研究的共性方法和工具。其次，经济学为了对影响资源配置更多的因素进行研究，必然涉及更多的相关专业领域（心理学、管理学、伦理学甚至自然科学等），从而借鉴和运用其他专业领域的理论和研究方法。再次，管理学的研究能够而且有必要应用经济学原理和经济学的研究方法与分析工具。最后，管理学研究还必须结合具体的实际情况，借鉴经济学和管理学原理以外的其他理论和方法，进行随机制宜的分析，探讨提高管理有效性的途径。

第三节　经济管理类论文的分析工具

经济学的研究方法多种多样，但目的主要有两个：一是寻求各个经济单位之间的经济联系及其数量关系；二是为社会提供影响经济活动结果的可能选择。为了这些目的，经济学家经常使用的技术和工具是数据和经济模型。这些经济数据和经济模型也为管理决策提供了重要依据。下面我们用一个关于需求的经济模型说明如何使用这两种工具以及它们如何指导管理决策。

一、经济数据

经济数据是对经济活动的度量，绝大多数的经济活动都可以由数据表示出来。正如我们的身高可以由厘米或米来计量一样，许多经济活动的规模都有一个计量单位。例如，1 千克西红柿的价格是 4.5 元，1 克 24K 黄金的价格是 300 元等。

假定某企业通过对消费者访问调查（当然还可以采用其他方法取得经济数据）获得当前该企业产品对应于每一价格水平的市场需求量数据如表 8-1 所示。

表 8-1　产品价格与需求量

价格（单位：元/件）	1	2	3	4	5	6	7
需要量（单位：万件）	10	9	8	7	6	5	4

以上数据组成的表格反映了在其他影响因素不变的条件下，产品的价格与需求量之间的对应关系，在经济学中被称作"需求表"。

二、数据的加工

通过各种途径取得的经济数据需要经过适当的加工，才能有效地用于经济分析和指导管理决策。数据的加工和整理是一门专门的技术，在这里，我们只就上面的例子加以分析说明。

假定企业的目标是销售收入最大化，目前的销售价格是 3.8 元/件，企业正面临价格变动的方案选择。这时需要对上述经济数据进行加工，方法如下：

首先，拟出该企业的需求函数方程。假定用 Q 表示销售量，P 表示价格，则其线性回归分析模型为：$Q = a + bP$。用最小二乘法进行求解待定系数的过程如表 8-2 所示。

表 8-2　线性回归分析计算过程

P_i	Q_i	Q_iP_i	P_i^2
1	10	10	1
2	9	18	4
3	8	24	9
4	7	28	16
5	6	30	25
6	5	30	36
7	4	28	49
$\sum P_i = 28$	$\sum Q_i = 49$	$\sum Q_iP_i = 168$	$\sum P_i^2 = 140$

于是，得到需求函数方程：$Q = 11 - P$。然后我们再求出以价格为自变量的销售收入函数及边际收入函数：

$$TR = Q \times P = 11P - P^2$$

$$MR = 11 - 2P$$

根据边际收入为零时总收入达到最大的原理，令 $MR = 0$，可得，$P = 11/2 = 5.5$（元/件）。这说明，企业要想获得最大的销售收入，应当把价格定在 5.5 元/件，即企业应选择提价策略。

企业以销售收入最大化为目标的价格决策，还可以通过弹性理论来分析。当需求的价格弹性的绝对值为 1 时，销售收入达到最大。

三、经济模型

经济模型是经济学家对某些经济问题所持基本观点的一个简单概括。在一个经济社会中，一个经济单位的行为受许多因素的影响，如一个人对某一种商品的消费量受其收入的影响。另外，不同经济单位的行为也存在相互影响。例如，在一个家庭收入既定的条件下，家长的消费量与孩子的消费量是相互对立的。在适当简化的基础上，把经济单位的不同经济变量或不同经济单位之间的相互联系和制约用一些特定的符号表示出来就是经济模型。

经济模型往往由一个或多个表示两个或多个经济变量的数学方程式所构成。经济模型所包含的方程的个数以及每个方程所揭示的影响某一经济量的因素，取决于经济现象的复杂程度以及理论研究的目的。

在上例中，企业的需求函数、销售收入函数、边际收入函数都属于经济模型，它们为经济研究提供了便利，也为管理决策提供了更为科学的依据。在微观经济学和宏观经济学中，同学们可以学习到大量的经济模型，它们对于经济学和管理学各种问题的研究具有重要的工具性意义。

四、经济模型与数据

建立和使用经济模型离不开数据。首先，一个经济单位的行为由他们对某些经济量的选择表示出来，因而制约经济单位行为的各个因素之间以及不同经济单位之间的经济联系由数据之间的关系表示出来。所以，考察不同经济量之间的关系是建立经济模型的基础。其次，经济模型是经济学家在考察经济变量之间的联系并做出一定简化基础之上建立起来的，因而经济模型是否真正揭示了现实经济社会中的各种经济联系需要由实际数据加以检验。最后，建立和分析经济模型的目的之一在于为社会提供政策依据，经过检验的可行的经济模型最终会以某些数据的形式提供不同的政策选择及其结果。

经济数据和经济模型对于管理学来说，是来自经济学的分析工具。

五、来源于决策学的分析工具与技术

在管理的具体实践中，运用经济学原理来指导决策必须同管理活动所处的具体环境状况结合起来，这就要求我们在管理的理论研究和管理实践中，还必须从其他学科领域借鉴研究方法和分析工具。按照决策理论学派的观点，决策贯穿管理的全过程，管理就是决策。因此，决策学为管理的理论研究和管理实践提供了重要的分析工具与技术。美国学者詹姆斯·L. 帕帕斯和尤金·F. 布里格姆把决策学提供的分析工具分为两类：一是最佳化技术，包括微分学和数学规划等，它们有利于管理当局获得达到其既定目标的决策准则；二是统计工具，用于估量决策问题中出现的各个变量的关系。其中的预测技术在管理决策中起着重要作用，这是因为决策问题大都涉及未来的活动和事项。詹姆斯·L. 帕帕斯和尤金·F. 布里格姆指出，划分决策学的二分法也不是绝对的，统计相关性本身含有最佳化过程，最佳化技术和统计相关性在发展预测方法论方面起着重要作用。

最佳化技术中的微分法和数学规划法，读者可以阅读经济数学和运筹学来进一步学习掌握，而统计工具则可从数理统计、统计学原理和有关专业领域的统计学科中得到深入的了解。

在经济学或管理学各类专业的本科教学中，这些课程都作为基础课或专业基础课先于学年论文阶段开设。因此，不论是在学年论文还是在毕业论文的专业课题研究中，学生都应具备运用这类分析工具的能力。

第四节　经济管理类论文的参考选题与文献资源

一、经济管理类论文的参考选题

（一）经济类的参考选题

（1）论农村劳动力转移与城市就业矛盾的解决途径

（2）农业生产结构调整与优化研究

（3）论我国当前扩大内需对经济发展的作用

（4）从河南市场看扩大内需的途径

（5）拓宽消费领域和优化消费结构研究

（6）中国劳动力市场供需结构的分析与研究

（7）论"中国制造"的产业基础和发展方向

（8）论当前能源价格波动对我国经济增长的影响及对策

（9）论美国"次贷"危机对我国实体经济的影响及对策

（10）论民营中小企业融资的难点及解决的对策

（11）计算机软件业反垄断的经济学研究

（12）论市场机制对我国医疗行业体制改革的意义

（13）论农村土地流转对农业经营方式的影响

（14）非农产业的发展对农村剩余劳动力转移的影响分析

（15）河南省城市经济发展的布局研究

（16）城市化对经济增长推动作用的经济学分析——以河南省为例

（17）粮食种植面积与经济增长的实证分析——以河南省为例

（18）房地产市场"过冷"背后的经济学思考

（19）中国区域经济发展的差异及原因分析

（20）我国宏观调控政策的缺陷分析

（21）当前美国新一轮经济衰退对我国经济的影响

（22）我国农村土地流转改革的经济学思考

（23）当前我国资本大规模流入问题及对策

（24）西部开发如何实现资源整合

（25）新农村建设中农村合作经济的作用

（26）资源型城市如何实现可持续性发展

（27）国有企业剩余索取权分配的依据

（二）管理类的参考选题

（1）会计电算化发展面临的问题与对策

（2）论税务会计与财务会计的分离

（3）非货币性资产交换会计处理的探讨

（4）中国残疾人社会保障问题

（5）素质测评在员工招聘中的应用

（6）中国零售业的发展现状及前景

（7）网络会计对传统会计的冲击

（8）企业并购中的人力资源整合问题分析

（9）国际贸易买卖中的风险转移

（10）我国茶叶出口中存在的问题及对策探讨

（11）国际货物风险转移问题研究

（12）上市公司股票回购财务效用分析

（13）我国面临的国际贸易摩擦与应对措施

（14）我国商业银行全面风险管理研究

（15）变动成本法在我国的应用研究

（16）我国企业信用缺失及其治理

（17）知识经济背景下人力资源管理会计问题研究

（18）企业资本经营问题——19 证券市场发展对会计的影响

（19）我国上市公司会计信息披露质量研究

（20）长期股权投资核算方法乃至问题的探讨

（21）资产评估与会计相关问题的研究

（22）企业会计政策选择：影响因素与经济后果

（23）我国企业并购分析

（24）企业财务管理目标与资本结构优化

（25）证券投资的风险及其规避

（26）会计准则变化对企业收益及其分配的影响

（27）作业成本法在我国管理中的应用案例分析

（28）审计质量——基于审计专业判断的视角

（29）我国管理会计的创新发展

（30）非营利组织财务治理研究

二、经济管理类论文的文献资源

（一）经济管理类核心期刊资源

根据中文核心期刊目录（2014 年版），经济管理类核心期刊资源包括如下期刊：

1. 综合性经济科学方面的核心期刊

（1）《经济研究》

（2）《经济学动态》

（3）《经济学家》

（4）《经济评论》

（5）《当代财经》

（6）《财经科学》

（7）《经济管理》

（8）《南开经济研究》

（9）《当代经济科学》

（10）《中南财经政法大学学报》

（11）《当代经济研究》

（12）《经济纵横》

（13）《山西财经大学学报》

（14）《现代财经》

（15）《上海财经大学学报（哲学社会科学版)》

（16）《广东商学院学报》

（17）《经济学》

（18）《经济经纬》

（19）《经济问题》

（20）《河北经贸大学学报》

（21）《云南财经大学学报》

（22）《贵州财经学院学报》

（23）《首都经济贸易大学学报》

（24）《江西财经大学学报》

2. 世界经济方面的核心期刊资源

（1）《世界经济》

（2）《世界经济与政治》

（3）《世界经济研究》

（4）《国际经济评论》

（5）《外国经济与管理》

（6）《国际贸易问题》

（7）《国际贸易》

（8）《当代亚太》

(9)《亚太经济》

(10)《世界经济与政治论坛》

(11)《现代国际关系》

(12)《东欧中亚研究（改名为俄罗斯中亚东欧研究)》

(13)《世界经济文汇》

3. 经济计划与管理方面的核心期刊

(1)《管理世界》

(2)《数量经济技术经济研究》

(3)《中国经济史研究》

(4)《改革》

(5)《经济理论与经济管理》

(6)《中国人口、资源与环境》

(7)《自然资源学报》

(8)《宏观经济研究》

(9)《上海经济研究》

(10)《中国社会经济史研究》

(11)《资源科学》

(12)《城市问题》

(13)《城市发展研究》

(14)《中国经济问题》

(15)《经济问题探索》

(16)《地域研究与开发》

(17)《中国劳动》

(18)《中国流通经济》

(19)《现代经济探讨》

(20)《长江流域资源与环境》

(21)《中国人力资源开发》

(22)《运筹与管理》

(23)《物流技术》

(24)《经济研究参考》

(25)《经济体制改革》

(26)《消费经济》

(27)《生态经济》

(28)《开放导报》

(29)《现代城市研究》

（30）《开发研究》

（31）《宏观经济管理》

（二）图书类资源

（1）［美］彼得·德鲁克：《卓有成效的管理者》，机械工业出版社，2009 年

（2）［美］彼得·德鲁克：《管理的实践》，机械工业出版社，2009 年

（3）［美］彼得·德鲁克：《管理：任务、责任、实践》，华夏出版社，2008 年

（4）［美］彼得·德鲁克：《成果管理》，机械工业出版社，2009 年

（5）［美］菲利浦·科特勒：《营销管理》中国人民大学出版社，2009 年

（6）［美］斯图尔特·克雷纳：《管理百年》海南出版社，2008 年

（7）沈小平：《综合集成管理：面向供应链系统的理论与实践》，经济管理出版社，2010 年

（8）曾湘泉：《劳动经济学》，中国人民大学出版社，2010 年

附录一 文史哲类毕业论文范例与评析

论《诗经》爱情诗的生态价值

华北水利水电大学 2009级对外汉语专业 雒柳明

第一章 引言

1.1 研究的背景及依据

随着经济的发展，人民的生活水平不断提高，大众关注的视角不仅是停留在自身的经济、政治、思想等方面，而是逐渐把视角投入到我们的生活环境当中，可持续发展、和谐共存已经成为社会发展的主题。因此，生态文学应运而生。

生态文学，简而言之，就是关注人与自然的和谐发展问题。生态意识又称环境意识[1]。自工业革命以后，全球的生态问题日益严重，严重影响了当代人以及后代的生存和发展。生态问题随之成为人们关注的焦点。而《诗经》是我国的第一部诗歌总集，作为中国古代文学方面的代表作之一，自其产生之日起便备受关注，尤其是今天，《诗经》的研究者们不断地突破已有的局限，将研究拓展到整个上古政治、风俗、哲学、文学、宗教文化甚至生态层面。这种对《诗经》的拓展，不断丰富了《诗经》阐释的内容，更能从不同角度还原《诗经》的本来面目，将《诗经》多方位地展现给广大读者。本文通过对《诗经》中爱情诗的仔细研读、相关背景资料的查询以及现有的相关文章查阅，总结出《诗经》爱情诗中所蕴含的人类最原始最朴素的生态思想。阐析《诗经》爱情诗的生态价值，旨在激发今人关爱自然之意识。

1.2 研究的目的和意义

在全球生态问题日益严重的今天，人们的环保意识日益加强，因此国内外很多学者将视野放到生态文学方面，因此生态文学呈现出欣欣向荣的景象。《诗经》是中国第一部诗歌总集，也最能阐述原始和朴素的生态价值观。本文主要从《诗经》爱情诗的生态价值进行分析和阐述。主要以《诗经》中爱情诗的内容、文化以及环境进行分析，结合国内外的生态学方面知识研究的内容作为支撑，取多方面的论据进行多方面的阐述，分析其中的生态价值。通过对本文的研究，让读者感受到人和自然共同相处的和谐之道，并从内心感受到那份最原始最朴素的生态情怀。对增强人的环境保护意识、和谐的人际关系价值观的塑造都有良好的借鉴作用，对当代社会的发展也有重要的时代价值。同时，对我国今日所提出的和谐社会和环境友好型社会的建设，也有重要的启示和指导作用。

1.3 选题的创新点

纵观前人对本选题的研究发现，大家的见解大同小异，而侧重点是不太一样的，虽然对《诗经》的价值研究很多，但是对《诗经》生态方面的研究还是不多的，最主要的是关于《诗经》爱情诗的生态价值研究是少见的。本文主要从《诗经》中爱情诗的生态价值入手，将《诗经》爱情诗分为恋爱诗、婚姻诗、爱情诗，并从这几类中分别进行生态文学方面的研究，结合诗经在文学方面的影响，分析《诗经》中爱情诗的生态价值。

1.4 总体结构

本文主要从生态文学这一角度出发，参照《诗经》的文本，分析其中爱情诗的生态价值。希望这些生态价值，能够增强人们的环境保护意识，激励人与自然和谐发展，并对环境友好型现代化建设有所助益。第一章引言主要从整体上讲述了本选题的背景和意义，以及本篇论文的主要创新点和研究方法。第二章主要讲述生态文学产生的背景和中国生态文学的现状以及生态文学的特点，主要分析了生态文学的产生、发展和特点，有助于分析《诗经》中所出现的生态价值及其影响，为下文的顺利进行做铺垫。第三章主要讲述了《诗经》爱情诗所蕴含的生态文学元素，分类别地进行分析《诗经》爱情诗中的生态价值。将《诗经》的爱情诗主要分为恋爱诗和婚姻诗两大类，并单独分析恋爱诗和婚姻诗中所包含的生态元素。第四章主要讲述了《诗经》爱情诗的生态思想和生态价值，并分析其生态思想对儒道思想的影响。通过对《诗经》中爱情诗的生态价值分析，总结出《诗经》中爱情诗的生态价值以及对当今恋爱平等自由和正确的婚姻观的影响。第五章主要对本篇论文进行了总体的概括，并对《诗经》中爱情诗的生态价值做整体的总结。

第二章 研究综述

2.1 国外相关的研究现状

国外关于《诗经》的研究可以追溯至 17~18 世纪，西方传教士向欧洲译介《诗经》，宣扬普遍意义上存在的上帝的荣光、灵魂的不朽，甚至附会从《诗经》发现耶稣来华的迹象，努力宣传基督教义。18 世纪这些传教士不能无睹于《诗经》明显的文学性质，承认它是美妙和谐具有古代情调的诗集，但他们的阐释从整体看则充满浓厚的教会学术色彩。18 世纪资本主义欧洲的注意力移向东方，强烈要求了解古老的中华文明，兴起了汉学热，从而促进了宗教学术向世俗学术转型，但是存在的原因不长，是由于西方是在资本主义社会科学文化发展的条件下接受《诗经》的。19 世纪前期，爱德华·比奥（Edourar Boit）的专论《从诗经看古代中国的风俗民情》把《诗经》看做了解中国的百科全书，分别从衣着、建筑居室、狩猎、农牧、饮食等近 20 项依次论析，从而推动了《诗经》研究完全扬弃宗教神学的影响，力求展现《诗经》的本来面目。1971 年英国理雅各（Lame Legge）的《诗经》全译，全面地展示了《诗经》的历史掌故、风俗习惯，更加真实地展示了《诗经》，可谓是中国文学西播史上的里程碑。20 世纪 50 年代以后，由于中苏关系、文化交往，《诗经》在俄罗斯已有 15 种译本（全译和选译）。直至现在《诗经》以十几种语言在世界传播，《诗经》是世界汉学的热点。[2]

2.2 国内相关的研究现状

《诗经》深受人们喜爱，被封为儒家经典之一，一直深受后世读者的普遍重视。国内对诗经的研究也是各方面都有涉及。张西堂研究认为《诗经》是中国古代的乐歌总集，古代并无采诗之事，故亦无古诗三千而取其三百之事。孔子删诗亦不可信。关于《诗经》的体制，张先生认为"南"与"国风"不同，南、雅、颂都是乐器。张先生驳斥了《毛诗序》之种种谬妄，对于《毛诗序》之作者，张先生亦力辩其非。对于《诗经》的思想内容和艺术表现，张先生也有剀切入里的分析。闻一多《诗经》研究的术学文体、理论运用、观念意识，在考据、阐释、鉴赏方面的结合，全面展现出《诗经》蕴含的生命力，对当今学界《诗经》研究的文化人类学阐释滥觞很有警醒意义。[3] 对于《诗经》的研究者还有很多，就不一一列举了。

关于生态意识，其实在很早以前就存在，但是作为反映人与自然和谐发展这种新的观念却是近晚的事。生态意识最早产生于西方，20 世纪 30 年代美国生态学家莱奥波尔德在《大地伦理学》中指出："没有生态意识，私利权以外的义务就是一句空话。"[4] 所以我们面对的问题是把社会意识的尺度从人类扩大到自然界。20 世纪 60 年代以来，伴随着各种环境问题的出现，人类意识到生态环境保护的重要性和迫切性，生态思潮开始兴起，波及人文科学的所有领域。20 世纪 70 年代生态文学迅速发展，并迅速在 90 年代成为文学研究的显学。但《诗经》在学术界的生态研究却较少有人注意，研究成果相对匮乏。不仅影响我们对《诗经》文化价值的认识，也不利于我们继承优秀的历史文化遗产，建设社会主义文明，推进现代化事业的可持续发展。因此，深入研究《诗经》中的生态价值或生态思想，应该成为重要的学术研究课题。

现阶段关于《诗经》生态意识方面的研究主要有以下成果：曾繁仁的《试论〈诗经〉中所蕴含的古典生态意识存在论审美意识》分析了我国古典生态存在论美学思想所特有的"诗题"、"诗意"与"诗法"。李金坤的《〈诗经〉自然意识发微》，通过对《诗经》中的"鸟兽草木"等动植物的分析阐释了《诗经》自然生态的审美意蕴。瞿娟的硕士论文《论〈诗经〉的生态思想及其当代价值》，主要从《诗经》生态思想的背景出发，重点探讨了"朴实无华"的生态思想。章可敦的

《从〈诗经〉看周人与自然的和谐》论述了人与自然的和谐相处的方法。康军帅、樊学君的《〈诗经〉人与自然和谐文化解读》解析了《诗经》早期就展现的生态思想。谭容培的《〈诗经〉中的自然美》展现了最原始、最朴素的自然景象。[5] 这些研究都从不同程度上揭示了《诗经》的生态意识，为后人树立正确的价值观起到了很好的作用。

2.3　本研究拟解决的主要问题

诸多学者的论述都从不同程度揭示了《诗经》的生态意识，但由于侧重点不同或者篇幅所限，往往没有深刻的分析。这也是《诗经》生态思想没有更深刻和广泛展现给读者的一个原因，本文将在已有的成果上，通过对《诗经》爱情诗的深入解读，进一步阐释生态价值。

2.4　本研究存在的问题及发展趋势

毕竟生态文学是近几年兴起来的学科，就研究的文献来看，虽然有大量的学术问世，但与生态意识研究有关的论文为数不多。纵使有文献研究《诗经》的生态文学方面，但研究《诗经》爱情诗中生态价值的却不多，再加上诸多学者研究的侧重点不同，使《诗经》爱情诗中的生态价值不能全面和多角度地展现给读者。因此，《诗经》爱情诗的生态价值研究会引起更多人的关注，需要进一步的探讨和研究。

2.5　研究方法

本文涉及文艺学、社会学、文化学、生态学、环境学等多项学科的研究思路和方法，只有将这些研究方法融会贯通、综合运用，才能使各类材料有机结合，发挥最为有效的作用。至于具体的分析方法，主要运用的有：①归纳法：对生态文学有初步了解，参考生态文学方面的著作对相关的理论知识进行搜集以运用到论文当中。对《诗经》文本有详细的了解，再结合本专业所学的知识对所选的信息总结分析，转换视角，从不同的角度寻求创新点，增加所研究内容的实际价值，最后得出一个概括性的结论。②文献法：搜集查找国内外关于生态学的文献资料，根据资料所反映的情况做记录分析，大致确定论文研究的方向和构思。③以逻辑分析法、比较法和归纳法为主开始写论文，中间掺有文献资料法，按部就班，循序渐进，有条理有层次地分析《诗经》爱情诗的生态价值。

第三章　生态文学产生的背景、特点及国内研究现状

3.1　生态文学产生的背景

生态思想，就是用和谐的生态观去观察世界，用生态化的方法去研究人与人、人与自然的社会关系与生态关系，使自己的行为恪守生态伦理道德成为一种自觉意识。[6] 在世界文学史上，无论是在东方还是西方自古就有蕴含生态思想的作品。而诗歌更是充满着朴素的生态主义思想。如《圣经》中的诺亚方舟、中

国神话的女娲造人，炼石补天。又如《孟子·告子上》说："苟得其养，无物不长；苟失其养，无物不消。""养"就是今天的"食物链"。古人已经认识到生态平衡的重要性，并注重"天时、地利、人和"。

由于自然引发的危机愈来愈烈，人的生态意识觉醒，因此生态文学已经从古代谋求"天人合一"演变成了揭露生态问题、解决矛盾为主，这可以说是一种进步，也可以说是一种悲哀。20 世纪以来人类科技蓬勃发展，相应的各种问题也相继出现，其中生态危机是一个关系人类生存和发展的重大问题。自从有人类以来，人类与自然的关系、人类对自然的认识一直随着生产力的提高而在不断地变化，起初人与自然间的力量对比是如此的弱小，其活动根本改变不了自然界的平衡。但是后来随着科技的进步，人类改造自然的能力不断加强，产生了驾驭、主宰自然的意识。人类普遍乐观地认为自己是无所不能的，人类与周围的万事万物的关系是利用和被利用的关系，万事万物的存在价值是由人类判断的。这种意识助长了人类对大自然不计后果的掠夺和征服欲望。在短短的二三百年里，当人类陶醉于工业革命带来的繁荣和巨大财富的时候，各种负面效应悄然向人类袭来，人类赖以生存的地球频频向人类发出了警告：温室效应、环境污染、陆地沙漠化扩大、水污染严重、生物多样性锐减等，人类在各种危机的重压下步履维艰。

正是面对这种危机，人类不得不思考人与自然的关系。生态学、生态观越来越引起人们的重视，逐渐成为热门，各种生态伦理思想为此也得以广泛地传播。如以辛格为代表的动物解放论者提出应当把"平等地关心所有当事人的利益"这一伦理原则扩展应用到动物身上去。以罗尔斯顿为代表的自然价值论者把人们对大自然所负有的道德义务建立在大自然所具有的客观价值之上。正是随着生态伦理思想的广泛传播，传统的那种征服自然、驯服自然，不惜以破坏生态环境为代价谋求人类自身利益的价值观已受到否定，人与自然和谐共生的观念已备受世人所推崇。

文学作品作为社会的真实反映，作家对生态环境所体现的一种终极关怀必然体现出来。人与自然是和谐还是冲突也成为作家创作中无法回避的问题。在苏联文学中，列昂诺夫的长篇小说《俄罗斯森林》、阿斯塔菲耶夫的《鱼王》等作品，以独特的角度和严谨的创作态度来分析人与自然的关系，指出人与自然的和谐关系遭到践踏意味着人性的扭曲、人性的分裂和道德颓废。美国作家蕾切尔·卡森的《寂静的春天》、加拿大作家法利·莫厄特的《鹿之民》、《屠海》和《被捕杀的困鲸》等作品在世界文坛上产生了深远的影响。中国也有许多作家关注生态环境，相继聚集在生态文学的大旗下，创作了许多生态文学作品，形成了阵容强大的作家群：张洁、张贤亮、陈建功、徐刚、张抗抗、余华等。生态文学的繁荣，是人类自然生态危机和精神生态危机在文学领域里的必然表现，也是作家和学者对地球以及所有地球生命之命运的深深忧虑在创作和研究领域里的必然反映。它拓展了文学的创作空间，标志着文学又一次迎来了大转折大变革，文学创作的指向从以人为反映对象转向呼唤人与自然的新和谐。

3.2 生态文学的特点

3.2.1 生态文学的认识

生态文学在中国有了近十年的发展，但是相对于其他文学艺术品种而言，生态文学还是比较年轻的文学样式。对于概念、特征还有一些不清楚和有待修正的地方。本文主要研究《诗经》爱情诗中的生态价值，所以有关生态文学方面的特点有必要首先在这里做简单的总结和阐述。

生态文学是由"文学"与"生态学"相交叉而产生的一门学科。生态文学的研究主要是围绕着"人与自然"的社会关系与生态关系，使自己的行为恪守生态伦理道德成为一种自觉意识（即生态意识）。以生态整体观作为支撑点，以生态哲学、生态伦理学作为价值导向，以人类存在困境为研究对象，从不同侧面、不同的角度、不同的层次来认识和研究文学中的生态现象。[7] 近年来，人们对于生态环境方面的警醒，生态文学也兴起了热潮，但作为生态文学方面的研究从20世纪70年代，随着世界范围的绿色思潮的日趋高涨，到90年代才成为文学研究领域的热门。所以国内外学者对此的讨论还不够充分，研究者使用的术语也很多。有生态文学、自然书写、自然文学、环境文学、环保文学等多种提法。中国环境文学研究会秘书长高桦于1984年提出环境文学这一说法，并进一步解释："我们并不像日本、英国那样称'公害文学'是出于我国的国情，因为我们不仅要揭露破坏环境的人和事，而且要歌颂为环境保护做出贡献的人和事。"王诺在《欧美生态文学》中谈到："生态文学是以生态整体主义为思想基础、以生态系统整体利益为最高的考察和表现自然与人之关系和探寻生态危机之社会根源的文学。生态责任、文明批判、生态理想和生态预警是其突出的特点。"[8] 所以我认为可以把"生态文学"总结为：生态文学是以生态整体主义为思想基础、以生态系统整体利益为最高价值审视，主要围绕自然与人之间的关系，探究生态危机意识产生的社会现实根源、精神根源，呼唤保护意识，弘扬生态责任，推崇生态整体观，倡导人与自然和谐共存的文学。

3.2.2 生态文学的特点

（1）生态文学是揭示生态危机及其社会根源的文学。

忧患意识的张扬是生态文学作品的突出特点。生态文学作家对人类当前所面临的生态危机表现出慎重的忧患意识和猛烈的批评态度。他们对日益严重的生态危机有着细致的观察和体会，往往用生动而又沉甸甸的文学语言展现它的可怕形势，对造成生态灾难的社会根源进行无尽的探索。忧患意识的张扬和弥漫正可以描述生态文学最突出的精神特质。

（2）生态文学是重新审视人与自然关系的文学。

对人类中心主义的否定、生态责任的弘扬是生态文学的突出特点。生态文学中人和自然的关系的表现主要包括：自然对人的影响，自然万物与人类的关系，人对自然的破坏，人对自然的保护和生态平衡的恢复与重建，人与自然的和谐。生态文学指出人类是自然界的一部分，而不是自然界的主人。人类必须将自己置身于自然万物大系统之中，进而对整个系统以及系统内部各种关系的和谐、平衡负责。

（3）生态文学是以生态系统的整体利益为最高价值的文学。

对经济主义的批判，对征服、掠夺自然行径的抨击，对生态整体观的推崇是生态文学的突出特点。生态文学认为大自然是一个严密的大系统，任何一种生物都与某些特定的其他生物有关，其生存的环境有着密切的不可人为阻断的关系，破坏了其中任何一个环节，必将导致一系列的损坏甚至整个系统的紊乱。所以以生态整体观作为指导考察自然与人的关系，它对人类与自然有关的思想、态度和行为的判断标准是：是否有利于生态系统的整体利益，即生态系统和谐、稳定和持续发展地自然存在。只有这样，才能保证人类自身安全、健康、长久地生存和发展。所以对生态整体观的推崇一直是生态文学的突出特点。

（4）生态文学是倡导人和自然和谐共生的文学。

表达人类与自然万物和谐相处的理想、描述回归自然的浪漫是许多生态文学作品的突出特点。生态文学认为，人与自然和谐统一，即人与自然之间并不存在主宰与被主宰的关系，而是和谐统一的互动关系。自然是人类的哺育者，也是人类的良朋益友和导师，人类不仅在物质方面要依靠大自然，而且在精神方面也受到大自然的熏染和陶冶。人类生存的最高境界是人与自然、人与社会、人与他人、人与自身的一种诗意的和谐关系。生态文学在深入研究人与自然关系的基础上，确立和传达了符合社会发展规律的新的生态价值观和发展观。[9]

3.3　中国生态文学的现状

自中国改革开放以后，中国的经济飞速发展，其中很大的原因是外企的大量引进、工业的飞速发展、矿藏的过度开采、城镇小企业的发展。而这些都逐渐对生态造成了严重的威胁和破坏：内蒙古草原的沙化，西北地区水环境的污染，大兴安岭原始森林的滥砍滥伐，水资源的日益短缺……中国的生态危机引起了有志之士的警觉，他们在深入调查生态被破坏状况的过程中，大声疾呼必须全力以赴整治生态危机。

国内最早一批科学家、作家和新闻工作者把目光转向了人类生存环境，围绕"人与自然"这一主题，写出了一批生态文学。生态文学，又称环境文学、绿色文学、大自然文学等，它是一种伴随人类对自身与自然的生存危机关系的思考而萌芽、成长、兴起的文学现象。生态文学重点描绘人与自然界的关系，人在生态环境变化中所扮演的不同角色和所起的各种作用，人与自然的喜与忧、得与失，描述人越是进入高度文明的工业化时代就越和动植物一样面临生存的困境，让读者懂得保护生态环境与大自然和睦相处的重要性。[10] 20世纪80年代中期开始，陆续出现了不少生态文学作品。而这其中报告文学首先成为了中国生态文学的排头兵。报告文学以其客观迅捷、真实生动的文体，成为中国生态文学创作最初的选择。中国生态文学报告的繁荣，体现了文学界对中国当代社会生态危机，作品往往多感性的呼唤而乏理性的思考，多激烈的呐喊而少深远的眼光，长于事实的揭露而短于深层原因的研究。在文坛活跃着众多生态文学作家，涌现出大量的生态文学作品。代表作家有徐刚、包国晨、沙青、李青松、郭雪波、马丽华、黄宗英、潘文石、沈群宾等，许多从事生态文学创作的作家正逐渐为人们所接受和熟悉，大量的生态文学作品如《拯救大地》、《遥远的虎啸》、《熊猫社会》等，使深居都市的读者们有了一片清新的视野和一种回归大自然的感觉，有了生态危机和生态平衡意识，备受生态文学批评家的青睐并日益为文艺理论界所关注。中国生态文学创作进入一个实质性的发展阶段。

近几年来，一些生态文学理论专著和论文应运而生，如刘蓓（2004）《生态批评研究考评》、彭松桥（2004）《走中国特色的生态批评之路》、王诺（2005）《欧美生态文学》、鲁枢元（2005）《生态批评的视野与尺度》等相继问世。生态文学学科和理论体系的建设，更是标志着中国生态文学正在走向自觉地学理层次的高度。

第四章 《诗经》爱情诗中的生态文学元素

爱情主题是中国文学中最古老的主题之一，《诗经·国风》中的爱情诗，除热烈讴歌和赞美爱情的美好与欢乐外，还集中反映了两个鲜明的主题：对于爱情自由的向往追求与爱情忠贞的赞美歌颂。虽然在《诗经》中的爱情诗中并没有专门描写自然生态环境，但诗人常常使用赋比兴表现手法抒发情感时，所凭借的对象却多为动植物和山水。利用自然生态警醒审美，实际所反映的是人们亲近自然、关爱自然、以物为友、寄情自然的生态审美意识。以下将《诗经》中的爱情诗分为恋爱诗和婚姻诗两大类，并将其生态价值做仔细的分析。

4.1 恋爱诗中的生态元素

歌咏爱情是《诗经》以来千百年不衰的主题，也是所有文艺作品永恒的主题。在《诗经》的十五国风中，爱情体现得最有特色。尽管这些爱情题材各异，地域有别，表现手法有异，描写的对象不同，但是，它们有个共同的特点：那就是这些诗歌描绘的都是发自人内心的生态感情，朴素大方，清新自然。并且这些感情都以"真实情感"的自然流露为基调来表现。本文通过对爱情诗的品读推敲，加上自己对生态方面的理解，总结出不同类别的爱情诗中的生态元素。

4.1.1 追求美好爱情诗中的生态元素

《诗经》生态感情表达的基调是真情、大胆、自然。真情是《诗经》爱情诗的主基调，贯穿于十五国风爱情诗中，表现出质朴、直率、热烈、大胆四个基本特征。《诗经》爱情诗质朴的特征他们用自然而然的方式去表现。

《周南·关雎》是一个青年热恋采集荇菜女子的诗。其诗云：

关关雎鸠，在河之洲。窈窕淑女，君子好逑。

参差荇菜，左右流之。窈窕淑女，寤寐求之。

求之不得，寤寐思服。悠哉悠哉，辗转反侧。

参差荇菜，左右采之。窈窕淑女，琴瑟友之。

参差荇菜，左右芼之。窈窕淑女，钟鼓乐之。[11]

全诗的背景是在一个小洲上，有一对雎鸠在叽叽喳喳地和鸣着。一位男子看到河岸边采摘荇菜的姑娘，她专注地干活，竟丝毫没发现不远处有位男子已经被她深深地吸引了。河洲、流水、雎鸠还有参差不齐的荇菜，再加上"窈窕淑女"真是如诗如画，在这么美丽恬静的画面渲染下，那位男子表现出的"寤寐求之"、"寤寐思服"、"琴瑟友之"、"钟鼓乐之"等求之不得而夜不能寐的相思之苦，就不难理解了，这种青涩纯朴的相思之情与静谧如画的景色浑然一体，男子爱恋淑女的情感在自然景色中得到了升华。因此，我们看到男女恋爱萌芽的发生大多与自然风光相联系。

4.1.2 歌颂美好恋爱诗中的生态元素

《诗经》中的爱情诗居多，恋爱诗中歌颂美好爱情的诗篇让我们感受到作者对心上人深深的爱恋。

《秦风·蒹葭》诗云：

蒹葭苍苍，白露为霜。

所谓伊人，在水一方。

溯洄从之，道阻且长。

溯游从之，宛在水中央。[12]

本诗开篇描绘了一幅秋日清晨图：水边的蒹葭上的露珠结成斑斑白霜，一派萧瑟苍茫的景象。就在这么个凄清迷茫的环境中，主人公追寻"伊人"的无限情思油然而生："所谓伊人，在水一方"，一水之隔的"伊人"，似近在咫尺，而又渺茫难及。无论主人公"溯洄从之"还是"溯游从之"，始终未能如愿。依稀之中，那"伊人"却又仿佛出现在雾气朦胧的秋水中央。本诗通过蒹葭、白露、河水等生态元素，自然纯朴地表达了对"伊人"的爱意。

4.1.3 恋爱遭干涉诗中的生态元素

先秦时代的男女交往，从礼约相对宽松逐渐发展到由"娶妻如之何，必告父母；娶妻如之何，非媒不可"的礼教来制约。[13]《鄘风·柏舟》反映了诗经时代民间婚恋的现实状况。

泛彼柏舟，在彼中河。髧彼两髦，实维我仪。

之死矢靡它。母也天只！不谅人只！

泛彼柏舟，在彼河侧。髧彼两髦，实维我特。

之死矢靡慝。母也天只！不谅人只！[14]

这首诗主人公是一个待嫁的姑娘，她选中的对象是一个不到二十岁的少年郎，姑娘的选择未能得到母亲的同意，所以她满腔怨恨，发誓要和母亲对抗到底。这首诗还接触到一个更为普遍的社会问题：无论古今中外，在择偶的问题上，母亲和女儿的意见往往不能一致。母亲相中的，女儿不屑一顾；女儿中意的，母亲坚决不准带回家来。这种事不但古代有，今天还有；不但中国有，外国也有。例如，白俄罗斯民歌《妈妈要我出嫁》中，妈妈给女儿挑了好多人家，女儿的表态都是"妈妈我不嫁给他"。印度尼西亚民歌《哎哟妈妈》中，女儿为自己辩解说："哎哟妈妈，你不要对我生气，年轻人就是这样相爱。"

母女的意见不统一，爱情就发生了危机。女儿要么放弃己见，要么作坚决的抗争。看来诗中女主人公是持后一种态度的：至死誓靡它！坚决到这种程度，母亲也就难办了。但要为娘的改变主意，也不是那么容易的。所以女主人公一面誓死维护爱情，一面从内心发出沉重的叹息：娘呀天啊，为什么就不相信我是有眼力的呢！这一声叹息，使得诗的内容变得沉甸甸的。

4.2　婚姻诗中的生态元素

4.2.1　夫妇相互思恋诗中的生态元素

古人的爱情当然也不总是美好而平静的，当朝统治者为了巩固自己的地位而发动的大规模兵役和徭役给人们带来了深重的灾难。《王风·君子于役》这首诗表达了妇女对长期服役未归的丈夫的思念情怀。在挂念中感觉到一种凄婉的美。

《王风·君子于役》诗云：

君子于役，不知其期。曷至哉？鸡栖于埘，日之夕矣，羊牛下来。君子于役，如之何勿思！

君子于役，不日不月，曷其有佸？鸡栖于桀，日之夕矣，羊牛下括。君子于役，苟无饥渴！[15]

这首诗朴素自然，寓意凄婉，深情绵绵。描绘了在日暮黄昏时，一位妇女在家门前驻足凝望，期盼着在外服役的丈夫此时此刻能够归来和她团聚。然而她看到的只是群鸡回到窝里，在远眺天边落日的余晖下，牛羊群正下山往村里走，她左顾右盼，唯独不见她丈夫的身影，鸡已经回窝，牛羊已经回圈，妇人更加触景伤怀，思念丈夫的情形更加逼真形象。这首诗让我们不但感受到女主人公因在日暮黄昏的景色的点染下，对丈夫深深思念的悲凄色彩，也能感受到人与自然关系极亲切的认同与和谐共处。

4.2.2　夫妻幸福婚姻诗中的生态元素

周人重视婚姻，以婚姻为人生之本，男女两性关系，既是家庭问题，又是社会问题。其中《郑风·女曰鸡鸣》通过夫妇起床前的对话，表现出家庭的和美生活。

女曰："鸡鸣"，士曰："昧旦。子兴视夜，明星有烂。"

"将翱将翔，弋凫与雁。"

"弋言加之，与子宜之。宜言饮酒，与子偕老。"

琴瑟在御，莫不静好。

"知子之来之，杂佩以赠之。知子之顺之，杂佩以问之。

知子之好之，杂佩以报之。"[16]

这首诗由一个普通的生活片段极力表现了夫妻相亲相爱的家庭生活。天将明的时候，勤勉的妻子便起床准备开始一天的劳作，并告诉丈夫"鸡已打鸣"。夫曰："不急，天才亮了一半。"妻子又催说"子兴视夜，明星有烂。"这欢乐既有物质上的也有精神上的，两人相互关心相互体贴，夫妇深厚的情感是欢乐的源泉。这对青年夫妇和谐的家庭生活和诚笃而热烈的感情，令人赞叹。

4.2.3 弃妇诗中的生态元素

《卫风·氓》叙述一个女子从恋爱、结婚到被遗弃的全过程，反映了阶级社会男女不平等现象和妇女的悲惨命运，其第一章云：

氓之蚩蚩，抱布贸丝。

匪来贸丝，来即我谋。

送子涉淇，至于顿丘，

匪我愆期，子无良媒。

将子无怒，秋以为期。[17]

本章描述男子以买丝为名向女主人公求婚，女主人公殷勤相送并欣然允婚的情形。其中"送子涉淇，至于顿丘"即是用赋法说明女子相送所达到的地点，同时也是山水关情，寄寓了少女对美好爱情的向往和憧憬。

综上所述，《诗经》的爱情诗中，已涉及自然界中众多的动植物或山水景物，或直陈其事，或比方于物，或触景生情，都说明周人已将自然生态纳入生活范畴，反映了人们亲近自然、关爱自然、以物为友、寄情自然的生态意识。

第五章 《诗经》爱情诗的生态思想及价值

儒道思想是先秦时期发端于春秋之际的两大哲学思想主流。儒家思想主要以孔孟学说为代表，道家思想主要以老庄学说为代表。《诗经》爱情诗中所产生的生态思想不仅对儒道思想产生了重大的影响，而且对当今社会提出的构建社会主义和谐社会和建设环境友好型社会都有着重要的时代价值。

5.1 《诗经》爱情诗的生态思想与儒道思想

5.1.1 《诗经》爱情诗的生态思想对儒家思想的影响

在上文中，已经分析了《诗经》爱情诗中包含的生态思想，其主要体现在"贵和"。其中"和"思想包括人与自然的和，也包括人与社会人与人之间的和谐。作为儒家思想创始人的孔子，则是更多地继承了《诗经》中"和"的人文因素，孕育出了孔子仁学思想的基本内容。

"和"的出现和提出虽非首在《诗经》，但"和"的思想艺术表现则必推《诗经》为首。《诗经》主要从不同角度展示了"和"的思想本质，即夫妻或者情侣之间相亲相爱，和睦共处。"仁学"作为儒家学说的思想核心，其内容精神与《诗经》所倡导的"和"思想有着贯通之处。

对于儒学思想之"仁"的含义，中外学者已做过相关的探讨。如刘文英认为，"仁"的观念是"相人偶"礼仪所蕴含的一种人际意识，是一种古朴的平等观念和亲爱之情。方颖娴认为"仁"是：①人类情感的温柔方面，即爱。②对他人的利他主义的关心，因此是人性成熟的表现。从这里我们就可以看出儒家思想中的"仁"主要内涵是"亲"和"爱"。[18]

从孔子的相关言论中，我们可以更清楚地理解到孔子"仁"的含义。例如，子曰："弟子入则孝，出则悌，谨而信，泛爱众而亲仁，行有余力，则以学文。"子贡曰："如有博施于民而能济众，何如？可谓仁乎？"子曰："何事于仁，必也圣乎！尧舜其犹病诸！夫仁者已欲立而立人，已欲达而达人。能近取譬，可谓仁之方也已。"[19] 朱熹说："仁者，爱之理，心之德也，仁主于爱，爱莫大于爱亲。"他将"仁"解释为"爱"，并认为"仁"的根本建立在家庭成员之间的情感关系之上。《诗经》中爱情诗中所体现的生态思想确实对以孔子为代表的儒家"仁学"思想的形成有着不可忽略的影响。

5.1.2 《诗经》爱情诗的生态思想对道家思想的影响

《诗经》中爱情诗的生态价值对儒家思想的影响主要体现在人文方面，而对道家思想的影响主要体现在对待自然的态度方面。如《周南·关雎》篇："关关雎鸠，在河之洲。窈窕淑女，君子好逑。"将男女青涩的爱情放在一个小洲的背景下，以一对雎鸠和鸣暗示男女感情的美好和纯真。《周南·桃夭》篇"桃之夭夭，灼灼其华。之子于归，宜其室家"以春风吹来，桃花盛开，比喻年轻美貌的女子趁着良辰美景，要出嫁了。另外，我们发现《诗经》中的爱情诗发生的背景绝大多数都与春天、河岸水旁以及社稷有关。《郑风·溱洧》就是记载这一背景下男女相互爱慕的诗。这是真正的人与大自然、个人与群体融为一体的原始大同景象，体现在真正的自然之道的精神。在春光渐进万物复苏的季节，人们纷纷走出狭隘阴暗的草屋，融入广阔的天地中，与自然共庆获得新的生命。这种人与自然、人与群体感通交融的和谐心理、自然意识，是道家思想的发源地。

道家生态思想是以老子和庄子为代表人物的，其思想核心表现为：天人合一、物我一体的整体生态观念，这是道家的一种基本理念，是道家其他一切思想、观念的基础和出发点。道家的这种天人合一、物我一体的整体观念，反映在人与自然的关系上，就是人与自然界的其他存在物是平等并列的关系，人类并不优越于其他万物，只是自然界的普通一员，所以应该破除人类中心主义的错误观念。同时，作为大自然的产物，人类应该对大自然怀有感激、热爱之情，尊重自然界的一切生命，尊重自然规律保护自然家园。老庄学说的另一个重要思想是"无为"，老子认为人类最理想社会生活状态就是符合人类本性、顺应人类本性的生活。老庄提出这种理想生活状态是在西周社会安定时期，周人定居的农业社会生活形态有着不可名状的相通之处："神农之世，卧则居居，起则于于，民知其因，不知其父，与麋鹿共处，耕而食，织而衣，无有相害之心，此至德之隆也。""日出而作，日落而息。"从这些言论中，我们看到周人生活的状态，《诗经》时代的这种生活状态对形成道家"无为"思想的影响也是不言而喻的。

5.2 《诗经》爱情诗生态思想的价值

作为儒家经典之一的《诗经》，它是反映西周社会生态的一面镜子，蕴含着丰富的古代传统生态思想，《诗经》中的爱情诗的生态思想对当今恋爱平等自由以及正确婚姻观都有很重要的价值和现实意义。

5.2.1 《诗经》爱情诗的生态思想对当今恋爱平等自由的影响

从《诗经》爱情诗中我们看到了纯真的爱情和质朴的生活，在物欲横流的今天读着这些健康美好的诗歌，仿佛向我们的内心注入了一汪清泉，可以让我们的心灵得到回归，让我们面对爱情时多一份真诚，面对生活多几分乐观。孔子评价《诗经》曰："《诗》三百，一言以蔽之，曰：'思无邪'。"就是说《诗经》通篇都蕴含着纯正的思想精华，没有邪念。读《诗经》不仅可以了解远古人们的生活思想，更可以修身养性，陶冶情操。《诗经》中的爱情诗是国风之精华，那纯真美好的爱情是我们今天所向往的爱情和学习榜样。

5.2.2 《诗经》爱情诗的生态思想对正确婚姻观的影响

《诗经》中的爱情诗，从男女互相爱慕到开始恋爱，再到走进婚姻的殿堂，都有着记录，这些朴素的爱情，以及婚后的平淡生活，在现在物欲横流、浮躁的社会背景下，显得更加珍贵。读着千百年前那朴素真挚的诗句，仿佛看到先人们为爱留下的一串串脚印，又仿佛翻阅着一幅长长的画卷，反观现实中不断上演的悲欢离合，不禁让人想起张若虚的诗句"人生代代无穷已，江月年年只相似"。从古至今，人类的物质世界发生了翻天覆地的变化，而人类的情感世界则是那样的相似，古人在追求爱情的道路上所经历的苦甜酸辣，我们依然经历着。

《诗经》里的爱情简单却又执着，坚贞却又真挚，大胆而又自由，纯真而又无邪。这些都是我们现代人追求爱情所需要学习的。

第六章　结束语

《诗经》作为古代经典的文学作品，也包含有相同价值取向的生态意识，而

《诗经》中的爱情诗，虽没有明确地大肆倡导宣扬生态思想，但其中渗透着天人合一的生态平衡思想，这与当下建立生态文明社会的思想有异曲同工之处。诗中广泛地运用赋、比、兴的艺术表现手法，涉及自然界中多种动植物和山水景物，说明周人已将自然生态纳入审美意识，反映了人们亲近自然、关爱自然、寄情自然的生态审美意识。这些传统的生态意识，不只在当时社会教化和国家日常政治中发挥了积极作用，也为今天我们加强生态文明建设提供了有益的思想资料。我们要珍惜这一传统的思想遗产，加强生态意识，促进天人和谐，把社会主义生态文明建设推向新的高度。

参考文献

［1］［7］［9］刘青汉. 生态文学［M］. 北京：人民出版社，2011.

［2］夏传才. 略述国外《诗经》研究发展［J］. 河北师院学报，1997（2）.

［3］《诗经》研究现状，http：//muhuashi.blog.hexun.com/4744010_d.html.

［4］莱奥·波尔德. 大地伦理学［M］. 北京：北京大学出版社，2003.

［5］杜未. 诗经生态意识研究［D］. 内蒙古大学硕士学位论文，2011.

［6］［8］王诺. 欧美生态文学［M］. 北京：北京大学出版社，2003.

［10］鲁枢元. 生态文艺学［M］. 西安：陕西人民教育出版社，2000.

［11］［12］［14］［15］［16］［17］陈子展，杜月村. 诗经——国学经典导读［M］. 北京：中国国际广播出版社，2011.

［13］丁立梅. 诗经里的那些情事［M］. 北京：中国人民大学出版社，2009.

［18］瞿娟. 论诗经的生态思想及其当代价值［D］. 南京林业大学硕士学位论文，2009.

［19］张燕婴. 论语：中华经典藏书［M］. 北京：中华书局，2006.

附录二　优秀学位论文范例

一、优秀学士论文（中）

华北水利水电大学 2011 级对外汉语专业　张贺珍

真人秀节目《超级演说家》中导师乐嘉话语的语用学分析

目　录

真人秀节目《超级演说家》中导师乐嘉话语的语用学分析
中文摘要

近年来，真人秀节目越来越受到语言学界的关注，不少学者从专业角度对其进行分析。而《超级演说家》这档节目凭借原创的魅力和话语的力量取得了良好口碑，对语言学界有着极大的研究价值。就目前来说，从语用维度来分析《超级演说家》节目中话语的研究成果并不多见，而对节目中导师乐嘉话语的研究更少，但是节目中导师乐嘉具有独特的话语风格，深受观众喜爱，值得笔者对其话语进行探究。

本论文拟从语用学的角度分析节目中导师乐嘉的话语，综合运用定性分析法、描述性研究法、文献资料法，归纳总结导师乐嘉的话语实例及运用规律。首先，简要介绍本论文的选题背景、研究意义及目的、研究对象及语料。其次，进一步总结真人秀节目、《超级演说家》节目及话语分析的研究现状。最后，重点阐述该档节目中导师乐嘉的话语技巧。

文章从语用学的角度出发，运用格赖斯（Herbert Paul Grice）的合作原则（Cooperative Principle）来探讨节目中乐嘉话语对合作原则的违反情况：违反量准则，违反质准则，违反关系准则和违反方式准则。此外，文章运用利奇（Leech）的礼貌原则（Politeness Principle）对节目中乐嘉的话语进行了分析：对赞誉准则和谦虚准则的遵循以及对赞同准则和同情准则的违背。文章还从布朗和列文森（Brown & Levinson）的面子观出发来探讨导师乐嘉在节目中是如何贬损听话人、说话人和第三方的面子的。

通过对《超级演说家》节目中导师乐嘉的话语进行语用学分析，本文期望能为语用学提供一个新的研究视角，也希望通过一系列的话语实例给那些渴望提高话语能力的人以启迪，给其他真人秀节目的创办提供借鉴经验。

关键词：《超级演说家》；话语分析；合作原则；礼貌原则；面子理论

A Pragmatic Analysis of Le Jia's Discourse in the Reality Show Super Speaker
Abstract

Recently, the reality show has been getting more attention in the field of linguistics. Many scholars have analyzed it from professional views. The program Super Speaker with original charm and powerful words, received a good reputation and had a great research value in the field of linguistics. Nowadays, the discourse analysis of Super Speaker from the perspective of pragmatics dose not see more and the study of mentor Le Jia's discourse is less. But Le Jia has unique speech style popular with audiences in the program and deserves the author's attention.

This paper intends to analyze Le Jia's discourse from the perspective of pragmatics, with methods of qualitative analysis, descriptive research and literature data, to summarize his discourse examples and application rules. Firstly, the author briefly introduces the background, significance, purpose, object and corpus of the study, and then further summarizes the present situation of the reality show, Super Speaker and the discourse analysis. It mainly describes how clever Le Jia's discourse is.

Pragmatically based, this paper introduces Grice's Cooperative Principle to discuss Le Jia's discourse in the program. That is, violation of the Maxim of Quantity, Quality, Relation and Manner. Besides, this paper introduces Leech's Politeness Principle to analyze Le Jia's discourse in the program. That is, observance of the Maxim of Approbation and Modesty, violation of the Maxim of Agreement and Sympathy. This paper also introduces the concept of Face advanced by Brown and Levinson to discuss Le Jia is how to disparage the face of the hearer, speaker and the third party in the program.

Based on the pragmatic analysis of Le Jia's discourse in the program, the paper hopes to present a special view for the study of the pragmatics, enlighten those who desire to improve the ability to speak through a series of discourse examples and also to be a reference to other reality shows.

Key Words: Super Speaker; Discourse Analysis; Cooperative Principle; Politeness; Principle Face

第 1 章 绪论

1.1 选题背景

2013 年是国内电视真人秀节目由低谷走向高潮的转折期,《我是歌手》、《中国好声音》(第二季)、《舞出我人生》等才艺类真人秀节目备受关注。2013 年 8 月 1 日, 中国首档原创新锐语言竞技真人秀节目《超级演说家》在各类选秀节目中脱颖而出, 并取得了较高的收视率, 受到了社会的广泛关注。一方面使电视观众的荧屏生活更加丰富多彩, 另一方面也使人们发现了该节目的研究价值。

随着网络的发展, 人们的交际越来越多样化, QQ、微博、微信等各种社交软件盛行, 从而导致对最传统的面对面的交流方式的忽略。各式各样的表情符号, 键盘敲打出来的无声文字, 逐渐代替了用嘴说话。《超级演说家》这档节目凭借话语的力量掀起了一股全民 "演讲热", 唤醒了人们最初的说话本能, 促使当下的年轻人对语言运用的积极思考。笔者作为一个语言类专业的学生，也从中发现该档节目中导师话语的语用价值。因此，本文拟在前人研究成果基础上，从语用学的角度对《超级演说家》中导师乐嘉的话语进行分析，总结其话语的语用特点，给那些渴望提高话语能力的人带来关于语言运用的些许启示。

1.2 研究目的及意义

1.2.1 研究目的

本文通过从语用学的角度分析导师乐嘉的话语，希望实现如下目标：

首先，通过了解真人秀节目及《超级演说家》节目本身的研究现状，进一步探讨 2013~2015 年国内电视真人秀节目的发展趋势。

其次，以《超级演说家》中导师乐嘉的话语为例，从语用学的角度解读其不同的话语风格之所以受到大家喜爱的原因。

最后，从语用学的角度来分析导师乐嘉的话语，希望能为语用学的研究提供一个全新的视角，为语言使用者更好地使用语言提供帮助。

1.2.2 研究意义

本文选择导师乐嘉的话语作为研究对象，进行语用学分析的意义具体如下：

2014 年 10 月"加强版"限娱令发布，针对节目的结构、类型、模式及管理提出了相关要求。《超级演说家》第一季的完美收官践行了"加强版"限娱令的要求并得到了广电总局的肯定。从这层意义上讲，《超级演说家》这档原创语言类节目，凭借导师及学员的话语魅力征服观众，打破了国内真人秀节目单纯引进国外模式这一尴尬的局面，给电视制作者带来启示，要注重节目原创和寓教于乐。

此外，《超级演说家》中导师和学员的话语是动态的语料，具有重要的研究价值。他们的话题与当代社会的一些热点紧密相关，折射出不同年代的人们不同的观点，有着鲜明的时代气息。这些语料对于研究当代人的话语方式、生活态度等具有重要的意义。

节目中导师乐嘉从一个专业的演讲培训师角度出发，采用直指人心、全情感召、理性总结、调侃戏谑、激情演绎、幽默夸张等不同的话语方式，竭尽全力希望让每一个学员在演讲中都能有所获益，在人生的道路上走得更长远。这些不同类型的话语风格也给那些渴望提高语用能力的人，特别是当代大学生，提供了一个学习和研究如何表达的范本。

1.3 研究对象及创新点

1.3.1 研究对象

本文选取安徽卫视播出的《超级演说家》节目中导师乐嘉的话语作为研究对象。从 2013 年 8 月 1 日首播至 2013 年 10 月 25 日结束，共十四期，本文选取了节目中部分乐嘉话语作为语料，并对其进行语用学分析。

这里需要明确"话语"这一概念。不同学界关于"话语"这一概念说法不一。"现代语言学之父"索绪尔认为，"话语是以发话人的意志为转移的个人组合，也即话语是主体言语交际活动的结果。但从言语交际学的角度看，话语既是交际活动的结果，也是交际活动的工具。……话语是言语交际活动中唯一的信息载体"。[1] 国内学者谢立中（2009）[2] 认为，"话语就是人们已经实际说出来的东西"。代树兰（2009）在《电视访谈话语研究》一书中转引王德春对话语的定义："话语是指有一定主题，语义上连贯，形式上衔接的一连串语句。它可以是独白，也可以是对白；可以是口头的，也可以是书面的。"[3] 1 本文将采用代树兰转引王德春对话语的理解来分析导师乐嘉的话语。

1.3.2　创新点

关于真人秀节目的研究，历来是社会各界的热门话题之一。而《超级演说家》作为一档语言竞技真人秀节目，在互联网上引起了广泛热议，很多人从专业角度解读选手的演说内容。而导师乐嘉的话语技巧，鲜有评论。本文的创新点主要包括以下几个方面：

第一，本文的研究角度和侧重点与其他学者对该档节目的研究不同，现有的分析都是从节目的形式和创新入手，来探索该档节目所具有的传播价值和社会价值，而本论文是从语用学的角度对导师乐嘉的话语进行分析；第二，虽然有学者从符号学、叙事学、传播学等角度对该档节目进行分析，但是对内容的挖掘还不够深入，还有待其他学者进一步研究；第三，《超级演说家》第一季播出以后，很多人开始关注选手的演讲内容，而关于导师话语的研究成果并不多，尤其是导师乐嘉的话语研究更少。鉴于以上三个方面，本文尝试从语用学的角度对《超级演说家》第一季节目中导师乐嘉的话语进行分析，希望有所突破。

1.4　语料来源及标注符号

1.4.1　语料来源

《超级演说家》节目中选手的演讲内容不可预知，但导师的评价话语却精准到位，由此可见导师具有深厚的语言功底，能为语用学研究提供一份绝好的素材，因此以这档节目作为文本来分析乐嘉的话语比较合适。

本文以 2013 年 8 月安徽卫视播出的《超级演说家》第一季十四期节目[①]中部分乐嘉话语为语料来源，通过优酷网对该档节目中导师乐嘉的话语进行逐句转写。由于视频中的字幕是内嵌式字幕，只能对照视频一个字一个字地输入。由于语料过多，笔者根据《超级演说家》三个赛程，即"导师组建战队"、"导师对抗赛"、"组内对决赛"中导师乐嘉不同的话语风格进行分类整理，得出的具有代表性的话语实例。

---

① 本论文中的语料《超级演说家》第一季均来自优酷网，http://www.youku.com/show_page/id_z6280575 ef29011e2b8b7.html.

1.4.2　语料标注符号说明

笔者所选取的语料标注符号是论文写作中进行视频转写时常用的符号。

↓↑：↓表示它之后的话语音调降低，↑表示它之后的话语音调升高。

〔：左括弧表示说话人与听话人的话语重叠的起点。

〕：右括弧表示说话人与听话人的话语重叠的终点。

（笑声）：括弧中的话语表示笔者所注。

……：表示省略的话语。

1.5　研究方法及理论来源

1.5.1　研究方法

为了使本论文更具有说服力，在转写大量语料的基础上，采取以下研究方法对乐嘉的话语实例进行语用学分析：

定性分析法：运用归纳总结与演绎推理的方法对《超级演说家》第一季节目中导师乐嘉的话语进行分类整理，结合语用学的相关理论予以解释说明，再用具体的例子进行证明。

文献资料法：搜集、整理关于真人秀节目、《超级演说家》节目本身和话语分析的文献资料，总结乐嘉的语言运用规律，为语用学研究提供有益的借鉴和参考。

比较分析法：《超级演说家》第一季通过三个阶段确定最后赢家：导师组建战队阶段，导师对抗赛阶段和组内对决赛阶段，最后是总冠军决选之夜。笔者对比分析不同阶段导师乐嘉话语的风格，为语用学研究提供一个新的视角。

1.5.2　理论来源

本文尝试运用语用学的相关理论导师乐嘉的话语进行分析，具体理论如下：

合作原则：美国语言学家格赖斯（H.P.Grice）于1967年在哈佛大学的演讲中提出了著名的合作原则，认为会话等言语交际能够顺利进行，说话人和听话人双方必须共同遵守一些基本原则，以求实现双方的话语都能互相理解，互相配合。[4]67

礼貌原则：英国学者利奇（G.N.Leech）于1983年在其《语用学原则》一书中提出了著名的礼貌原则，认为礼貌原则涉及说话人和听话人在言语交流中对"自身"和"他人"的"受惠"和"吃亏"问题。[5]153

面子理论：布朗和列文森（Brown & Levinson）在20世纪70年代后期以及80年代提出了著名的面子观，认为面子在感情上是可以投资的，投资就会有风险，所以在言语交际中需要说话人和听话人不断地去维护。[6]94

第2章　前人研究综述

《超级演说家》这档原创的语言类节目挑战了中国传统上"敏于思而讷于言"

的观念，导师乐嘉运用高超的语言技巧，对选手的演讲内容给予适当的评价，引起了社会上专业人士的深度评论。本章拟从真人秀节目、《超级演说家》节目和话语分析的研究现状三个角度对该课题进行分析总结。

2.1　真人秀节目研究现状

关于"真人秀"这个概念，众说纷纭。尹鸿、冉儒学、陆虹（2006）[7]等人称"电视真人秀作为一种电视节目，是对自愿参与者在规定情境中，为了预先给定的目的，按照特定的规则所进行的竞争行为的真实记录和艺术加工"。谢耕耘、陈红（2006）[8]则认为，真人秀节目"指的是普通人而非扮演者，在规定情境中按照指定的游戏规则展现完整的表演过程，展示自我个性，并被记录或制作播出的节目"。本文认为，真人秀节目的含义集中在一个"真"字，节目的参与者都是以真实的身份出现的，在节目中既定规则下要真实地表现自我，以真诚博得大家的喜爱，能体现人文情怀。

真人秀节目起源于西方，20世纪七八十年代开始兴起，较有代表性的是1973年美国广播公司拍摄的《一个美国家庭》；到了90年代，真人秀节目开辟了新天地，如1997年瑞典Strix制作的被称为"真人秀之母"的《鲁滨逊探险》；21世纪国外真人秀节目拉开了轰轰烈烈的序幕。与此同时，国内真人秀节目在借鉴国外模式的基础上结合本国特色也蓬勃发展起来，广东电视台推出的《生存大挑战》是国内真人秀节目的第一次尝试。[9]

关于真人秀节目的研究成为社会各界的热门话题之一，在所查阅的各类文章和研究课题中，专家、学者有从传播学、社会学、叙事学、心理学角度研究的，还有对比分析国内外真人秀节目的，如李苏鸣（2012）[10]写的《中美表演选秀型电视真人秀节目的对比分析》和王靖远（2013）[11]写的《中外电视"真人秀"节目对比分析》。研究的深入程度，具体到真人秀节目概念的界定、形态的多样化、本土化发展及未来趋势等要素，如薛静（2013）[12]写的《"真人秀"节目的本土化文化现象研究》和李莎（2014）[13]写的《浅议微博时代我国电视真人秀节目的新发展》。由于对真人秀节目的研究成果比较丰硕，本文研究的重点是《超级演说家》节目中导师乐嘉的话语，因此不再赘述。

2.2　《超级演说家》研究现状

《超级演说家》是"安徽卫视联合北京能量影视传播共同推出的中国首档原创新锐语言竞技真人秀节目"，第一季于2013年8月1日在安徽卫视首播，由陈鲁豫、李咏、林志颖、乐嘉担任评委。第二季于2014年4月4日起开播，由陈建斌接替林志颖担任评委。它以"挑选中国最会说话的人"为宗旨，以"说的更比唱的好"为口号。

笔者通过查阅中国知网、万方数据库、维普网的相关文献及论文，发现《超级演说家》的研究成果大致分为三类：

第一类，总结《超级演说家》节目的创新之处及价值研究。如王一星（2014）[14] 总结该档节目的成功之处主要有五点：一是内容差异，原创魅力；二是形式创新，发掘潜力；三是赛制新颖，引人入胜；四是满足受众，社会需要；五是关注语言美，传播正能量。胡鑫（2014）[15] 认为，该档节目内容与形式创新，刮起了一股演讲新风，给社会带来了正能量，创造了多方共赢的社会价值。

第二类，结合相关理论对《超级演说家》节目进行分析。如李洪才（2014）[16] 从符号学的角度对比分析该档节目的先文本和后文本、原文本与此文本以及副文本和互动文本，探索《超级演说家》节目的创新之处。此外，李洪才（2014）[17] 还从独特的叙述视角、充满矛盾的叙事语言和富有魅力的叙事方式分析了该节目的情感体验、文本张力和社会意义。

第三类，以《超级演说家》为个案对论文的课题进行分析。如徐波（2014）[18] 从《超级演说家》节目的理念创新、独特定位、视觉呈现，为真人秀节目的多维度发散提供借鉴。资媛（2013）[19] 通过研究《超级演说家》的节目特点及制作模式来探讨真人秀节目中嘉宾如何进行角色定位和通过表现语言来使自己成为节目的焦点。

此外，关于该档节目中导师话语研究的论文并不多见，其中有一篇是郑燕芳（2014）[20] 写的《竞技类真人秀节目中导师的话语角色与方式分析——以〈超级演说家〉为例》，运用评价理论和对话理论，尝试分析《超级演说家》中四位导师各自不同的话语角色和话语方式。

2.3 话语分析研究现状

从语源学上看，"话语"这个词最初是由中世纪拉丁语"discursus"演变而来的，而"discursus"又是从 discurrere 变化而来的。动词 discurrere 在拉丁语的意思是"东奔西跑"，这也使得"话语"具有了"不受规则约束"的含义。[21] 对话语进行研究的方法是话语分析。

在西方，很多学者认为亚里士多德的《修辞学》是话语分析的源头，而美国语言学家哈利斯（Zellig Sabbettai Harris）于 1952 年在语言（Language）杂志上发表题为"Discourse Analysis"（话语分析）的论文，标志着"话语分析"这一术语的诞生，引起了社会各界的广泛关注。英国语言学家韩礼德（M.A.K Halliday）于 1961 年在哈利斯理论的基础上发展了"系统功能与法"，概括了语言的三个功能，即语篇功能、概念功能、人际功能。[22] 20 世纪 60 年代末 70 年代初是话语分析的形成和发展阶段，从事话语研究的学者越来越多，研究成果大量出现。美国社会学家萨克斯（H.Sacks）、谢格洛夫（Schegloff）和杰斐逊（G. Jefferson）等人开创了会话分析（conversational analysis），基于话语转换对日常生活中的谈话进行了分析。英国的辛克莱和库尔哈德（Sinclair & Coulthard）对教室里使用的话语进行了分析，构建出了话语分析的基本模式。拉波夫和法舍尔（Labov &

Fanshel，1977）创建了用言语行为理论进行话语分析的理论模式和方法。[23]

70 年代起，语用学这门新兴的学科形成和发展起来，它的研究对象是发话人和受话人之间、话语和语境之间的互动关系。[6]1 这一时期提出了著名的语用原则，格赖斯（H.P.Grice）的合作原则和利奇（G.N.Leech）的礼貌原则。还有布朗（Brown）和列文森（Levinson）提出了著名的面子观。之后，斯珀伯和威尔逊（Sperber & Wilson）在《关联性：交际与认知》一书中提出关联理论，认为交际就是一种明示—推理的过程。[4]304 而每一个明示行为的背后存在着一种假定：该明示行为具备最佳关联性。[24]126

80 年代是话语分析的发展阶段。学界认为，1981 年万戴克（Van Dijk）主编的《语篇》和罗伊弗理德（Roy Fried）主编的《话语过程》两专业学术杂志的出版，标志着话语分析已成为一门独立的学科。[3]5 同一时期"话语分析"这一概念也被国内学者所关注。如王福祥（1994）《话语语言学概念》，胡壮麟（1994）《语篇的衔接与连贯》，黄国文（1988）《语篇分析概要》，刘辰诞（1999）《教学篇章语言学》以及王福祥与白春仁（1989）《话语语言学论文集》等。[25] 李悦娥、范宏雅于 2002 年共同编著出版的《话语分析》一书，从话语起源、话语定义出发，分别对外语课堂教学、日常话语结构，还有不同的话语类型（广播新闻话语、广告话语、外交话语、幽默话语）都进行了尝试分析，书中涉及了一些汉语例子。[26] 此外刘虹于 2004 年写的《会话结构分析》基于大量的汉语语料从不同层面对日常会话的结构和规律进行了总结。

近年来，我国广播电视节目形态不断发展，有学者将话语分析应用到广播电视领域，对不同类型的电视节目进行了话语分析。代树兰（2007）[27] 指出，电视访谈属于一种职业话语，对电视访谈中的话语结构、话语角色及话语策略进行了分析，对于研究我国的新闻类话语提供了有益的借鉴。侯雨昕（2011）[28] 从话题、话轮、主持风格、合作原则等角度，结合话语分析方法和语用学相关理论对比分析了《我们约会吧》和《非诚勿扰》这两档节目的话语，来探讨这两档节目在语言运用和语用策略方面的异同。

第 3 章　乐嘉话语对合作原则的违反

在言语交际过程中，谈话双方都会做出一定的努力尽量朝着同一个方向去沟通，通过遵守合作原则促使交际顺利进行。但实际情况是谈话双方有时候会刻意地违反合作原则，来达到一定的交谈目的。本章重点阐述《超级演说家》节目中导师乐嘉的话语是如何体现对合作原则的违反的。

3.1　合作原则及其违反

美国语言哲学家格赖斯（Herbert Paul Grice）认为，人与人之间的谈话一般来说不是由一串互不关联的话语组成的。[24]59 在谈话开始前或者谈话过程中，参与者在一定程度上假设彼此有一个或一组共同的谈话目的，并为此付出一定的努力。格赖斯认为谈话双方一般都会遵守一个基本原则，即参与者的话语在谈话的某个阶段，符合谈话双方所公认的谈话目的或者方向，这就是合作原则。

格赖斯为了加深对合作原则的理解，仿效德国哲学家康德（Immanuel Kant）把合作原则又细分为四个范畴，每个范畴包括一个准则和一些次准则。[4]67-68

量准则（Quantity Maxim）：所提供的话语既要包含交际目的所需要的信息；同时又不能超出所需要的信息。

质准则（Quality Maxim）：不要说自知是虚假的话；不要说缺乏足够证据的话。

关系准则（Relation Maxim）：所提供的信息要关联或相关。

方式准则（Manner Maxim）：避免晦涩；避免歧义；避免啰唆；要井井有条。

但是，人们在实际言语交际过程中，谈话双方不总是遵循合作原则。格赖斯归纳了说话人不遵守合作原则时可能采取的四种方式。[24]62-63

第一种，说话人可能偷偷地违反准则，听话人并未发觉，有可能引起误解甚至谎言。

第二种，说话人明说或者暗示自己不愿意像准则要求的那样合作。

第三种，说话人面临着顾此失彼的局面，可能是由于某些准则相互冲突引起的。

第四种，说话人可能出于某种目的有意不遵守某一准则，让听话人去猜测他这样做的意图所在。

3.1.1　违反量准则

违反量准则意味着说话者没有提供充足的话语或者所说的话超过了交际所需要的信息。下面我们看一下乐嘉导师的话语是如何违反合作原则中的量准则的。

（1）乐嘉：但是你↑其实已经长得很好看了，你还说你不漂亮，我就觉得有点，有点那个啥，你知道？你懂我的意思吧？（2013年9月5日）①（下同）

这段话是乐嘉对选手黄小胖的评价。黄小胖是造型彩妆师，她演讲的题目是《相信自己漂亮，才能漂亮》。乐嘉的这几句话，从表面上看是没有任何信息量的；但是在暗含的层面上，是有信息量的。也就是说，黄小胖自认为自己不够漂亮，实际上在导师的眼里已经很出众了。因此，乐嘉认为她演讲的内容缺乏说服力，让人觉得有点儿虚伪，不够真诚。但是明着说会威胁到选手的正面面子，所以乐嘉用了一个模糊词语"啥"，并没有完全提供谈话目的所需要的全部信息，这个例子属于违反量准则的第一条次准则的情况。

（2）乐嘉：两个人相比的话，从目前的实力来讲。（呵呵）我以前老是在电

---

① 本文转写的字幕原文，未做任何修改，均来自优酷网，http://www.youku.com/show_page/id_z6280575 ef29011e2b8b7.html.

视上面看这样的镜头，我觉得傻不傻，快投啊！快投啊！轮到我投的时候才发现真难。（如坐针毡）我投给黄小胖。（2013 年 9 月 5 日）（同上）

这段话是对鲁豫队黄小胖和李咏队唐棣演讲完之后的评价。当时的场景，两队导师异常紧张，乐嘉需要回答的仅仅是投票的最终结果"我投给黄小胖"。但是乐嘉以一种激情演绎、略带幽默的方式表达了作为导师在面对实力相当的选手时如何选择的困境。"轮到我的时候才发现真难"这句话意在传达自己认为投票这件事很轻松的想法是不对的，只有身临其境才知道这件事很难。在这里，导师乐嘉提供的信息量过于充足，已经超出了交际的需要。但是从中可以看出乐嘉并不以导师高高在上的身份而去掩饰自己的真性情。这种情况违反了量准则的第二条次准则。

以上两个例子对乐嘉话语的分析，是针对话语中所包含的信息量来说的。无论是作为说话人还是作为听话人的身份出现，谈话双方都要在信息的数量方面满足对方的期待，达到信息交换和共享的目的。

3.1.2　违反质准则

违反质准则意味着说话人所提供的信息与说话人想要传达的真正意图不相符甚至相反，或者所说的话是没有道理、缺乏足够证据的。在《超级演说家》节目中，有的时候，乐嘉导师会故意运用夸张、反语等修辞手法，本文认为这些手法从语用学上来讲可以看作是对质准则的违反。

（3）乐嘉：小伙子，马上我们就要开始来选择。来，在最后选择之前，我只想问你一个问题，刚才我在跟你说话的时候，你把我给打断，我突然之间制止掉你，让你不要打断，（语速加快）你能原谅我吗？

许豪杰：原谅。

乐嘉：他还真觉得我错了，气死我了！　（2013 年 8 月 1 日）（同上）

在这个对话中，乐嘉面对的选手许豪杰是一个"90 后"。作为"90 后"，许豪杰有着自己独立思考的一面，也遵循自己认为对的准则，是一位很有个性的选手，在节目中一直打断导师乐嘉对他的评价。为此，乐嘉导师故意运用一个反语，说："你能原谅我吗？"其用意是作为导师在给选手提意见的时候被打断，这种行为是不礼貌的。乐嘉话语所蕴含的意义，即"我能原谅你吗？"他希望得对方认识到自己的问题。这种情况违反了质准则的第一条次准则，有可能导致反语性话语的表达。

（4）乐嘉：我跟你讲，我看到漂亮的小孩儿，我就每次都要流眼泪，都激动得不行，你知道吗？

李咏：你很危险，你很危险。

乐嘉：我不是 Michael Jackson，你放心好了，我只是发自↑内心的喜欢。（2013 年 8 月 1 日）（同上）

在这个对话中，乐嘉面对帅气的来自上海的混血小男孩张汉盛有点儿"情不自禁"，开玩笑地想把自己的女儿许配给他。这本是为了活跃现场气氛，但是乐嘉的这句"我不是 Michael Jackson"却招致了网友的痛斥。关于 Michael Jackson 的"恋童事件"，网络上谣言四起，以讹传讹。而乐嘉对 Michael Jackson 被卷入"恋童事件"的真相不甚明了，才误出此言，违反了质准则的第二条次准则，他所说的话缺乏足够的证据，没有注意自己在公众面前的形象，是一种对自己话语不负责任的态度。之后，乐嘉在其微博上公开致歉，告诫自己今后要慎言慎行。我们认为一个公众人物敢于站出来为自己的错误行为道歉是值得每一个人钦佩的。

以上两个例子对乐嘉话语的分析，是针对交谈中话语内容的真实程度来说的。格赖斯曾对该准则是否与其他准则平行产生过疑问，认为人们从实际出发把质准则看做最重要的准则。但是只有先假定质准则已得到满足，其他准则才能发挥作用。[24]60-61 即说话人不说虚假、缺乏足够证据的话，听话人也相信对方的话语是真实的、可靠的。但是在特殊的语境下也会出现对质准则违反的情况，有待我们进一步思考。

3.1.3 违反关系准则

违反关系准则意味着说话人所提供的信息与言语交际中所需要的信息是没有关联的，是不切题的。关系准则要求说话人自己在前后对话中的话语相关，同时也要与听话人的话语和谐衔接。

（5）乐嘉：你为什么能长得这么这么的帅？

张汉盛：呃，天生的。

乐嘉：但是你的↑气宇为什么会这么的轩昂？气质为什么会这么的高雅？谈吐为什么会这么的不俗？

张汉盛：没听懂，没听懂，完全没听懂。

鲁豫：他意思你长得很好看。（2013 年 8 月 1 日）（同上）

在这个对话中，张汉盛是一个 12 岁的中美混血儿，汉语是他的第二语言，他用第二语言在一个汉语是第一语言的环境中演讲，本身就很难。此时，导师乐嘉运用一组汉语排比句来提问，没有根据不同的谈话对象及时调整自己的话语风格，这其实违反了关系准则中说话人所说的话要与听话人的话语和谐衔接这条规则。但是这看似无关联的话，却隐藏着深层的含义，即这个男孩在汉语语言的运用方面能力还很欠缺，在《超级演说家》这个"挑选中国最会说话的人"的舞台上不占优势，不太适合与成人之间进行比赛。

（6）龙洋：然后乐嘉老师，我第一次看到你就特别特别喜欢你，你是那种让人看一眼就永远会记住的人，所以你欢迎我吗？

（乐嘉高兴地跑向龙洋）

龙洋：谢谢！所以我的选择是乐嘉老师，旁边的鲁豫姐。

乐嘉：你说的是认真的吗？你不会这么伤害人吧！

龙洋：没有，不是，我没有想到你会跑过来。

……

乐嘉：虽然她伤害了我，但是我会留住她的。（看在你的面子上）

鲁豫：但是，你不会原谅我。

乐嘉：我会原谅你，因为我，我，我喜欢你。（2013 年 8 月 15 日）（同上）

在这段对话中，选手龙洋通过话语的力量和灵动的性格征服了四位导师。但是最后龙洋选择了乐嘉旁边的鲁豫导师，使乐嘉处于一种尴尬的局面。在言语交际中，谈话双方的话语原本应该相互联系，因为只有这样，话语才有理解的可能性。但是，说话人有时候会故意说一些毫无关联的话，要求听话人进行语用推理，可能是为了摆脱不利处境，或者是为了使谈话继续下去，仍然是为了合作。在这个例子中，乐嘉最后说"因为我，我，我喜欢你"，是为了使自己免遭尴尬的局面，为了使自己有话可说而做了一个无力解释。

上面两个例子讲述的是乐嘉与别人交谈时话语的内容是否相关。关系准则有一个要求，即说话人说话的时候要紧扣目标，所说的话要与话题紧密相关，对别人的提问进行有效的回答，不答非所问。

3.1.4　违反方式准则

违反方式准则是指说话人的话语非常难懂、具有歧义、不够简练或者逻辑混乱。在《超级演说家》节目中，乐嘉导师的话语总体来说以批判他人见长，经常采用一针见血式的话语。当然也不缺乏理性式的话语。

（7）乐嘉：↓我想问一下李宁啊，在你从小成长的过程当中，因为你的身体有病，跟其他的同学的行为模式是有差异的，那些其他的同学和旁人，他们是嘲讽讥笑你的多，还是对你怜悯关照的多。（语速放慢）（2013 年 8 月 1 日）（同上）

在这个例子中，乐嘉导师用了一个较为专业的词"行为模式"来描述因从小患病而导致行动不便的李宁。从语用学的角度来分析，导师乐嘉违反了方式准则，因为他刻意使自己的观点表达得不那么清晰。尽管他可以直接说李宁的身体有缺陷或者行动不方便，但是乐嘉还是选择了这样一句话"跟其他同学的行为模式有差异"。之所以这样表达，是为了维护当事人的面子，遵循礼貌原则的需要，这样可以拉近双方的感情，给人一种受尊重的感觉。这个例子属于违反方式准则中避免晦涩这一次准则的情况。

（8）乐嘉：我觉得，林志颖对你的帮助会更大，我认为的原因是，你的最大的问题是太用力，这已经贯穿了你十多年的演讲生涯，你必须找到一个相对来讲不用力的人来把你的这个习惯给调整掉。

鲁豫：你的意思李咏也很用力。

乐嘉：李咏至少比林志颖要用力一些。在我们四个里面，最无力的是林志颖。（2013 年 8 月 8 日）（同上）

在这个对话中，乐嘉最后的话语"最无力的是林志颖"，引起了全场的笑声。"用力"这个词放在演讲当中，指的是演讲者所说的话语聚焦的信息太多，没有缓冲的余地，给听话人留下的思考空间太小。反过来，"无力"这个词就可以指所说的话主次分明，轻重有别，给人留下充足的回味空间。但是"无力"也可以解释为没有力量或者无能为力，处于一种劣势的地位。

在《超级演说家》这个舞台上导师们的分工明确，李咏导师以央视著名主持人的身份负责压台，有他在整个节目就上了更高的档次，他是一个好人；乐嘉导师负责制造话题供大家讨论，他的话语有时犀利，有时柔情，整个现场气氛异常活跃；鲁豫导师因《鲁豫有约》这个节目而被称为"知心姐姐"，负责为选手熬制心灵鸡汤；林志颖导师被称为"甜心"，负责卖萌，经常被其他三位导师欺负，无力还击。① 基于此，乐嘉导师最后的这句话"最无力的是林志颖"才引起了全场善意的笑声。这个例子违反了方式准则的避免歧义这一次准则。

以上两个例子主要是从避免晦涩和避免歧义这两个方面对乐嘉导师的话语进行了语用学分析，主要针对交谈中话语的表达方式而言。也就是说，在言语交际过程中，交际参与者在传递信息、表达感情时，要清楚简洁，条理清晰，不要模棱两可。

第 4 章　乐嘉话语中礼貌现象的分析

言语交际过程中，参与者有时会故意违反合作原则，含蓄、间接地表达自己的观点。这样做的原因可能是为了礼貌，进一步缩短谈话双方的社会距离。本章尝试运用礼貌原则及面子理论来探讨乐嘉话语中的一些礼貌现象问题。

4.1　礼貌原则及其使用

合作原则为传达说话人的真正意图起到了至关重要的作用，但是却无法解释人们为什么会采取这种拐弯抹角的方式进行交流。为此，在前人的研究成果基础上，英国语言学家利奇（Leech）针对合作原则存在的不足于 1983 年在其《语用学原则》一书中提出了著名的礼貌原则（Politeness Principle），即为保证会话的顺利进行，谈话一方对另一方要做到话语谦虚恭敬所应遵循的准则。利奇提出了礼貌原则六准则：[5] 153-154

第一，策略准则（Tact Maxim）：尽量使他人多"受惠"，尽量使他人少"吃亏"。

---

① 该段话语出自《超级演说家》第一季第八期选手李程远的《娱乐圈那些事儿》。

第二，宽宏准则（Generosity Maxim）：尽量使自身少"受惠"，尽量使自身多"吃亏"。

第三，赞誉准则（Approbation Maxim）：尽量缩小对他人的贬损，尽量加大对他人的赞扬。

第四，谦虚准则（Modesty Maxim）：尽量缩小对自身的赞扬，尽量夸大对自身的贬损。

第五，赞同准则（Agreement Maxim）：尽量减少双方之间的分歧，尽量增加双方之间的一致。

第六，同情准则（Sympathy Maxim）：尽量减少双方之间的厌恶，尽量增加双方之间的同情。

4.1.1 遵循赞誉准则

赞誉准则是指在言语交际过程中，依据一定的事实，适时、适事、适境地对别人进行由衷的赞美。尽量少贬低别人，尽量多赞誉别人，从而赢得他人对自己的好感，反过来也给予他人自信心和进取的动力。在《超级演说家》节目中，乐嘉导师的话语体现了赞誉准则的使用，获得了观众以及选手的认可。

（9）乐嘉：太了不起了，我真的觉得你很了不起，你在↑用词上面的精准，我都非常惊讶你居然会举出来这个三角形的稳定性。我跟你讲，连成人，连我都想不出来的这些，我非常惊讶你的那些词语是怎么来的，你的这些气势是怎么来的，你的腔调是怎么来的，我都可以想象得出来，你付出了多少多少的努力，太了不起了。（掌声）（2013 年 8 月 22 日）（同上）

（10）乐嘉：对，这是人的天性。马云在演讲的时候曾经讲过一句话，话我不记得了，反正大概的意思就是像我长得这么丑的人，所以我没有办法，只有不停地努力才能有今天，这一点是所有长得好的人他们非常不愿意在后天花出更多的努力。所以长得好又愿意花出努力，那是非常难的。像小志这样本身就有着天资绝色，但是后天又花了很多时间，你能够想象得到吗，他是我们所有人里面，对于这个整个 IT 和对于电子技术最了解的人，一般人是无法想象的。他能有今天，与他后天所有的努力和修炼是密不可分的。这些现场的人喜欢他，是因为他所有后天的努力和他先天的禀赋完美地结合在一起，才能有他的今天。（2013 年 8 月 29 日）（同上）

例（9）是乐嘉评价 9 岁就被封为"演讲帝"的杨心龙选手的。这个选手因演讲走红网络，却招致了网友的诸多不满。四年后，他为了心中的号召重新登上舞台，再次展示自己的演讲天赋，深深地感染了四位导师。这段对话中，发话人从听话人的角度出发，根据听话人演讲的内容和技巧给予了高度的评价。用词精准、举例贴切、气势夺人、腔调迷人，等等不一而足，赞美之心溢于言表。

例（10）是乐嘉导师对林志颖导师之前的谦虚的反驳，认为林志颖是一个先天条件极好但后天更努力的人，认为大家对他的喜爱是由于他所有后天的努力和先天的禀赋的完美结合。针对林志颖导师自认为在该档节目中是为了画面的好看这一看法，乐嘉导师及时地指出他的看法的片面性。林志颖导师是他们四个人里面最了解 IT 行业和电子技术的人，这是非常了不起的。

乐嘉的赞美之词是适时、适事、适境的，是发自内心真诚的赞美，并没有因为选手是一个"00后"而吝啬自己的言辞，也没有因为自己是导师而对别的导师刻意贬损，做到了尽量多赞誉别人，少贬低别人，遵循了赞誉准则。

4.1.2 遵循谦虚准则

谦虚准则是指在言语交际过程中，尽量少赞誉自己，尽量多贬低自己，是相对于说话人"自身"而言的。正确看待自己的长处和不足，不因自己某方面的优势而趾高气扬，置别人于尴尬的境地。在《超级演说家》节目中，乐嘉导师并不因为自己有着多年的演讲经验而去贬低任何人，更多的是向别人虚心求教。

（11）乐嘉：我想我可能在这个方面能够帮助到你。从私事上面，我是一个纸老虎，外表凶悍，内心非常脆弱和胆小。但是我内心也有很多很多的向往，我也想骑摩托车，但是没有人带我。我胆子小，不敢。我相信你也愿意教我想学的东西，我说完了。（2013年8月15日）（同上）

（12）乐嘉：但是我觉得你们两个都很厉害。如果是我的话，我翻来覆去只会想一句，这是我奶奶救命的钱啊！除此以外，我也讲不出来其他东西。（2013年10月17日）（同上）

例（11）是乐嘉面对摩托车赛车手李鹤说的。作为一名导师，乐嘉针对李鹤的演讲内容进行评价的时候用了一个词"可能"，这个词对于一个有着二十年演讲经验的乐嘉来说，是对他演讲能力的一种削弱，对他来说是不利的。紧接着，乐嘉勇敢地表达自己内心对骑摩托车的向往，同时正视自己的不足之处，表明自己的胆量不是很大，特别希望得到别人的帮助。从说话人自身的角度做到了尽量少赞誉自己，尽量多贬低自己，遵守了谦虚准则。

例（12）是乐嘉导师对林志颖队的成员黄小山和许豪杰的评价，他们即兴演讲的主题是如何在货车倾覆的时候，阻止路人哄抢。乐嘉导师指出了黄小山话语的巧妙之处，也指出了许豪杰话语中的拙劣之处，似乎褒贬不一，这是典型的理性总结式话语。但是话锋陡转，乐嘉导师说到自己压根儿不如他们俩，遇到同样的情况只会喊"这是我奶奶救命的钱啊"。对于一个导师而言，最后的这句"呐喊"无疑与前面对选手的评价形成了矛盾，让人觉得导师也不过如此。从语用学的角度来分析，这其实是说话人有意减少对自己的赞扬，做到了尽量少赞誉自己，尽量多贬低自己。

谦虚准则的使用是中华民族传统文化氛围里很重要的社会规约，是促成话语和谐、人际关系良好互动的常用手段。所以按照利奇的礼貌原则，在交际过程中，一般来讲说话人都会从自身角度出发有意贬损自己，从而使别人在谈话过程中有一种优越感与满足感。

4.1.3　违背赞同准则

赞同准则是指在谈话过程中，尽量减少自己与别人在观点上的不一致，尽量增加双方的认同感。但是在《超级演说家》节目中，经常会硝烟四起，乐嘉导师经常会为了某个选手的演讲内容、话语风格而与其他导师争得不可开交，这是典型的对赞同准则违背的情况。

（13）李咏：来，所有观众告诉我，你们有爱吗？

观众：有。

李咏：你们知道怎么去表达爱吗？

观众：知道。

乐嘉：本来我不想讲，但是李咏既然讲这个话题，那我们就要把这个话题讲清楚。因为喊口号不能解决任何问题，只会使问题变得更加麻烦。李咏老师，每一个人爱的方式不一样，大家接收的信号不一样，像您这样的天才是少之又少的。我只是希望把您的很多经验，能够总结出来，尽量让很多希望学习到方法的朋友们快速的成长，你不能期待所有的人都跟您一样聪明的，老师。（2013 年 10 月 10 日）（同上）

在这个对话中，博士生陈铭的一篇演讲《中国丈母娘》这个话题引起了李咏和乐嘉导师关于对丈母娘如何表达爱的激烈争辩。李咏导师认为，每个人都有爱并且知道如何去爱。对此，乐嘉导师进行了激烈的反对，他认为喊口号谁都会，但解决不了实质性问题，不能期待每个人都像李咏老师一样聪明，知道如何去爱。乐嘉导师的话语严重违反了赞同准则中尽量减少自己和他人之间的分歧。乐嘉敢于说出自己不同的见解，说出某些人不敢说的话，虽然直接威胁了李咏导师的面子，但也说明乐嘉的真性情，敢于说出自己的心声。

4.1.4　违背同情准则

同情准则是指在整个言语交际过程中，说话人应该尽量扩大对他人的同情，设身处地为对方着想，以此来增加彼此的情谊。但是乐嘉在《超级演说家》的节目中针对那些处于需要同情的选手，却反其道而行之，甚至威胁到对方的面子，严重违背了同情准则，这其实是对人们普遍认知心理的一种偏离，让大家觉得"恻隐之心人皆有之"这句话在这个节目中，好像没有起到太大的作用。

（14）乐嘉：我相信很多人会很尊敬你，但是我仍旧强调，大多数人对你的尊敬是因为你的身体上的残疾，你的顽强的力量和精神而尊敬你，并不一定是因为你的演讲是多么的卓绝和有影响力尊敬你。（2013 年 8 月 8 日）（同上）

这段话是乐嘉对选手陈州的评价。陈州是一个被火车轧断了双腿、父母离异跟着爷爷在外流浪数十年的残疾人，本应该得到大家的同情，毕竟"恻隐之心人皆有之"这句话是大家一直以来所信奉的。当然这也是为了照顾对方的面子,发话人应该尽量与听话人话题相关或者尽量接近,减少自己与他人在感情上的对立。但是乐嘉导师认为陈州虽然演讲的技巧卓越,影响力广泛,但是并没有得到大家实质上的认可,更多的是身体上的缺陷带来的同情分。当对方处于需要同情的境地时,乐嘉导师却表现得有点儿不近人情。这个例子是违背了同情准则中尽量增加自身对他人的同情这一准则的情况。

但实际上乐嘉的这一做法是对选手的真正尊重,是把陈州当做一个健康的正常人来看待,从一个专业的演讲培训师角度出发,本着让每一个学员在演讲中都能有所获益,在人生的道路上走得更长远的初心,才说出那些直指人心的话。

4.2　面子理论及其使用

20 世纪 70 年代后期以及 80 年代,布朗和列文森(Brown & Levinson,1978,1987)提出了著名的面子观。他们认为,理智的交际者都具有一定的面子观,而且在言语交际过程中都会维护彼此的面子,他们把面子分为正面面子和负面面子。[29] 所谓正面面子是指希望得到别人的赞同、喜爱以及认同。负面面子则是指说话人有自主的权利、行动的自由。[6]94 正面面子和负面面子是相对而言的,没有好坏之分,它只不过代表着每个社会成员在公众面前的"个人形象"。下面举例说明,乐嘉导师是如何在《超级演说家》这个舞台上通过不同风格的话语来贬损听话人、说话人和第三方的面子的。

4.2.1　倾向于贬损听话人的面子

贬损听话人的面子包括贬损听话人的正面面子和负面面子。贬损听话人的正面面子指的是说话人不顾及听话人的感情,在某些方面不考虑听话人的需求。贬损听话人的负面面子指的是说话人去干涉听话人的某些自主的权利和行动的自由。

(15)乐嘉:澄澄,我觉得你参加错了比赛,如果今天参加的比赛是超级脱口秀比赛,你就赢了。但是参加《超级演说家》的比赛,演讲的味道太弱,太弱了。我只能非常对不起地告诉你,这一票我必须要投给文娅。(2013 年 9 月 26日)(同上)

(16)乐嘉:每一个人都会为他所做的↑任何一个决定,在一生当中承担相对应的责任。与此同时,我是相信上天有另外一只眼睛正在看着我们。我相信我们做的任何一件事情,说的任何一句话,做的任何一个决定,将来有一天,这些都会回到我们自己的身上。(2013 年 9 月 12 日)(同上)

上面两个例子乐嘉导师的话语分别属于贬损听话人的正面面子和负面面子。在例(15)中选手黄澄澄围绕"吐槽"这个话题展开演讲,相继对自己及台上的导师进行吐槽,气氛异常活跃。但是乐嘉导师认为他的演讲只能算是脱口秀的一种,演讲的味道太弱,直接指出选手存在的不足,这其实是对选手的负面评价,并未顾及听话人的感情和需求，是在贬损听话人的正面面子。但他同时也是为了提高选手的演讲技巧和言说能力才说出如此犀利的话。而在例（16）中，鉴于选手叶紫涵比其他选手在人生未来的道路上更加困难，乐嘉导师不得已采取了一种威胁式的话语，让听话人觉得不得不完成或者说必须执行说话人所期待的动作，把票投给叶紫涵，给听话人一种胁迫感，干涉了听话人自主行使投票的权利，这其实是贬损了听话人的负面面子。

4.2.2　倾向于贬损说话人的面子

如上所述，面子包括正面面子和负面面子。贬损说话人的正面面子指的是说话人所说的话语在某些方面未能考虑自己的感情或需求；而贬损说话人的负面面子指的是说话人对听话人过失做出的反应给听话人或自己带来难堪，干涉了自己的自主权和行动的自由。[6]95

（17）乐嘉：你今天讲得不好，你会怪我吗？

陈州：乐老师，我不会。

乐嘉：但是我会有自责，因为在开场之前的两个半小时，他原来准备的一个演讲稿，被我全部推翻。我很希望你能够代表残疾的、流浪的群体，够发出一些声音。（2013 年 10 月 3 日）（同上）

在这个例子中，乐嘉导师认为陈州作为广大残疾人的代表，应该在《超级演说家》这个舞台上替他们发声，所以在开场前的两个半小时完全推翻陈州的演讲稿，这样做可能会影响选手最后的发挥，乐嘉导师为此深深自责。这种情况属于说话人在听话人面前承认有错失，一定程度上未能考虑说话人自己的感情，这属于贬损说话人正面面子的情况。

（18）大王：吓死我了。

乐嘉：你，你吓什么？

大王：你假拍了一下，我害怕。（打断）

乐嘉：你害怕我跟他一起抢你，你不晓得该如何选择吗？你刚才前面已经说了，你只选择一个帅的人，对于有文化的人，你没有兴趣的。

大王：但是我怕你真的拍了，我不知道该怎么跟你交代。（哈哈哈）

乐嘉：你需要对我有什么交代？来，你告诉我，你需要对我有什么样的交代？

大王：其实，其实我妈↑还是挺喜欢你的。（乐嘉狂笑，全场哄笑）（2013年 8 月 22 日）（同上）

在这个对话中，面对从小就是"琼瑶迷"的选手大王，乐嘉导师认为她只喜欢帅哥，对于有文化的人不感兴趣。这个例子属于说话人对听话人过失做出的反应给听话人带来难堪的情况。紧接着出现了戏剧性的一幕，大王对于自己的尴尬进行解释，认为自己面对乐嘉导师的拍灯无法交代。乐嘉导师也为了免于尴尬，进行追问，得到的答案是大王的妈妈比较喜欢他。这属于说话人对听话人过失做出的反应使自己陷入难堪的情况。这两种情况都贬损了说话人的负面面子。

4.2.3 倾向于通过听话人贬损第三方的面子

在某些情况下，有些具有讽刺性、冲突性或者批判性等话语的实施者还来不及对所要挖苦的对象进行挖苦，或者这些话语的实施者因为其他的一些原因，不愿意或者不能当面去挖苦所要挖苦的对象。在这种情况下，说话人会倾向于通过听话人贬损第三方的面子，进而取得预期的效果。[30] 下面举例说明：

（19）乐嘉：老师觉得对不起你啊！因为青菀人们看到她了以后，就觉得这样的一个天生有着生理缺陷的孩子能够这样的自强不息，人们自然而然会给予很多的同情分。而小志老师大家都知道，他拥有着无数的粉丝在现场。我做人没有李咏老师和小志老师这么好，现场没有这么多粉丝，兄弟，↑只能靠你自己啦！永平，我的好兄弟！（激情演绎）（2013 年 10 月 25 日）（同上）

在《超级演说家》的冠军之夜，乐嘉导师上述的一番话实质是在为自己的选手做最后的拉票。但是拉票的方式却损害了第三方的面子。在这个例子中，乐嘉导师首先从"失聪天使"曹青菀入手，认为她身体上的缺陷成了她博取大家同情的筹码。这其实未能考虑第三方的感受，是对曹青菀演讲实力的削弱和对观众的提醒，贬损了第三方的面子。紧接着，乐嘉导师认为林志颖是众多粉丝当中的"不老男神"，那么粉丝会因为喜欢他而去有意喜欢他的选手，这对于林志颖及其选手来说都是不公平的，因为这些话语从一定程度上忽略了其他选手真正的实力和否定了部分观众的判断力。鉴于乐嘉导师以批判他人见长，相比较而言，李咏导师的温文尔雅、幽默风趣被大家亲切地称为"好人"，这也是一种贬损第三方面子的情况。综上所述，乐嘉导师通过与听话人崔永平的对话，说出了自己的劣势，相继贬损了其他导师及其选手的面子，这种拉票的方式可谓高明。

第 5 章 结语

本文从语用学的角度，应用格赖斯（Herbert Paul Grice）的合作原则（Cooperative Principle）、利奇（Leech）的礼貌原则（Politeness Principle）与布朗和列文森（Brown & Levinson）的面子观对安徽卫视播出的《超级演说家》第一季节目中导师乐嘉的话语进行了较为仔细的分析。

这档节目之所以吸引人，除了节目本身的原创性和创新性，更重要的是节目中选手和导师对话语的巧妙运用博得了观众的喜爱。乐嘉导师的理性和鲁豫老师的感性形成了两个极端，李咏导师作为资深节目主持人，林志颖导师作为超人气天王，所有的一切因素结合起来使整个节目具有可观性。

此外，乐嘉导师面对不同类型的选手有着不同的话语方式，这与他的身份和性格有关。乐嘉是"FPA（Four Colors Personality Analysis）性格色彩"创始人。[31] 他用自创的"FPA 性格色彩"来分析自己，认为自己是一个矛盾体，威严与热情并存，有着极强的控制欲和表现欲，有着强烈的自尊心和复杂的情绪化。[32] 他从不吝啬自己的赞美，从不以导师的身份高高在上。但是他的"固执己见"和"冷血无情"有时候让人摸不着头脑。更甚者，他的某些话语可能直接贬损了他人的面子。从语用学角度来分析乐嘉不同的话语风格，对提高当代大学生的语用能力有着重要的作用，对研究当代人的话语方式、生活态度有着重要的意义。

因此，国内真人秀节目应该借鉴《超级演说家》的成功经验，朝着自主创新、寓教于乐的方向发展。

由于笔者能力还很欠缺，对理论的掌握还不够全面和透彻，本论文还存在诸多不足之处。一方面，论文转写的语料是动态语料，选取的视频是节目制作方剪辑后的视频，对原汁原味的现场视频无法搜集，因此造成对节目中乐嘉某些的话语分析不够透彻；另一方面，笔者由于时间和精力有限，仅仅选取了《超级演说家》第一季节目中乐嘉的话语为语料来源，对《超级演说家》第二季、第三季节目的关注不是很多，所以无法纵向分析导师乐嘉在这三季节目中话语风格的异同。通过对《超级演说家》第一季节目中导师乐嘉的话语进行语用学分析，以期为今后其他学者对该类节目的研究提供借鉴经验。

参考文献

［1］赵毅，钱为钢. 言语交际学［M］. 上海：上海三联书店，2003：35.

［2］谢立中. 走向多元化与分析：后现代思潮的社会学意涵［M］. 北京：中国人民大学出版社，2009：276.

［3］代树兰. 电视访谈话语研究［M］. 北京：中国社会科学出版社，2009.

［4］何自然. 新编语用学概论［M］. 北京：北京大学出版社，2009.

［5］于保泉，鞠荣祥. 言语交际案例教程［M］. 上海：上海交通大学出版社，2011.

［6］李捷，何自然，霍永寿. 语用学十二讲［M］. 上海：华东师范大学出版社，2010.

［7］尹鸿，冉儒学，陆虹. 娱乐旋风——认识电视真人秀［M］. 北京：中国广播电视出版社，2006：6.

［8］谢耕耘，陈虹. 真人秀节目：理论、形态与创新［M］. 上海：复旦大学出版社，2007：1.

［9］谢玲. 电视真人秀节目的叙事研究［D］. 重庆：重庆大学，2007（4）.

［10］李苏鸣. 中美表演选秀型电视真人秀节目的对比分析［J］. 佳木斯教育学院学报，2012（6）：69-70.

[11] 王靖远. 中外电视"真人秀"节目对比分析 [J]. 戏剧之家，2013 (7)：345-346.

[12] 薛静. "真人秀"节目的本土化文化现象研究 [J]. 艺术百家，2013 (7)：272-273.

[13] 李莎. 浅议微博时代我国电视真人秀节目的新发展 [J]. 今传媒，2014 (1)：94-95.

[14] 王一星. 探析《超级演说家》的成功之道 [J]. 声屏世界，2014 (10)：77-78.

[15] 胡鑫.《超级演说家》的节目创新和社会价值 [J]. 声屏世界，2014 (1)：35-36.

[16] 李洪才. 符号学视野下的《超级演说家》的创新发掘 [J]. 湖北函授大学学报，2014 (27)：191-192.

[17] 李洪才. 叙事话语场与叙事魅力——以《超级演说家》为例 [J]. 青年记者，2014 (3)：62-63.

[18] 徐波. 从《超级演说家》看真人秀节目的多维度发散 [J]. 声屏世界，2014 (10)：71-72.

[19] 资媛. 如何让嘉宾成为节目的焦点——以《超级演说家》为例 [J]. 西部广播电视，2013 (21)：83-84.

[20] 郑燕芳. 竞技类真人秀节目中导师的话语角色与方式分析——以《超级演说家》为例 [J]. 广电聚焦，2014 (12)：45-46.

[21] 孙方园. 电视婚恋节目的权力话语研究 [D]. 西安：陕西师范大学，2012 (5).

[22] 李涛. "海派清口"喜剧效果的话语分析 [D]. 温州：温州大学，2012 (5).

[23] 敬顺成. 电视谈话节目《杨澜访谈录》和《康熙来了》的话语对比分析 [D]. 广州：暨南大学，2013 (6).

[24] 姜望琪. 当代语用学 [M]. 北京：北京大学出版社，2003.

[25] 范宏雅. 近三十年话语分析研究述评 [J]. 山西大学学报，2003 (26)：97-100.

[26] 何鹏. 我国职场类电视节目话语研究——对比分析《职来职往》和《非你莫属》[D]. 西安：陕西师范大学，2013 (6).

[27] 侯雨昕. 电视相亲类节目的话语特色及策略——对比《我们约会吧》和《非诚勿扰》[D]. 西安：陕西师范大学，2011 (5).

[28] 罗一丽.《非你莫属》中面子威胁行为研究 [J]. 学理论，2014 (12)：158-160.

[29] 宋春凤.《红楼梦》中讽刺性话语的语用研究 [D]. 曲阜：曲阜师范大学，2012 (4).

[30] 乐嘉. FPA 性格色彩入门：跟乐嘉色眼识人 [M]. 长沙：湖南文艺出版社，2012：9-10.

[31] 蒯乐昊. 乐嘉：你们低估了我的力量 [J]. 新一代，2012 (1)：28-29.

二、优秀学士论文（英）

华北水利水电大学 2009 级英语专业　秦瑞

Translation of Public Signs：A Perspective of Cross-cultural Communication
（从跨文化交际的角度谈公示语的翻译）

Contents

从跨文化交际的角度谈公示语的翻译
摘　要

随着中国经济的迅速发展以及一系列国际盛事的成功举办，越来越多的外国游客把中国作为其经商、旅游以及接受教育的首选之地。在这一文化交流当中，公示语起着非常重要的作用。因此，其研究有待加深。

一般来说，翻译公示语时需要遵循以下三个原则：忠实、易懂和醒目。而所谓跨文化交际，则是力图了解来自不同文化的人们是如何交流并理解世界的，以及他们之间是如何相互影响的。语言是跨文化交际中的一个主要研究对象。因此，作为一名好的译员，不仅要语言过关，同时还要掌握有关不同文化的知识。

本文主要从跨文化交际理论出发，研究公示语的翻译并给出相应策略。通过举例论证，得出一个结论：跨文化交际理论在翻译公示语时作用显著。在翻译时，译者应该具有文化意识，并根据不同的场景灵活翻译，以期所译出的公示语易懂，能被目标读者接受。

关键词：公示语；跨文化交际；翻译

Translation of Public Signs: A Perspective of Cross-cultural Communication
Abstract

With the rapid development of economy and lots of international events held in China, foreign visitors consider China as their first choice of business, tourism and education. As a result, public signs play a very important role in the progress of cultural exchange. Therefore, the translation of public signs needs further study.

The translation of public signs should follow three principles, namely, "faithfulness, comprehensibility" and "the achievement of 'eye-catching' effect". Cross-cultural Communication seeks to comprehend how people from different cultures communicate and understand the world as well as interact with each other. Language is the major object of its study. Therefore, a good translator of public signs should develop language skills and be informative of different cultures.

This thesis mainly analyzes the application of theories of Cross-cultural Communication in the translation of public signs and offers some feasible translation methods. By listing many examples, the author comes to a conclusion: theories of Cross-cultural Communication are very useful to guide the translation of public signs. In the translation process, the translator is required to be aware of cultural factor, and translate in the context of different cultures so as to produce versions that are comprehensible and acceptable to target readers.

Key Words: Public signs; Cross-cultural Communication; Translation

Introduction

With the implementation of China's reform and opening up policy, the connection between China and the world is getting much closer. Many Chinese go abroad, and at the same time numerous foreigners come to China for study, tourism and business. Thanks to globalization and modernization, the world is becoming smaller and people living in this world are getting more intimate than before. As a result, plenty of materials have been translated into other languages so as to help foreigners understand China better and enjoy their stay here.

Global events such as 2008 Olympic Games and 2010 World Expo have been held in China, calling for correct and concise translations of related materials. Since English is gaining more international status and is popular among many places, most of Chinese materials have been and will be translated into English. In this process, the translation of public signs plays an important role in the daily life of those foreigners who rely on accurate translations. We can find them almost everywhere: metro stations, airports, streets, stores etc. Therefore, the proper translation of those public signs is necessary. However, what we can see nowadays is that wrong versions of public signs appear a lot, some of which can't even be understood. They can't provide useful information to foreign friends, let alone building China's image in the international community. These leave an impression that China could not keep pace with its economic growth and propagate the fallacy that the Chinese translators are not qualified enough.

In order to accelerate China's integration into the world in the process of globalization and let more people have a better understanding of China as well as its history and culture, a lot of work should be done in the translation of public signs.

Researches have been done on public signs for a long time in other countries, resulting in some basic rules and standards for us to follow and learn from. Yet Chinese scholars haven't done so much research on this topic until the 21st century, lacking systematization and standardization; therefore it is a new field that needs much more study.

Foreign scholars began the study on the translation theory in the 1970s, some of which were famous for their fruits such as Error Analysis Theory put forward by American linguist Carl James; Skopos theory–basic theory of functionalists, by German translation theorists Katharina Reiss and Hans Vemeer and "Dynamic Equivalence" by American translation theorist Eugene Nida. According to Nida (1969), whose theories have been widely used in the study on the translation of public signs, the translator should translate so that the effect of the translation on the target reader is roughly the same as the effect of the source text once was on the source reader. He emphasized that more attention should be paid to the readers' feelings and themselves as well so that an equivalence could be achieved.

British contemporary translation theorist Peter Newmark (1981) divided functions of language into three types: expressive function, information function and vocative function. By doing this he wanted to adopt various methods to different texts.

A prime representative of German Functionalist School Katharina Reiss (2000) demonstrated in the *Translation Criticism, the Potentials and Limitations* that translator should carry the same meaning to reader by using plain and concise language. To translate means to produce a target text in a target setting for a target purpose and target addressees in target circumstances. In Skopos theory, the status of the source text is lower than it is in equivalence–based theories of translation. The source is an "offer of information", which the translator turns into an "offer of information" for the target audience. (wikipedia)

Searching on the Internet the author only found 3 papers related to public signs from 1994 to 2004. Although it seems that little research has been done in China, yet some professors and scholars do care about this issue and have made their own efforts.

Beijing International Studies University (BISU) has made great contributions to the field. The first sign website *www.e–signs.info* was established under the leadership of Professor Lv Hefa. In the years 2004 and 2005, a "Chinese–English sign research team" from this university took a visit to Britain, Italy, Belgium and 11 other European countries to collect the firsthand information. Besides, in 2004 the first dictionary on public signs *A Chinese–English Dictionary on Signs* was published by Professor Lv Hefa, which provides standards to the translation of public signs to some extent. On January 18, 2006 "Chinese and English Sign Research Center" was founded in BISU, taking a step in the study on public signs.

In 2005 the first symposium on Chinese –English signs was held in Beijing International Studies University. More than 100 experts attended and shared valuable opinions. Mr. Huang Youyi, the secretary of the Translators Association of China addressed that publicity translation is a key issue which can't be ignored. Public signs, as a main part of it, need more consideration and focus. He also indicated that good translation of public signs is like a window showing China's extent of civilization and establishing a good image of China. In 2007 the second symposium was held by Tongji University and Translators Association of China in Shanghai. Some scholars appealed standards of the translation of public signs must be set up as soon as possible and translators could "borrow" from other countries for the internationalization of public signs at the same time. A decision made on this meeting was that the third symposium will be held in Guangdong Province.

Moreover, many articles on public signs were published in magazines such as *Chinese Translators Journal.* Scholars and professors like Wang Ying, Lv Hefa, Ding Hengqi put forward their particular understandings of this issue. In 2008 *An Online Corpus of Chinese-English Signs* (*http: //www.bisu.edu.cn/Item/16349.aspx*) was build by Beijing International Studies University, giving many suggestions and widely-accepted versions of public signs in other countries, setting a good example of correct translations of public signs.

The author will demonstrate the translation of public signs from a perspective of Cross-cultural Communication. As we all know that translation itself is a cross-cultural activity, so is the translation of public signs. The translator should bear grammar, lexis and culture in mind. Besides, error analysis and comparative method will be used. Some of the pictures used as examples in this thesis were taken by the author in Shanghai metro, Shanghai Maritime University and Kaifeng.

An overview on public signs and methodology will be given in Chapter One to introduce basic information needed in this thesis. In Chapter Two analysis of cultural problems in the translation of public signs will be discussed because this thesis is focused on cross-cultural factor. In the last Chapter strategies for improving the translation of public signs from a perspective of Cross-cultural Communication will be discussed and the author will give her own suggestions to every wrong translation.

Chapter One   An Overview on Public Signs and Methodology

In this Chapter the author will give a brief introduction to the public sign, such as its English and Chinese definitions; its features and functions, etc. The methodology—cross-cultural approach adopted will also be discussed. The author hopes that readers could have a better understanding of this topic.

1.1　Introduction of Public Signs

1.1.1　Definition of Public Signs

Public signs appear everywhere, providing necessary information. In accordance with *Macmillan English-Chinese dictionary for advanced learners* (2005), "sign" is "a flat object with words or pictures on it, put in a public place to provide information or advertise something", and an example is given:"Several people were ignoring the no-smoking sign." *Oxford Advanced American Dictionary for Learners of English* (2011) defines "sign" as "a piece of paper, wood, or metal that has writing or a picture on it that gives you information, instructions, a warning, etc". Obviously, "sign" in English means a board that gives people all sorts of information, such as a warning, direction or guidance.

According to Dai Zongxian and Lv Hefa (2005), "public signs—characters or graphs presented in and to the public for the purpose of announcing, directing, prompting, displaying or marking them information closely concerning their living, production, lives and living states." The equivalent words of public signs in Chinese are "告示", "广告语", "标识", "标语", "标志", "标牌". Yet "公示语" is the most widely accepted. Public signs affect our life in almost every aspect: traffic sign, information sign, direction, position, and indication sign, etc. It is safe to say when one is in a foreign country, one depends on public signs to a large extent. They tell us what should or shouldn't be done, restricting and guiding our behavior so as to build a harmonious and orderly society.

1.1.2　Features of Public Signs

Each language style has its own features, and public signs are no exception. It's impossible for us to do more research on it until we know its features. All the eight features are analyzed as follows:

(1) Use of nouns, verbs and gerunds

Generally speaking, nouns and noun phrases are used in translating "static signs" to show specific information directly and correctly; yet verbs and gerunds are preferred when public signs bear "dynamic" indication to let the public focus on the action whether they should take or not. By applying this form, we can reach the purpose of concision. The following are some examples:

1) Use of nouns:

Postal Service （邮政服务）

Attendance （签到处）

Foreign Exchange （外币兑换处）

Business Center（商务中心）

2）Use of verbs and gerunds：

No Fishing.（禁止钓鱼）

Please Protect Cultural Relics.（请爱护文物/保护文物）

Watch Your Step!（下台阶时请您小心）

Please Return Books on Time.（注意归还日期，按时还书）

CHECK IN（入住登记）

（2）Use of Abbreviations

Since abbreviations are acknowledged and recognized easily，they are used very often in public signs. To some extent，using abbreviations is a manifestation of following international standards.

VIP（贵宾）

P（停车场）

F&B（餐饮服务）

ATM（自动取款机）

（3）No use of obscure words

Public signs are read by the public；therefore，common words should be used instead of obscure ones. To ensure that everyone can get the basic meaning of those signs，translators should attach importance to the diction.

Occupied（厕所有人）

Exit（出口）

One Way（单行路）

Fragile（小心易碎）

（4）Clear and concise

This is an important rule for setting public sign as well as one of its features. Long and tedious sentences always fail to draw people's attention，yet concise and clear versions of public signs have good effects. Typical examples are as follows：

1）Courtesy seats.（优先席/老幼病残孕专座）

Actually there are many versions of this public sign，such as "It's law：front seats must be vacated for seniors and person with disabilities"，which is found in a bus of California in the US，but it is too long to draw attention. Now another version is gaining more acceptance：*Courtesy seats*. It's clearer and simpler than the former and nearly every person knows its meaning.

2）Consumption of McDonalds foods only.（请不要食用非麦当劳食品和饮料）

Someone translated it into "Please don't eat or drink non-McDonalds food and

Figure 1

drink here." It does convey information of not consuming non-McDonalds food, yet it is less concise than the former. (王青，2009：74)

3) Keep our city clean. （×× 是我家，清洁靠大家）

This is a typical example. Translation like "×× is my home, its cleanness dependents on everyone." can be seen in many places; however, this is not the best one. By saying "*Keep our city clean.*" is enough and also clear. Lots of native speakers argue that redundant information or translation is not welcomed in foreign countries; as a result, translators should bear clearness and conciseness in their mind.

Figure 2

4) No leaning. （禁止倚靠）

No leaning is what the author saw at Shanghai Metro, which is clear at a glance. Yet the author found another translation of the same public sign in a bullet train: *Don't lean against the door*, which is correct grammatically but wordy. Another similar "bad example" is shown in figure 4—*Leaning on the Door Prohibited*.

Figure 3

Figure 4

（5）Use of simple present tense

We can find that all public signs are in simple present tense. The principal use of the simple present refers to an action or event that takes place habitually or right now. This is also true with public signs for they are suggesting or warning people of their behavior taking at the moment; therefore, only simple present tense is suitable for public signs. For example:

Fasten your seat belt.（系好安全带）

Please keep off the grass.（请勿践踏草坪）

No smoking.（请勿抽烟）

（6）Use of imperative sentences

In consideration of the readers are specific: most of which are tourists and pedestrians, we often use imperative sentences in public signs to draw attention. Besides, this kind of sentence is more persuasive.

Keep door closed.（请随手关门）

Save water.（节约用水）

Please show your ID.（请出示证件）

Line up.（请排队等候入场）

（7）Combination of pictures and words

Most public signs are accompanied by pictures, which are lifelike and vivid. Moreover, it is easy for those who don't have too much time or those with low cultural level to get information, thus playing an indispensable role in our life.

The following are some examples:

We can know the meaning more quickly with pictures and in most cases we even don't show interest in words but only vivid pictures.

Figure 5

Figure 6

Figure 7

(8) Cultural features

Figure 8

This is the symbol of the 2010 Guangzhou Asian Games. It is characterized by facial makeup in Cantonese opera, showing features of Lingnan culture. What is more, it indicates that Guangzhou Asian Games will be an exciting and harmonious gala that promotes cultural exchanges and brings peoples in Asia closer and also manifests unique and splendid Lingnan culture.

1.1.3 Functions of Public Signs

Public signs have different functions in specific situations, according to Lv Hefa (2005), public signs have four functions: directing function, prompting function, restricting function and compelling function.

（1）Directing Function

As a basic function of public signs, the directing function means that public signs usually provide detailed information for the public, instead of forcing or restricting people from doing anything. For example:

China Construction Bank （中国建设银行）

Fire Extinguisher （消防设施）

Information &Reception Desk （总服务台）

（2）Prompting Function

Regarding the prompting function, public signs are considered as reminders in the public places. They usually remind people of something or paying attention to something. Look at some examples:

Mind your head. （小心碰头）

Emergency Exit. （紧急出口）

Please protect cultural relics. （请保护文物）

（3）Restricting Function

Restricting signs are always simple and direct, but not rude or impolite. Here are some examples:

Handicapped Only. （残疾人通道）

Stand in Line. （站队等候）

Give Way. （让路）

（4）Compelling Function

As for the compelling function, it is intended to restrain the public from doing something or force people not to do something, without any chance of negotiating.

No Pets Allowed. （严禁宠物入内）

Police Line Do Not Pass. （请勿超越警戒线）

No Photography. （请勿拍照）

After introducing the definition, features and functions of public signs, the author will give a brief introduction to the methodology: Cross-cultural Communication.

1.2 Methodology—A Cross–cultural Approach to the Translation of Public Signs

Since the author tries to illustrate public signs from a perspective of Cross–cultural Communication, it is necessary to explain the theory. Besides, the relationship between language and culture as well as cultural influences on translation will also be discussed in this chapter.

1.2.1 A Brief Introduction to Cross–cultural Communication

Cross–cultural Communication (also frequently referred to as intercultural communication, which is also used in a different sense, though) is a field of study that looks at how people from differing cultural backgrounds communicate, in similar and different ways among themselves, and how they endeavor to communicate across cultures. (wikipedia)

As a nation of immigrants, the United States welcomes people from every country and culture, as a result, Cross–cultural Communication originated in this country. Yet the term of *"cross–cultural communication"* was first put forward by American anthropologist Edward T. Hall in his masterpiece The Silent Language. After the appearance of this book, some other works related to Cross–cultural Communication came out. International Communication Association (ICA) acknowledged that Cross–cultural Communication is a branch of communication in 1970. From then on numerous courses of Cross–cultural Communication are established and attention is held towards the new field.

1.2.2 The Relationship between Language and Culture

One definition of language is "a system of arbitrary vocal symbols used for human communication." When it comes to communication, we refer to communication among people with the same language as well as with different ones. Among all factors affecting language, culture is the most important one. With the trend of globalization, Cross–cultural Communication occurs more frequently. Then what is the relationship between language and culture?

Every culture has its own features and throws special influence on the language, which has been shown in many aspects, such as different words referring to the same thing; diverse word order in grammar and totally dissimilar mode of thinking. We can obviously find that the meaning of language is cultural–specific. Cross–cultural misunderstandings occur when the speaker has no idea of his partner's cultural background. In other words, many misunderstandings can be cleared up as long as we take culture into consideration when we communicate. Therefore, it is safe to say that language shows culture in itself and at the same time culture affects language step by step.

1.2.3 Cultural Influences on Translation

For translators, they are the bridge of different languages. As mentioned, doing good translations needs great command of grammar and knowledge of culture. Most of wrong translations could be corrected if the translator does think of cultural factor when translating.

American linguist Eugene A. Nida held that the principles governing Dynamic Equivalence translations would be: conformance of a translation to the receptor language and culture as a whole; and the translation must be in accordance with the context of the message which involves the stylistic selection and arrangement of message constituents. This standpoint has been widely accepted and a consensus has been reached that translation is not only a bilingual communication, but also a bicultural one.

Translation is itself a kind of communication, translating meaning of the source language into target language. It is not simply a matter of seeking words with the same meaning but of finding proper ways of saying them in another language. For example, when trying to introduce the so-called: "亚洲四小龙" to foreigners, we can't just translate it into: "*the four Asian dragons*"; because in most of the foreign cultures, *dragon* refers to a large imaginary animal with wings and the power to breathe out fire, representing the *Devil* to some extent. Therefore, *dragon* should not be applied, and we can use *tiger* instead. Tiger, for most people, symbolize a person with perseverance and full of energy, which is in line with the original Chinese meaning. Realizing that point, we can easily understand that the battery named "*white elephant*" (白象 in Chinese) didn't sell well in foreign countries, for *white elephant* means: "an object that is useless and may have cost a lot of money". A better translation of the trademark is *brown lion*; one won't give rise to any misunderstanding.

The translation of public signs is also a kind of Cross-cultural Communication, so it is necessary to know the cultural differences between English and Chinese public signs in order to do excellent translations.

Basically speaking, not every public sign in China should be translated into English, such as "严禁随地吐痰" and "禁止随地大小便". They are the production of Chinese tradition and these things are seldom seen in China nowadays, which are, however, considered as things people will never do in foreign cultures. If their English versions are given, a negative image of China will be presented.

Another example is "文明公厕". We don't have to do a word-for-word translation because in this case, "文明" means nothing to the target readers. A sign like

"Restroom" is enough to convey the message.

1.2.4 Cross–cultural Pragmatics

Pragmatics is a subfield of linguistics which studies the ways in which context contributes to meaning.

Professor He Ziran explains that cross–cultural pragmatics studies communication, which means communication of either non–native speaker with non–native speakers, or of non–native with native speakers, whose cultural background can influence their linguistic performance and interpretation. It is a new field for its study culture in pragmatics or language use in light of culture. (胡丹, 2011: 23)

Chapter Two   Analysis of Cultural Problems in the Translation of Public Signs

Though there're many translations of public signs in China, yet they're far from satisfaction. They offer useless or even wrong information to the public. Purifying the language environment admits of no delay. Only by having a total analysis of causes can we correct those wrong versions. Error analyses and standards of the translation of public signs will also be given in this chapter.

2.1   Error Analyses of the Translation of Public Signs

The following are common errors made in the translation of public signs.

2.1.1 Improper Mood

In linguistics, grammatical mood is a grammatical (and specifically, morphological) feature of verbs, used to signal modality. That is, it is the use of verbal inflections that allow speakers to express their attitude toward what they are saying (for example, whether it is intended as a statement of fact, of desire, of command, etc.). (wikipedia)

Improper mood may cause displeasure or confusion. Look at some examples:

(1) This translation is improper. It is reported that once several American tourists just stopped going at this sign until their guide came back and told them the real meaning of this public sign for they misunderstood it as a stop sign. Obviously this is a word–for–word translation and the translator failed to considerate the cultural effect. A recommended translation is *Staff Only* or Danger! Both of them are enough to warn the visitors of potential danger.

(2) The translation is wrong both lexically and grammatically. First, "小心" here means Caution or *Look out* in English instead of *carefully*. Moreover, words like *"please"* are not suitable here or else the warning function could not be sensed.

Figure 9

Third，the meaning of "头" can be known by simply saying *head*. Therefore，we can say it this way："*Mind you head!*" or "*Watch your head!*"

Figure 10

2.1.2　Chinglish

Chinglish refers to spoken or written English language that is influenced by the Chinese language. The term "Chinglish" is commonly applied to ungrammatical or nonsensical English in Chinese contexts，and may have pejorative or deprecating connotations. (wikipedia)

Chinglish occurs frequently with public signs. Some are caused by misunder-standing，and some by irresponsible in translators. Here are some examples：

（1）The above two pictures are good examples to show the effect of Chinglish on public signs. The left was taken at the National Museum of China. Actually this is caused by homonym of the Chinese word：*export*（出口）and *exit*（出口）use the same Chinese characters，but they're totally different in meaning. The right is also incorrect and ridiculous. The translation might be mechanically borrowed from the dictionary and shows no understanding of the target language. In English the proper way of saying "入口" is *Entrance*.

（2）This example is found when a company was holding a meeting. Foreigners may be at a loss at the sight of it. Obviously it fails to act as a sign. We can correct it into "*Attendance*".

Figure 11   **Figure 12**

Figure 13

（3）This picture was taken by the author in Chengdu. The standardization and normalization of public signs is of great importance to Chengdu, a modern metropolis. The author will discuss a *"Pinyin* combined with free translation" method in the next chapter. There are revised versions such as: *departure lounge and terminal building.*

Figure 14

（4）This is another example of using Pinyin to replace translation. Since this public sign is easy for Chinese to understand, we needn't add *Pinyin* to this sign. Besides, there's also a mistake in *Pinyin*—XIE JUE instead of XIE JU. However, to those who know nothing about Chinese characters, this "translation" offers nothing to them. Thus, a revised one could be: *"No outside drinks."*

Figure 15

2.1.3　Lexical Errors

Public signs are brief and concise, so generally they consist of only a few words, as a result, lexical errors come out a lot.

（1）Misspelling is the most common error. The correct translation of "牛肉" is *beef* instead of *beep*. This kind of error can be corrected easily if the translator does his work more carefully and responsibly.

Figure 16

（2）This translation is funny and makes no sense at all. Even in Chinese we don't use the reverse order nowadays, which is a language form adopted only in ancient times or in calligraphy. On this sign both the Chinese and English are in reverse order, even if it is safe to say that the Chinese version can be accepted, however, the other can not absolutely. Therefore, a correct translation should be "*Toilets*". Although some scholars argued that this version is a bit vulgar, yet it can be used. Look at a picture taken in a foreign airport:

Figure 17

Figure 18

(3) A foreigner's bank card had been returned every time when he pressed the "correct" button. Actually, the translations of those two words are placed reversely. For "更正", it should be "*correct*"; and for "确认", it should be "*confirm*". From this example can we see that the importance of the correct translations of public signs to people, especially in their daily life.

2.1.4　Grammar Errors

Grammar errors happen from time to time, some of which can be avoided by following international standards. Examples:

Figure 19

（1）This kind of public signs, just as what has been discussed above, has the compelling function—compels people to obey the rules. A fixed pattern "No + noun/gerunds" should be applied. In this way "请勿翻越" is translated into: "*No climbing.*"

Figure 20

Translations on this sign do use a correct pattern, yet only the first one is correct. We can't just use *Pinyin* to replace the English words. Therefore, "严禁烟火" is "*No Open Flames*", 禁止打 "手机" is "*No Cell Phone Zone*", and "请勿拍照" is "*No Photography*".

（2）This example has something to do with rhetoric. There are homophonic words in the Chinese sentence and they try to remind the public of the grass. However, there's no need to translate it that way, not to mention it's wrong grammatically. It is enough to say: "*Please keep off the grass*".

Figure 21

Figure 22

2.1.5 Misunderstanding of foreign cultures

There is one example of this kind of error. This sign can be found in some foreign countries. Literally it does mean to stop feeding birds, but it has another meaning: no littering. If the visitors throw litters about, birds may eat them, which is the real meaning of this sign. So instead of translating it into: "禁止喂鸟", we should say: "禁止乱扔垃圾".

Figure 23

2.2　Causes of Errors

Generally speaking, there are three causes of errors:

(1) Lack of responsibility

Misspelling or some other lexical errors are all caused by the translator's lack of responsibility, which can be corrected easily as long as they pay more attention when translating.

(2) Lack of language competence

Improper mood and grammar errors resulted from it. Although to correct this kind of errors is not as easy as the first, yet we can deal with it on condition that we have a good and solid foundation of usage and grammar.

(3) Lack of cultural awareness

Chinglish and misunderstanding of foreign cultures come from it. There is no possibility for us to know details in every culture; therefore, we should raise our cultural awareness as much as we can when translating public signs, taking the effect of acceptance into consideration. Only through this can the translation be totally understood and accepted by foreigners.

2.3　Standards and Principles of the Translation of Public Signs

The public sign, with particular features and functions, has its own standards and principles when being translated. Thus translator must follow these basic rules so as to achieve expected effect.

2.3.1　Faithfulness

The translation should, for one thing, offers enough information; and for another, avoids providing unnecessary information, which means conciseness and clearness. This doesn't mean that we must do a word–for–word translation; instead, sometimes we need to be flexible and change with specific situation.

(1) This is an example of redundancy. The consequence of "no littering" is that we can keep a good environment, which is obvious to everyone. Therefore, *"No Littering"* is enough.

Figure 24

(2) Look at another example. As what has been discussed before, this public sign can be translated into "*(Please) Keep our university clean.*"

Figure 25

(3) This translation disobeys the standard of faithfulness. Regardless of those errors in grammar, it does not give the warning and care to target readers. The version in source language is trying to remind people of driving carefully; therefore, we can translate it into: "*Drive carefully!*"

Figure 26

2.3.2 Comprehensibility

The principle of comprehensibility means that the readability of translation, namely the translation can be understood by foreigners. It is also of great importance to public signs with Chinese characters, which will be discussed in the next part of this chapter. The reason is that when translating public signs with Chinese characters, we have no existing examples to follow, yet it is necessary to let the readers know the basic meaning. Thus maybe the translation is correct grammatically, but it still fails to convey any valuable information. As a result, it is a field that needs further research. An example is given:

"软席" and "硬席" in trains can only be found in China, because in Western countries there's no distinction between them. In Shanghai Station translations are "Soft Seat" and "Hard Seat" respectively. However, they fail to convey useful information, and readers can't tell how "soft" the "Soft Seat" is and how "Hard" the "Hard Seat" is. Under the principle of comprehensibility, we can try this way: "Cushioned Seat" and "Ordinary Seat"; although it seems that we disobey the rule of faithfulness, yet compared with comprehensibility, the latter is more significant. （火车的 "软席、硬席" 属于中国特色，英美的火车通常无此区分。国内许多车站，如上海站的译法是 "Soft Seat" 和 "Hard Seat"，但这样的译法会让许多外国旅客吃惊，搞不清车上的软座到底有多 "软"，硬座到底有多 "硬"。在 "易懂" 原则的指导下，我们试将 "软席、硬席" 翻译成 "Cushioned Seat" 和 "Ordinary Seat"。"Cushioned seat" 是指有垫子的座位，当然就是 "软" 席；"Ordinary seat" 则是普通的、没有垫子的座位，自然就是 "硬" 席了。这样的译法也许有不忠于原稿之嫌，但是能让英语者看懂，能起到指示作用） （刘法公，2008：50）

From this example we can safely conclude that when facing a choice between faithfulness and comprehensibility, we should give priority to the latter. Remember that the readability is the essence of public signs, or else they are ineffective.

2.3.3 The Effect of "eye-catching"

Generally speaking, it is the travelers and visitors that need the guidance of public signs, who just give a glance at them for in a hurry. As a result, it is essential for public signs to be eye-catching enough; otherwise, they can not function at all. There are several ways to design eye-catching public signs, such as capitalization, punctuation and accompany them with pictures etc. The followings are some examples:

(1) This is an example of capitalization. It can attract others' attention quickly and serves as a warning sign. Anyone who sees it will stop and make a detour so as to do as what it says.

Figure 27

(2) Those two are good examples showing signs with vivid and lifelike pictures. The most important function of pictures is that it is easy for the public to get information without even looking at the words, which, of course, can save much time. The first one adopts an image referring to the handicapped, and the second uses a slant to indicate the activity of feeding monkeys is banned. Therefore, even children who have limited knowledge level can understand them.

Figure 28

Figure 29

（3）This is an example of using punctuation. An exclamation mark is used here to call attention.

Figure 30

Chapter Three　Strategies for Improving the Translation of Public Signs from a Perspective of Cross–cultural Communication

After analyzing cultural problems in the translation of public signs, the author will offer strategies to improve them. Only through the joint efforts of every individual can we see right and concise public signs everywhere.

3.1　Following International Standards

Actually many public signs need not be translated for there are widely accepted versions among the world. Therefore, we can "borrow" the existing ones so as to follow international standards. Look at the following graph:

Table 1

English	Chinese
Parking	停车场
Fire Extinguisher	消防设施
Service Center	服务中心
Ticket Office	售票口
No Swimming	禁止游泳
Telephone	公用电话

Translations of public signs for business and service industry, for example:

Table 2

English	Chinese
30% off	打七折
On Sale	大减价
In Business	正在营业
Cashier	收银台
Dressing Room	更衣室
Inquiry Hotline	咨询电话

We should make full use of the established corpus to build up a clean language environment and we hope that wrong translations such as "*supermarket export*" and "*carefully slide*" can be totally wiped out in the foreseeable future.

3.2 Strategies on Public Signs with Chinese Characteristics

Since this thesis mainly talks about the translation of public signs from a perspective of Cross-cultural Communication, and as said before, translation is a bilingual as well as a bicultural activity, thus how to translate public signs with Chinese characteristics needs more discussion. On the one hand, we should ensure that translations are correct grammatically so as to be accepted and understood by foreigners; on the other hand, we want to remain features of Chinese culture as much as possible. Yet the former overweighs the latter, which means when a compromise is to be made, we should give priority to grammar. The following are two main methods.

3.2.1 Omitting and Adding

This method is adopted frequently in the translation of tourist material. As is known to us all, mode of thinking, the way of expressing idea are different in Chinese and English. We can see the difference easily from the next examples:

(1) This picture was taken in the Nanjing presidential palace. Looking at this translation, we can find that the translator omitted some unnecessary information and remained the main one. To foreign visitors, who have less knowledge of Chinese history, even if the detailed information of the elevator was given and the names were written, *Pinyin* still conveys nothing. Therefore, we had better omit them so as to achieve conciseness.

(2) This one was taken in the scenic spot of Ling Shan Buddha in Wuxi. It is an example of adding. If we just translate it into "*Ling Shan scenic spot*", it is insufficient. Actually it is a famous tourist attraction where a Buddha is located, and the atmosphere there is edified by Buddhism. By adding "*Buddhist*", this translation can be called qualified.

Figure 31

Figure 32

3.2.2　*Pinyin* Combined with Free Translation

This method is mainly used when translating terms with Chinese characteristics. *Pinyin* is intended to give pronunciation as well as show Chinese culture and the free translation is for further explanation, which can provide sufficient message for foreigners.

Examples are:

Table 3

Chinese	English
四合院	Siheyuan—a compound with traditional Chinese houses of greybricks and tiles built around a courtyard
秦始皇	Qin Shi Huang; Fist Emperor of Qin (259–210 B.C.)
旗袍	Chi-pao, a close-fitting woman's dress with high neck and slit skirt

This method is widely used, especially in foreign publicity.

3.3　Reinforcing the Translators' Cultural Awareness

For translators, what they should do when translating is always bear cultural factors in mind. They should follow the next steps: first, think of whether there are existing versions in other countries, which means to follow based standards, as discussed in the first part. Second, considerate the cultural factors. After finishing translating, they should first review it both lexically and grammatically, and then it is worth further thought whether this translation can be understood by target readers. Can it be accepted at the first sight?

Just as Geert Hofsteede (1991) once said: If the mind is hardware, then culture is the software. Its importance can't be ignored. Some examples above can also indicate this point, such as "四合院". However, one thing must be pointed out is that to improve cultural awareness has a long way to go. It is different from language competence, which can be acquired by learning and practicing with large amount of exercise. Cultural awareness, on the contrary, can be established only when one learns it with heart, really puts oneself into another cultural atmosphere. To conclude, accumulating bit by bit and day by day is necessary for being a qualified translator.

3.4　Strengthening Supervision

Besides the translators' effort, the government has something to do, too. It's disheartening to see that there are no standards on public signs established in China, and still wrong translations are not unusual. Therefore, government can do at least these following things:

First, set up the related translators' qualification certification system and employ professionals as much as possible when translating public signs. Only when translators are qualified enough can the language environment truly get improvement. Thus much more supervision is needed when selecting workers.

Second, regulate manufacturers to ensure that correct translations are indeed imprinted on board. It is quite common that a few wrong translations are made because of the carelessness of makers, most of which know nothing about English, leading to failure in finding errors in misprinting quickly. Therefore, some errors can be avoided from the beginning.

Conclusion

Public signs are very important, and whoever needs help should be provided as much as possible from those signs. No matter how high China's diplomatic level is, if we ignore the translation of publics signs, all the efforts may be wiped out in a day. Just like an idea put forward by the government: it is time for us to improve and think highly of the so-called "cultural soft power", of which public signs are a part definitely.

This thesis centers on the translation of public signs from a perspective of Cross-cultural Communication, in accordance with principles of "faithfulness" and "comprehensibility" as well as "the achievement of 'eye-catching' effect". Translation is a bilingual as well as a bicultural activity. It is often found that most of errors made in the translation are due to lack of cultural awareness. Language is a part of a culture and we can't do translation well until acquire knowledge of its culture. Thinking about what the response of the target readers is before we confirm public signs. It is a long process and needs patience.

To illustrate more clearly, the author used many examples in this thesis, especially those with errors. With the continuous improvement of China's international status and much more participation in the international affairs, we can see more and more personnel and cultural exchanges going on every day. Therefore, any mistranslation may leave bad impression on foreigners, leading to a bad reputation of China even a laughing stock. The issue concerned with the translation of public signs can not be ignored. By analyzing problems in the translation, the author gives some strategies, and during the whole process, two findings are made:

(1) For translators, they should improve competence of both language and culture. A good command of language is not enough to do good translations. It is culture that really counts. When translating, one should take consideration of the context, the specific circumstance and the target reader, instead of being self-centered.

(2) The "translation rubbish" is everywhere so that more supervision is needed. The author even saw a wrong one in a supermarket the other day, which is: replacing "*Exit*" with "*Export*". Everyone bears his share of the responsibility for pointing out those mistakes, which is what ordinary people should do. A translator should have professional quality, taking his job more seriously. He should realize that the translation is a thing that needs patience and accuracy. The government should do its duty: employ qualified translators and supervise the language environment; commission specific workers to examine and review the existing signs so as to correct them as early as possible. Only by the joint efforts of the whole society can a satisfied result be achieved at last. Besides these findings, the thesis also has several limitations:

First, as Cross-cultural pragmatics is a new field in theories of Cross-cultural Communication; therefore, study on the translation of public signs based on it needs further study and research.

Second, the given revised translations by the author still need further discussion and any suggestion is warmly welcomed.

The author hopes that readers can have a brief understanding of public signs and the translation of them from a perspective of Cross-cultural Communication. Research on it from other perspectives is also needed in the future.

Bibliography

[1] Eugene A. Nida. *Language, Culture and Translating* [M]. Shanghai: Shanghai Foreign Language Education Press, 1994.

[2] Eugene A. Nida. *Language and Culture: Contexts in Translating* [M]. Shanghai: Shanghai Foreign Language Education Press, 2003.

[3] Joan Pinkham. *The Translator's Guide to Chinglish* [M]. Beijing: Foreign Language Teaching and Research Press, 2000.

[4] Katharina Reiss. *Translation Criticism, the Potentials and Limitations* [M]. New York: American Bible Society, 2000.

[5] Newmark Peter. *Approaches to Translation* [M]. Shanghai: Shanghai Foreign Language Education Press, 2001.

[6] Newmark Peter. *A Textbook of Translation* [M]. Shanghai: Shanghai Foreign Language Education Press, 2001.

[7] Wilss Wolfram. *The Science of Translation: Problems and Methods* [M]. Shanghai: Shanghai Foreign Language Education Press, 1996.

[8] 戴宗显, 吕和发. 公示语汉英翻译研究 [J]. 中国翻译, 2005 (6): 13.

[9] 丁衡祁. 努力完善城市公示语, 逐步确定参照性译文 [J]. 中国翻译, 2006 (6).

[10] 胡壮麟. 语言学教程 (修订版) [M]. 北京: 北京大学出版社, 2002.

[11] 胡丹. 跨文化交际视角下的汉语公示语英译研究 [D]. 辽宁师范大学硕士学位论文, 2011.

[12] 纪玉华, 焦敬东. 跨文化焦急理论反思三题 [J]. 福州外国语言文学, 2007 (4).

[13] 连淑能. 英汉对比研究 (增订本) [M]. 北京: 高等教育出版社, 2012.

[14] 刘法公, 徐蓓佳. 公示语汉英翻译原则的探索 [J]. 外语与外语教学, 2008 (2): 50.

［15］李立胜.跨文化交际视野下的南宁公示语汉英翻译研究［D］.广西民族大学硕士学位论文，2010.

［16］刘瑶.从跨文化交际视角看公示语汉英翻译［D］.中南大学硕士学位论文，2011.

［17］吕和发，单丽平.汉英公示语词典［M］.北京：商务印书馆，2004.

［18］吕和发.公示语的汉英翻译［J］.中国科技翻译，2004（1）：38-40.

［19］曲倩倩.跨文化视野下的公示语翻译［D］.陕西师范大学硕士学位论文，2007.

［20］宋绍波.公示语翻译与跨文化交际［D］.山东大学硕士学位论文，2008.

［21］王大伟.汉英翻译技巧教学与研究［M］.北京：中国对外翻译出版公司，2005.

［22］王建丽.公示语语言特点及其翻译方法［J］.赤峰学院院报，2009.

［23］王颖，吕和发.公示语汉英翻译［M］.北京：中国对外翻译出版公司，2007.

［24］英文维基百科，http：//en.wikipedia.org/wiki/Main_Pa.

三、学术论文

谈汉语修辞格的可译性限度
——以《红楼梦》的两种英译本为例

摘　要

可译性限度是翻译中不可避免的问题。本文对《红楼梦》两种英译本中的汉语修辞格翻译进行了对比研究，认为翻译工作者只有深入了解各种语言文化的不同特点，提高自身素质，才能缩小这种限度。

关键词：可译性；汉语修辞格；红楼梦

各种语言在形式上及其所体现的文化等方面都存在巨大差异，造成不同语言之间翻译的可译性限度。修辞格作为语言文化的集中载体尤其成为翻译的难中之难。《红楼梦》是中国古典小说艺术的最高峰，其中各种语言、文化、艺术等信息极为丰富，其翻译也成为公认的难题。本文以大卫·霍克斯的译本以及杨宪益和戴乃迭的译本为例，探讨汉语修辞格的可译性限度。

1　背景

修辞是提高语言表达效果的重要手段。常见的修辞格如比喻、夸张、拟人等，在大部分语言中都有类似的表达，其翻译也相对容易。还有一些修辞格是某种语言所独有的，如汉语中的飞白、析字、藏字等，这样的修辞格翻译难度较大，其中有些元素甚至是无法翻译的。陈望道在其著作《修辞学发凡》中将汉语修辞格归为三十八种[1]，本文以其中的双关、飞白、仿词、析字四种为例来探讨其可译性限度。

2　译文简析

2.1　双关

简单来说双关是"用一个语词同时隐含两种不同事物的修辞方式"[1]。双关可表达含蓄、幽默等意味，给读者留下深刻印象。双关虽然是英汉两种语言中共有的修辞方法，但汉语的双关还是有其独特之处的。我们把汉语中的双关分为谐音双关和意义双关分别讨论。

2.1.1　谐音双关

谐音双关是指利用读音相同或相近的词语产生语义的关联。例如：

丰年好大雪，珍珠如土金如铁。[2]

The Nanking Xue

So rich are they,

To count their money

Would take all day.（霍译）[3]

The Hsuehs in their affluence

Are so rich and grand,

Gold is like iron to them

And pearls like sand.（杨译）[4]

此处是第四回中"护官符"里的最后一条，其中"雪"谐音"薛"，"大雪"则道出了"四大家族"之一的薛家的显赫。由于英汉两种语言的巨大差异，想让英语译文做到形意兼顾几乎不可能，所以两位译者都采取了音译的方法，将"雪"译为"薛"这个姓氏，舍弃了"雪"的意象。

2.1.2　意义双关

意义双关是指利用词语的不同意义来构成语义的关联。例如：

将那三春看破，桃红柳绿待如何？把这韶华打灭，觅那清淡天和。[2]（P56）

When triple spring as vanity was seen,

What use the blushing flowers, the willows green?

From youth's extravagance you sought release

To win chaste quietness and heavenly peace.（霍译）[3]（P57）

She will see through the three Springs

And set no store

By the red of peach-blossom, the green of willows,

Stamping out the fire of youthful splendour

To savour the limpid peace of a clear sky.

（页底注释：Springs: A pun meaning three months of spring and the three elder Chia girls. All the Chia girls had the character chun or spring in their names.）（杨译）[4]（P82）

这里的"三春"一方面指春季的三个月，另一方面又隐指迎春、探春、惜春三人。在两个译本中，这三个人物的名字都采取了直接音译的方法，所以"spring"这个词很难使读者联想到她们。为了弥补这方面的信息缺失，杨宪益的译本在页底增加注释，解释了这个双关，但是这样又未免增加了读者的阅读负担。

2.2 飞白

飞白本是一种特殊的书写方法，笔画中露出丝丝的白地，像用枯笔写成的样子。在语言运用中，明知其错故意仿效的，名叫飞白。所谓"白"就是白字的"白"[1] (P163)。例如：

二人正说着，只见湘云走来，笑道："二哥哥，林姐姐，你们天天一处玩，我好容易来了，也不理我一理儿！"黛玉笑道："偏是咬舌子爱说话，连个'二'哥哥也叫不出来，只是'爱'哥哥'爱'哥哥的。回来赶围棋儿，又该你闹'幺爱三四五'了。"[2] (P180)

Just then Xiang-yun burst in on them and reproved them smilingly for abandoning her：

"Couthin Bao, Couthin Lin：you can thee each other every day. It'th not often I get a chanthe to come here；yet now I *have* come，you both ignore me！" Dai-yu burst out laughing："Lisping doesn't seem to make you any less talkative！ Listen to you："Couthin！' 'Couthin' Presently，when you're playing Racing Go，you'll be all 'thicktheth' and 'theventh'！"（霍译）[3] (P205)

They were interrupted by Hsiang-yun's arrival.

"Why，*Ai* Brother and Sister Lin！" she cried cheerfully. "You can be together every day，but it's rarely I have a chance to visit you；yet you pay no attention to poor little me."

"The lisper loves to rattle away，" said Tai-yu with a laugh. "Fancy saying *ai* instead of *erh* like that. I suppose when we start dicing，you'll be shouting one，love，three，four，five..."

（页底注释：*Erh* means "two" or "second" and *ai* "love."）（杨译）[4] (P283)

这里的飞白修辞可谓含义深刻，刻画出了史湘云快人快语、憨态可掬、说话又有些大舌头的可爱形象，林黛玉抓住湘云大舌头的毛病满含妒意地挖苦了一番。实际上此处还很可能暗含了作者对贾宝玉和史湘云最终一段姻缘的暗示，当然由于小说后半部的缺失这一点无法十分确定。

这里霍克斯把英语中的"cousin（哥哥）""see（看见）""chance（机会）""sixth（6）"和"seventh（7）"几个单词中发 [s] 音的地方替换成了咬舌音 [θ]，以上几个词分别写成了 Couthin，thee，chanthe，thicktheth 和 theventh，史湘云大舌头的形象跃然纸上，十分生动，但是对"二"和"爱"的谐音却没有翻译。所以由"二"和"爱"引起的微妙的嫉妒气氛就荡然无存了。杨宪益直接把"二"（erh）和"爱"（ai）进行音译，然后在页底加注释补充说明其中的含义。这种做法更忠于原文，但是却降低了阅读的趣味。

2.3　析字

析字是通过对文字的形、音、义加以分析，利用两字之间相同的部分进行推衍或替代的一种修辞手法。陈望道将其分为化形、谐音和衍义三种 [1] (P145–158)

2.3.1　化形析字，化形析字即变化字形的析字

例如：

凡鸟偏从末世来，都知爱慕此生才。一从二令三人木，哭向金陵事更哀。[2] (P52)

This phoenix in a bad time came;

All praised her great ability.

'Two' makes my riddle with a man and tree:

Returning south in tears she met calamity. （霍译）[3] (P51)

This bird appears when the world falls on evil times;

None but admires her talents and her skill;

First she complies, then commands, then is dismissed,

Departing in tears to Chinling more wretched still. （杨译）[4] (P76)

这首是王熙凤的判词。"凡鸟"组合在一起构成繁体的"鳳"字，点出其名。"一从二令三人木"的确切意思因为小说后半部的缺失而难以确定，很可能是指贾琏对王熙凤态度的变化：开始顺从，接下来使令，最后休弃（"人木"合成"休"字）。此处"凡鸟"和"人木"的英译是不太可能做到形意兼顾的，所以两人对"凡鸟"的处理相似，分别译成了"phoenix"和"bird"，貌似表现出了"凡鸟"的意义。但是由于两个译本中对王熙凤的名字都采取了直接音译的方法，所以无论"phoenix"还是"bird"都很难使一般读者联想到王熙凤这个名字。对于"人木"的处理，霍克斯将其直接译成"a man and tree"，试图保留译文和原文的形似，或许能表现出一丝孤苦伶仃的意味，但英语中的"人和树"是绝对不可能使读者联想到"休"这个意思的。而杨宪益则直接舍弃其形，将其意译为"dismissed"。

2.3.2　谐音析字。谐音析字即谐和字音的析字 [1] (P150)

谐音析字和谐音双关是不同的，两者区别在于：谐音析字只借取字音，而谐音双关必须同时兼有字面上、字面后的意义，而且以字面后的意义为主。例如：

凤姐道："我哪里照管得这些事！见识又浅，口角又笨，心肠又直，人家给个棒槌，我就认作'针'"。[2] (P135)

"I'm incapable of running things," she sighed. "I'm too ignorant, blunt and tactless, always getting hold of the wrong end of the stick. And I'm so soft-hearted, anyone can get round me." (杨译) [4] (P214)

这里"给个棒槌就当针（真）"是一句汉语俗语，其中"针"与"真"谐音，意思是说别人随便说说，就当真的意思，用在此处十分生动诙谐。这里霍克斯的"take a ramrod for a needle"（把推弹杆当成针）中保留的"针"这个形象；杨宪益借用英语里一句俗语"getting hold of the wrong end of the stick"，意为"搞错、弄错"，基本对应原文的意思。但是无论哪种翻译都不能再现这句汉语俗语的幽默之处。

2.3.3　衍义析字，衍义析字是从字义出发进行推衍的析字

例如：

霁月难逢，彩云易散，心比天高，身为下贱。风流灵巧招人怨。寿夭多因毁谤生，多情公子空牵念。[2] (P50)

Seldom the moon shines in a cloudless sky,

And days of brightness all too soon pass by.

A noble and aspiring mind,

In a base-born frame confined,

Your charm and wit did only hatred gain,

And in the end you were by slanders slain,

Your gentle lord's solicitude in vain. (霍译) [3] (P49)

A clear moon is rarely met with,

Brighter clouds are easily scattered；

Her heart is loftier than the sky,

But her person is of low degree.

Her charm and wit give rise to jealousy,

Her early death is caused by calumny,

In vain her loving master's grief must be. (杨译) [4] (P74)

这首是晴雯的判词。"霁月"指雨过天晴后的明月，暗指"晴"字；"彩云"暗指"雯"字，因为"雯"的意义即带花纹的云彩。整首词描写了晴雯的悲惨命运。英语当中的"cloud"（云）、"clear"（晴）或"cloudless"（晴）是不可能表现出汉字的这种独特效果的。杨宪益的译本中晴雯的名字为直接音译，所以英译的判词从形式上无法让读者联想到晴雯的名字。而霍克斯把晴雯的名字译为 Sky-bright，和其译文中的"a cloudless sky"和"days of brightness"有所照应。

3　结　语

以上我们以汉语修辞格为例，探讨了其可译性限度，发现可译性限度的存在主要是由于语言本身和文化的差异造成的。我们应该正视这个现实，深入研究不同语言文化的特点和规律，尽量缩小译文和原文的差距，使译文更加完美。

参考文献

［1］陈望道. 修辞学发凡 ［M］. 上海：上海教育出版社，1997.

［2］曹雪芹. 红楼梦 ［M］. 北京：人民文学出版社，1996.

［3］Cao Xueqin. *The Story of the Stone* ［M］. Trans. David Hawkes. London：Penguin Books Ltd，1977.

［4］Cao Xueqin. *A Dream of Red Mansions* (*Vol. I*) ［M］. Trans. Yang Xianyi and Gladys Yang，Beijng：Foreign Languages Press，1978.

［5］Cao Xueqin. *A Dream of Red Mansions* (*Vol. II*) ［M］. Trans. Yang Xianyi and Gladys Yang，Beijng：Foreign Languages Press，1978.

On the Limit of Translatability of Chinese Rhetorical Devices
——In the Case of Two English Translations of Hong Lou Meng

LI Hui-min

(Foreign Languages School of North China University of Water Conservancy and Electronic Power，Zhengzhou 450011，China)

Abstract：The existence of the limit of translatability is an unavoidable problem in translation. In this paper the authors analyzes two versions of English translations of some Chinese rhetorical devices in *Hong Lou Meng*，and comes to the conclusion that in order to solve this problem the translator should make a thorough study of the characteristics of different languages and cultures.

Key Words：Translatability；Chinese Rhetorical Devices；Hong Lou Meng

附录三　高等学校哲学社会科学研究学术规范（试行）

（一）总则

1. 为规范高等学校（以下简称高校）哲学社会科学研究工作，加强学风建设和职业道德修养，保障学术自由，促进学术交流、学术积累与学术创新，进一步发展和繁荣高校哲学社会科学研究事业，特制订《高等学校哲学社会科学研究学术规范（试行）》（以下简称规范）。

2. 本规范由广大专家学者广泛讨论、共同参与制订，是高校师生及相关人员在学术活动中自律的准则。

（二）基本规范

1. 高校哲学社会科学研究应以马克思列宁主义、毛泽东思想、邓小平理论和"三个代表"重要思想为指导，遵循解放思想、实事求是、与时俱进的思想路线，贯彻"百花齐放、百家争鸣"的方针，不断推动学术进步。

2. 高校哲学社会科学研究工作者应以推动社会主义物质文明、政治文明和精神文明建设为己任，具有强烈的历史使命感和社会责任感，敢于学术创新，努力创造先进文化，积极弘扬科学精神、人文精神与民族精神。

3. 高校哲学社会科学研究工作者应遵守《中华人民共和国著作权法》、《中华人民共和国专利法》、《中华人民共和国国家通用语言文字法》等相关法律、法规。

4. 高校哲学社会科学研究工作者应遵守学术道德规范。

（三）学术引文规范

1. 引文应以原始文献和第一手资料为标准。凡引用他人观点、方案、资料、数据等，无论曾否发表，无论是纸质或电子版，均应详加注释。凡转引文献资料，应如实说明。

2. 学术论著应合理使用引文。对已有学术成果的介绍、评论、引用和注释，应力求客观、公允、准确。伪注，伪造、篡改文献和数据等，均属学术不端行为。

（四）学术成果规范

1. 不得以任何方式抄袭、剽窃或侵吞他人学术成果。

2. 应注重学术质量，反对粗制滥造和低水平重复，避免片面追求数量的倾向。

3. 应充分尊重和借鉴已有的学术成果，注重调查研究，在全面掌握相关研究资料和学术信息的基础上，精心设计研究方案，讲究科学方法。力求论证缜密，表达准确。

4. 学术成果文本应规范使用中国语言文字、标点符号、数字及外国语言文字。

5. 学术成果不应重复发表。另有约定再次发表时，应注明出处。

6. 学术成果的署名应实事求是。署名者应对该项成果承担相应的学术责任、道义责任和法律责任。

7. 凡接受合法资助的研究项目，其最终成果应与资助申请和立项通知相一致；若需修改，应事先与资助方协商，并征得其同意。

8. 研究成果发表时，应以适当方式向提供过指导、建议、帮助或资助的个人或机构致谢。

（五）学术评价规范

1. 学术评价应坚持客观、公正、公开的原则。

2. 学术评价应以学术价值或社会效益为基本标准。对基础研究成果的评价，应以学术积累和学术创新为主要尺度；对应用研究成果的评价，应注重其社会效益或经济效益。

3. 学术评价机构应坚持程序公正、标准合理，采用同行专家评审制，实行回避制度、民主表决制度，建立结果公示和意见反馈机制。评审意见应措辞严谨、准确，慎用"原创"、"首创"、"首次"、"国内领先"、"国际领先"、"世界水平"、"填补重大空白"、"重大突破"等词语。评价机构和评审专家应对其评价意见负责，并对评议过程保密，对不当评价、虚假评价、泄密、披露不实信息或恶意中伤等造成的后果承担相应责任。

4. 被评价者不得干扰评价过程。否则，应对其不正当行为引发的一切后果负责。

（六）学术批评规范

1. 应大力倡导学术批评，积极推进不同学术观点之间的自由讨论、相互交流与学术争鸣。

2. 学术批评应该以学术为中心，以文本为依据，以理服人。批评者应正当行使学术批评的权利，并承担相应的责任。被批评者有反批评的权利，但不得对批评者压制或报复。

（七）附则

1. 本规范将根据哲学社会科学研究事业发展的需要不断修订和完善。

2. 各高校可根据本规范，结合具体情况，制订相应的学术规范及其实施办法，并对侵犯知识产权或违反学术道德的学术不端行为加以监督和惩处。

3. 本规范的解释权归教育部社会科学委员会。

(经教育部社会科学委员会 2004 年 6 月 22 日第一次全体会议讨论通过)

资料来源：中国教育和科研计算机网。

主要参考文献

［1］路明、赵华. 本科毕业论文面临的问题及解决办法［M］. 北京：清华大学出版社，2012：15.

［2］吕晓娜、牛淑贞等. SWAN 中定量降水估测和预报产品的检验与误差分析［J］. 暴雨灾害，2013，32（2）：142-150.

［3］杨鑫、杨晶晶. 民族地区多元文化教师培训构想［J］. 中国电力教育，2014（2）.

［4］刘茜. 贵州省苗族地区中小学民族文化课程开发的现状及对策研究［J］. 贵州民族研究，2005（1）.

［5］樊秀丽. 文化的中断·断裂——中国少数民族多元文化教育的现状［J］. 西南民族大学学报（人文社会科学版），2010（3）.

［6］王明居. 崇高与模糊［J］. 文艺研究，1990（3）：45.

［7］北京大学哲学系美学教研室编. 西方美学家论美和美感［M］. 北京：商务印书馆，1981：49.

［8］中国社会科学院文学研究所编. 古典文学理论译丛（第五辑）［M］. 北京：知识产权出版社，2010：56.

［9］林语堂. 苏东坡传［M］. 西安：陕西师范大学出版社，2008.

［10］郭现军、王国维、陈寅恪. 国民性思想及其当代价值［J］. 河南师范大学学报（哲学社会科学版），2013（2）.

［11］陈西洁. 销魂荡气的憔悴美——从《诗经·卫风·伯兮》到李清照《醉花阴》［J］. 陕西广播电视大学学报，2006（1）.

［12］朱海风. 关于南水北调工程命名的思考与建议［J］. 华北水利水电大学学报（社会科学版），2014（1）.

［13］郭健敏.《红楼梦》悲剧中的喜剧性［D］. 浙江：浙江师范大学，2003.

［14］司徒博文. 诗经全译［M］. 北京：当代世界出版社，2006.

［15］王兆胜. 林语堂与中国文化［M］. 北京：社会科学文献出版社，2007.

［16］周勤如. 引文注释和参考文献目录应该进一步规范化［J］. 武汉音乐学院学报，2000（2）：32.

［17］魏洪义. 大学生毕业论文答辩的组织与评分［J］. 高等农业教育，2000

（3）.

[18] 吴秀明等. 文科类学生毕业论文写作指导 [M]. 杭州：浙江大学出版社，2003：115.

[19] 刘彩虹、王益玲. 研究生学位论文质量问题分析与对策研究 [J]. 中国电力教育，2014，2（6）.

[20] 陈劲. 加速提高浙江企业的自主创新能力 [J]. 今日浙江，2005（8）.

[21] 刘春蓉. 把企业家精神引入经济增长理论的思考 [J]. 广东金融学院学报，2005（4）.